인간존재의 스포츠철학

Sportsphilosophie des Menschseins

백승균 · 김용일 지음

인간존재의 스포츠철학

백승균, 김용일 지음

펴낸이 | 김신혁, 이숙
펴낸곳 | 도서출판 서광사
출판등록일 | 1977. 6. 30.
출판등록번호 | 제 406-2006-000010호

(10881) 경기도 파주시 회동길 77-12 (문발동)
대표전화 (031) 955-4331 팩시밀리 (031) 955-4336
E-mail: phil6161@chol.com
http://www.seokwangsa.co.kr | http://www.seokwangsa.kr

제1판 제1쇄 펴낸날 ─ 2016년 11월 25일

ISBN 978-89-306-2224-0   93110

이 책은 한국출판문화산업진흥원 2016년 우수출판콘텐츠 제작 지원 사업 선정작입니다.

| 들어가는 말 |

스포츠철학과의 인연은 2002년 1학기 계명대학교 스포츠산업대학원에서 '스포츠의 미래와 인간형성'이라는 강좌를 맡게 됨으로써 비롯되었다. 그 후 몇 학기 동안 강의를 맡게 되면서 스포츠철학에 대한 관심도 커졌다. 원만한 수업 목표를 달성하기 위해 수강 인원은 몇 명 정도이고, 그들의 학구적 성향은 어떠한가를 사전에 점검하는 것이 통상 제1의 과제였으나, 그보다 나에게는 당장 강의 계획서를 어떻게, 어느 방향으로 마련해야 하는가가 중압감으로 다가왔다. 강좌를 의뢰하신 배영상 교수님의 조언과 방향 제시가 있었지만 강단에 처음 서는 심정이었다.

첫 시간이었다. 수강생들의 마음가짐과 몸가짐이 대단히 놀라웠다. 사변적이고, 때로는 비판적이기도 한 인문계나 사회계 학생들과 달리 이들은 진지하면서도 관용적이었고, 오히려 더 철학적이었다. 분위기가 그렇다 보니 강의하는 나 역시 솔선수범하여 수업 분위기를 적극적으로 이끌어 나가고자 했고, 수업 내용도 최선을 다해 준비했다. 그러나 한 학기의 강의 내용을 어떻게 구성할 것인가를 정하는 문제가 시급했다. 지루하지 않아야 하고, 설득력이 있어야 하나 논리적이어야 하며, 그럼에도 통상 수업과는 다른, 스포츠와 관련된 철학적이고 체계적인 내용 구성이어야 했다.

우선 강의 계획서에서는 '스포츠를 보는 일상적인 우리의 눈높이로부터 왜 대학에서 스포츠와 스포츠철학 강의를 하는가?', '참으로 스포츠에는 철학이 필요한가?', '도대체 인간이 무엇이기에 다른 동물과 달리 스포츠를 하며, 스포츠를 하는 인간의 신체와 정신은 어떻게 보아야 하는가?' '왜 스포츠에는 인간의 윤리성과 도덕성 그 이상이 필요하며, 왜 스포츠에는 인위성과 자연성이 공시적으로 작용하고, 이의 철학적인 근거는 무엇인가' 등이 가장 절실한 문제로 대두되었다. 이러한 첫 학기의 강의 내용에 대한 구상은 헛되지 않았고, 모두가 만족한 듯 뿌듯한 마음으로 학기를 마무리할 수 있었다. 이렇게 몇 학기가 지속되는 동안 강의로만 그칠 것이 아니라, 강의 내용을 체계적으로 정리해야겠다는 판단이 섰다. 2004년 첫 학기에 '스포츠와 인간철학'이라는 강의 요목을 마련하여 보다 구체적이고 체계적인 구상을 했다. 그럼에도 그 내용 구성은 포괄적이었고 일반적이었다.

먼저 머리말부터 시작하여 제1장에서는 대학에서의 스포츠강의와 스포츠를 보는 눈높이를, 제2장에서는 스포츠철학을 위한 방법론으로서 방법론 일반과 스포츠철학의 방법론을, 그리고 제3장에서는 인간존재와 행위철학: homo ludens, 인간과 신체: 정신과 신체의 관계, 그리고 인간철학으로서의 몸의 스포츠: 인간형성으로서 신체와 인품, 그리고 인격을 구상했고, 제4장 스포츠와 윤리학에서는 인간과 인간성의 실현으로서의 윤리, 스포츠의 품격과 인간형성, 스포츠윤리학의 이념(정신): 공존, 공동체, 그리고 스포츠와 환경윤리학을, 제5장 스포츠와 사회학에서는 스포츠의 사회적 역할: 사회와 스포츠의 관계, 공동체의 유희와 인간의 유대 관계, 스포츠사회학과 정치경제, 그리고 공동체의 문제를, 제6장 스포츠와 미학에서는 인간의 감성과 신체미, 스포츠의 규칙과 품격미, 그리고 스포츠의 미와 인간미의 실현을 구상했고, 제7장 스포츠와 역술에서는 역술과 경기의 승패, 스포츠의 역술적 요소, 역술과 스포츠의 미래, 그리고 미래를 내다보는 역술의 원리를, 끝으로 제8장 스포츠와 문화교육에서는 인간교육과 스포츠교육, 스포츠문화의 역할, 스포츠와 존재 문제, 스포츠문화와 인간성 실현 문제를 짚어 보도록 구상했다.

이후 이런 구상에 걸맞는 문헌을 찾기 위해 때로 인터넷 검색을 하기도 했으나, 기회가 있을 때마다 직접 도서관을 찾은 이유는 무엇보다 기존의 스포츠철학 내용 구성이 어떠한가를 확인하기 위해서였다. 그때마다 체육대학 교수님들의 많은 학문적인 업적에 놀랐다. 왜냐하면 나는 그동안 체육 내지 스포츠 도서는 별로 많지 않으리라는 선입견을 가지고 있었기 때문이다. 이러한 판단은 스포츠 전체 분야를 총괄해서 면밀히 확인하였다기보다는 스포츠철학이라는 한 분야에 한정해서 문헌을 조사하여 얻은 결과였다. 한편, 외국 문헌들은 어느 정도 갖추어져 있었으나 그렇게 많은 편이 아니었다. 그러나 서양철학사상에 따른 스포츠철학은 고대의 플라톤에서부터 근대의 데카르트, 그리고 현대철학 전 분야에 걸쳐 거의 빠짐없이 잘 연구되고 있었다. 특히 현대철학의 영역은 현상학을 비롯한 철학적 인간론과 실존주의 철학, 기호학 등과 연관해서 연구되고 있었다. 이러한 철학사상사적인 구상이 아닌 철학 자체의 본질 영역을 〈체육사상연구회〉(1999)에서는 스포츠의 인식론적 이해와 스포츠의 존재론적 이해, 스포츠의 가치론적 이해, 무도의 철학적 이해, 그리고 스포츠의 역사학적 이해로 나누어 고찰하였다.

스포츠철학의 연구 성과로 보면 처음의 구상은 무모하기 짝이 없었다. 이미 개론적인 스포츠철학의 전반적인 내용이 〈체육사상연구회〉에서뿐만 아니라, 남중웅의 『스포츠학개론』(2007) 등을 비롯한 여러 다

른 연구서에도 잘 정리되어 있었다. 일단 우리의 작업은 엉거주춤할 수
밖에 없었다. 그런데 뜻밖에 2009년 한국체육철학회가 계명대학교 체
육대학에서 '스포츠철학의 주제로서 현상과 본질의 문제'라는 학술대
회를 열면서 그 기조 발표자로 비전공자이지만 서양철학을 전공했다는
명분으로 필자를 택했다. 이로 인해 우리는 여러 가지 면에서 고민을
하다가 아마추어 쪽보다는 프로 쪽으로 논문 내용의 방향을 정하고, 발
표문의 논제를 '스포츠철학의 인간학적 존재론을 위한 구상'으로 정했
다. 이 논제의 중심은 말할 것도 없이 스포츠에 대한 철학적 고찰이어
야 했고, 스포츠철학의 내용을 한편으로는 인간학적 철학으로, 그리고
다른 한편으로는 존재론적 철학으로 구성고자 했다. 왜냐하면 인간과
존재는 스포츠에 있어서 뗄 수 없는 핵심적인 두 요소였기 때문이다.
따라서 스포츠철학을 위한 선행 작업으로서 먼저 철학적인 개념 정리
가 필요했고, 논리적인 체계도 이에 필수적으로 따라야 했다. 설상가상
으로 이에 스포츠철학이 어떤 입장에서 전체 논지를 전개해야 하는가
를 밝히는 것도 다음 작업으로 결정적일 수밖에 없었다. 이를 위해 우
리는 먼저 스포츠철학의 인간학적 존재론을 위한 방법론을 제시해야
했고, 이어 스포츠와 스포츠철학, 그리고 인간존재의 관계, 나아가 인
간의 생명운동과 철학적 인간론의 성과, 그리고 존재론적 근거를 제시
해야 했다.

　우리나라에서 정식으로 처음 스포츠철학을 인간학적 입장에서 정리
하고 소개한 이는 계명대학교의 송형석 교수였고, 『장자와 하이데거,
스포츠를 말하다』[1]라는 주제로 한림대학교의 이학준 교수가 발표를 했
다. 송 교수가 정당한 철학적 논지를 가지고 스포츠철학을 '스포츠 인

1　송형석:『스포츠와 인간』. 대구: 이문출판사, 2001.

간론'으로 정식화하고자 했다면, 이 교수는 "장자와 하이데거라는 안경을 쓰고 현대 스포츠를 보고자 했을" 뿐, 스포츠 존재론에 대한 논리적 전개나 철학적 체계를 갖추지 못해 '존재'로서의 인간을 밝혀내지 못했다. 그러나 눈에 띈 것은 김영환을 비롯한 공동저자가 출판한 『스포츠. 체육철학』[2]에서 '스포츠의 존재론'이라는 주제가 등장하고 있다는 사실이다. 하지만 내용 구성이 신체와 정신, 인간 움직임, 스포츠체험, 그리고 소매틱교육으로, 새로 시도하는 우리의 스포츠철학 구상과는 사실상 거리가 멀었다. 한 철학자나 혹은 철학자 전반의 눈높이에서 스포츠를, 더구나 스포츠철학을 고찰하는 경우는 그리 많지 않다. 트리니티 대학의 철학과 교수였던 하일랜드(Drew A. Hyland)는 자신이 '스포츠철학'이라는 주제를 설정했지만, 그 내용은 스포츠와 사회, 스포츠에서의 윤리적 쟁점, 스포츠와 자아인식, 스포츠에서의 정신과 신체, 스포츠예술 그리고 미학, 끝으로 스포츠의 자세를 다루었을 뿐이다. 그 결과 그는 스포츠현상에 관한 여러 가지 시각을 제시했으나 스포츠철학 자체에 대한 논리적인 전개나 체계를 마련하지는 못했다.

2002년 월드컵 경기가 역사상 처음으로 한국과 일본에서 개최되면서 우리나라 철학계에서도 스포츠철학에 대한 관심이 고조되었었다. 그 일환으로 철학문화연구소의 『철학과 현실』[3]에 '스포츠철학'에 대한 내용이 특집으로 실렸다. 편집을 맡았던 서울대 철학과 이명현 교수는 「스포츠는 우리에게 무엇인가?」라는 글을 통해서 '남에게 놀아나는 스포츠문화로부터 자기가 노는 스포츠문화로'를 주장하면서 스포츠를

2   김영환 외: 『스포츠. 체육철학』, 서울: 연세대출판부, 2009.
3   철학문화연구소: 『철학과 현실』: 2002년 여름호 통권 53호. 특집/스포츠 철학, 24-66쪽. 이명현: 「스포츠는 우리에게 무엇인가?」, 6-11쪽. 엄정식: 「스포츠철학과 가치론」, 김상환: 「스포츠, 근대성 그리고 정치」. 정응근: 「월드컵과 운동문화」.

한마디로 '승부의 규칙이 있는 몸놀림'이라고 정의하고, 극단적으로는 '사람을 죽이지 않는 싸움, 그것이 스포츠'라고도 했다. 여기에서 그는 프로 중심의 스포츠문화가 승부수에만 얽매이게 되어 비인간화의 비극을 초래할 수 있다는 것을 우려했다.

한편, 스포츠철학에 대해 본격적인 논지를 전개한 철학자는 엄정식 교수이다. 그는 '스포츠의 철학과 가치론'이라는 주제아래 머리말, 스포츠의 개념과 현대사회, 스포츠의 가치론, 그리고 맺는말을 썼다. 그는 호이징가의 놀이하는 인간(homo ludens)를 인용하여 문화적인 차원의 스포츠현상을 체계화해야 함을 주장했다. 스포츠현상은 정치, 경제, 사회, 문화 등 인간의 삶에서 윤리적으로나 심미적으로 그리고 종교적으로 나타나는 가치론적 문제와 직결되며 그렇기 때문에 스포츠의 가치를 스포츠의 문화현상에서 인식하는 것이 스포츠철학의 과제일 수밖에 없고, 그것이 바로 소크라테스적 자아인식이라고 했다. 이에 김상환 교수는 '스포츠, 근대성 그리고 정치'라는 주제로 신체와 근대성, 상상의 연대와 정치를 다루면서 스포츠를 규칙과 코드가 있는 몸동작이자 의미 있는 몸동작이라고 했다. 이는 스포츠의 출현이 어떤 분류의 시작으로부터 비롯된다는 것을 의미하지만 이런 시작으로부터의 운동이 가시적인 우주보다 먼저 있었던 운동일 수 있다고 함으로써 스포츠를 신체와 연대한 운동으로 이해하고 있음을 시사했다. 이 '스포츠철학 특집'의 마지막 필자는 스포츠교육학 교수인 서울대의 정응근 교수이다. 그는 '월드컵과 운동문화'라는 주제아래 스포츠 활동 자체의 문제를 짚으면서 인간에 대한 이해가 선행되어야 함을 강조하며, 여기서는 스포츠와 수행의 문제, 스포츠를 하는 태도와 월드컵 열기의 문제가 논지의 주를 이룬다.

이에 우리에게는 새로운 스포츠철학을 위한 구성이 절실히 필요했다. 그동안 우리 철학계에서는 일부분이기는 하지만 스포츠철학 자체에 대한 고찰이라기보다 스포츠 현상 내지 외적 조건에 대한 고찰들을 시도했다. 이제 엄밀한 의미에서의 스포츠철학에 대한 본질 내지 내적 조건에 대한 전문적 고찰, 적어도 인간과 인간을 근거 지울 수 있는 존재, 즉 인간의 존재론적 근거와 존재의 인간학적 근거에 대한 시도를 할 때가 되었다. 따라서 우리는 스포츠철학에 대한 이 양자의 긍정적인 측면을 수용하여 새로운 통합 이론으로서, 그러나 그 이상으로 스포츠철학의 내용을, 즉 인간론과 존재론의 내용 구성을 심화 확대하고자 한다. 왜냐하면 스포츠의 주체로서의 인간과 그 근거로서의 존재가 하나로 통합될 때 스포츠철학은 비로소 인간과 존재를 동시에, 즉 '인간존재'를 실현할 수 있기 때문이다. 따라서 우리는 인간존재 전체를 실현하는 스포츠철학을 위한 인간론적 근거와 존재론적 근거를 마련하기 위해 먼저 스포츠라는 개념부터 짚어 내려고 한다. 이 전체의 주제가 인간과 존재의 철학으로서의 스포츠철학이고, 그 철학적 내용이 인간성 실현을 위한 스포츠철학이다. 따라서 여기에서는 우리가 처음에 계획했던 스포츠에 있어서 인간의 윤리성과 도덕성의 관계 문제나 스포츠윤리 문제, 특히 스포츠윤리학의 이념이나 공동체 문제, 그리고 스포츠와 환경윤리학, 스포츠사회학과 정치 경제, 또한 스포츠와 미학을 비롯한 스포츠와 문화 전반의 문제 등은 고려되지 않았다. 다만 스포츠철학의 지평에서 먼저 인간이 무엇인가를 철학적으로 짚으려 했고, 그런 인간의 근거를 존재론적으로 정당화하고자 했다. 이런 철학적 정당성의 근거를 마련하기 위해, 마침 철학적 인간론과 실존론적 존재론의 분야에 지대한 관심을 가지고 연구와 강의를 전담하고 있는 계명대학교 철학윤리학과 김용일 교수님의 동참과 제안으로 공동 집필하게 되었다.

새롭게 스포츠철학을 위한 집필을 할 수 있는 계기를 마련해 주신 계명대학교 체육대학의 명예교수인 배영상 교수님과 이 저서의 결론 부분에 해당하는 '스포츠철학을 위한 동양철학의 정당성'에 대한 내용을 검토해 주신 계명대학교 철학윤리학과 홍원식 교수님, 대구교육대학교 윤리교육학과 장윤수 교수님, 그리고 전체적인 스포츠철학의 논지를 검토해 준 계명대학교 교양대학의 이재성 교수님과 권상우 교수님의 노고에 감사하지 않을 수 없다. 또한 참고 문헌과 찾아보기를 성실히 정리해 준 계명대 교양대학 김형찬 교수님에게도 각별한 감사의 말을 전한다. 또한 어려운 여건 가운데에서도 40여 년을 철학책만을 출판하는 데 힘을 쏟아 온 서광사 김신혁 · 이숙 사장님, 미비한 스포츠철학 원고를 기꺼이 맡아 편집과 디자인은 물론이고 교정까지 세밀히 봐 준 편집부 여러분에게 깊은 감사의 말씀을 드린다.

2016년 가을
계명대학교 목요철학원
백승균

I
놀이와 스포츠,
그리고 스포츠철학

1. 놀이와 게임, 그리고 경기

우리는 일상생활에서 어떤 방식으로든지 스포츠를 즐긴다. 체력 단련을 위한 일상 스포츠나 레저를 위한 여가 스포츠는 말할 것도 없고, 패션 스포츠나 어드벤처 스포츠, 심지어는 공간 스포츠로서 행글라이더와 패러글라이더 스포츠, 스카이다이빙과 스쿠버다이빙 스포츠 등에 이르기까지 여러 가지 스포츠를 즐긴다. 스포츠의 다양성은 현대사회의 한 특징이기도 하다. 모든 사람이 참여하고 참여할 수 있는, 소위 만인을 위한 일상의 대중 스포츠는 물론이고, 선수 한 사람을 위한 전문 스포츠도 '스포츠'로 각광을 받고 있다. 이렇게 사람들은 자기 나름대로 스포츠를 하면서 기분을 전환시킨다. 그들이 스포츠를 하는 이유는 무엇일까? 자신의 건강을 위해서 혹은 사회를 위해서일까, 아니면 국가를 위해서일까? 도대체 스포츠란 무엇이고, 인간과는 어떤 관계가 있을까? 스포츠와 인간의 관계에서 스포츠가 우선일까? 아니면 사람이 우선일까? 사람이 우선이라면 사람은 스포츠를 통해 어떠한 사람이되어야 하고, 무엇을 목표로 해야 하는가? 이런 모든 근거는 어디에서찾아야 할까?

일반적으로 스포츠란 "육상, 야구, 테니스, 수영, 보트, 레이스 등에서부터 등산, 사냥에 이르기까지 유희, 경쟁, 육체적 단련의 요소를 지니는 운동의 총칭"[1]이다. 그러나 스포츠의 어원은 '하강하다'와 '수로로 흐른다', 그리고 '추방하다'에서 나와 '함께 즐기다', '기분을 전환하다'로 이어져 결국 일의 질곡에서 벗어난 상태에서 즐길 수 있는 활동을 총칭한다. 그럼에도 스포츠란 여전히 운동 경기의 규칙에 따른 상호 경쟁적 활동을 통틀어 가리키며 포괄적으로는 '여가활동이나 경쟁혹은 육체적 단련 등의 요소를 지닌 모든 신체적 운동'을 가리킨다. 이런 스포츠라는 개념 속에는 그 실체라고 할 수 있는 인간과 인간의 활동으로서의 운동의 속성이 내포되어 있다. 이때 인간이란 여러 가지의속성과 변화를 겪으면서도 그 자체로 불변하는 실체라고 할 수 있고,활동하는 운동은 그 속성에 해당한다. 살아 있는 생명치고 운동하지 않는 것은 없다. 운동하지 않는 생명체는 이미 죽은 생명체이므로 정지되어 있다. 그러나 해부학에서는 생명체가 그 의지와 관계없이 작용하는위장, 혈관, 심장 등과 같이 스스로 움직이거나 운동하는 특성을 자율성이라 하고, 이와 달리 자신의 의지에 따라 활동하는 특성을 타율성이라고 한다. 그렇다면 스포츠라는 개념에도 실체로서의 인간과 그 속성으로서의 운동이 내포되는데, 이러한 운동은 생체리듬에서처럼 자율성에만 따르는 활동이 아니라, 인간 자신의 목적의지를 실현하는 원초적

---

1   이희승 편: 『국어대사전』, 서울: 민중서관, 1995. 2236면 참조.

인, 일종의 타율성에 따르는 활동이라 할 수 있다.

　스포츠 개념에 경기와 게임이 연관되어 있고, 게임이 놀이와 직결되어 있다면, 이 전체의 기초는 놀이에 근거하고 있으며 그 공통점은 운동에 있다. 운동이란 모든 생명체의 원형으로 최초의 자기표현이다. 놀이와 게임, 그리고 경기와 스포츠를 각자 즐기고, 그 각자들을 하나로 통합하여 자신의 목적의지로서 실현하는 생명체는 오직 인간뿐이다. 인간이야말로 놀이도 하고 게임도 하며, 경기도 하고 스포츠도 한다. 스포츠뿐만 아니라, 스포츠 그 이상을 실현하고 있다면, 우리는 여기서 스포츠를 가능케 한 처음의 놀이를 되짚어 보아야 한다. 왜냐하면 놀이에서부터 스포츠라고 하는 것은 인간존재를 총체적으로 밝혀야 하는 당위성의 근거가 필요하기 때문이다. 놀이란 '놀음놀이'의 준말로 가장 소박하게는 인간생활의 즐거운 행위, 즉 즐겁게 노는 것을 말한다. 노동조차도 자신이 자유롭게 즐거이 행한다면 놀이가 되고, 자신의 의지와는 관계없이 타의로 생산에 임해야 한다면, 그것은 다시 노동이 된다. 그래서 놀이를 자신의 자유로운 유희 활동이자 동시에 타인의 생산적 활동이라고 한다면, 놀이란 양면적으로 해석이 가능하게 된다. 현실적으로 놀이 개념에 인간의 의식적인 운동이 이미 내포되어 있어 그 놀이가 직접적으로는 스포츠 개념으로 이어질 수 있는 잠재성을 가지고 있다. 포괄적으로 말하면 인간존재를 실현하는 궁극적인 삶의 현실성을 처음부터 가지고 있다는 말이다. 이는 놀이가 원초적인 자기표현의 운동으로서 생명활동의 단초라는 사실을 의미한다.

　노동을 사회적 생산성과 연계된 인간의 직업으로 본다면, 놀이는 그런 생산성에 역행하는 개인적 소비성과 연계된 인간 삶의 긴장 해소로, 일하지 않고 노는 것으로만 해석된다. 극단적으로 논리적으로만 보면 일과 놀이는 분명 일은 일이고, 놀이는 놀이여서 언제나 이분화된 평행

선을 달리게 된다. 그러나 놀이가 단순히 노는 것이 아니라 다시 일할 수 있도록 하는 계기가 되고 또한 보다 나은 생산을 촉진하도록 하는 것이라면, 일하는 사람이 여가를 가지고 놀이를 할 때 그 놀이는 단순한 놀이 이상의 생산성 향상으로 이어지게 된다. 다시 말하면 놀이를 하는 가운데 사람은 자신이 노동할 때 경험하지 못했던 것을 경험함으로써 노동하는 인간과 본래적 자기 자신의 관계를 되물을 수 있게 된다. 즉 인간존재와 인간성 자체를 되물을 수 있게 된다는 말이다. 그렇다면 그런 목적과 수단의 관계는 일종의 인간 삶의 철학적 순환논리를 따르게 된다.

이처럼 육체노동에서 떨어져 나온 놀이, 즉 유희의 의미가 더욱 현실적이 되면, 놀이의 의미에는 혼자가 아닌 여러 사람이 참여하는 일종의 또래집단의 편 가름으로 사회적 조직성이 자리를 잡게 된다. 그리고 이어 그런 놀이에는 게임과 경쟁이라는 것이 필수 불가결하게 된다. 그러므로 일에서 놀이와 편 가름, 그리고 서로의 경쟁은 몸과 마음을 전제로 하고, 그런 몸과 마음은 궁극적으로 사람됨을 목적으로 한다. 사람됨이란 인간존재 자체를 의미하지 아니하고, 현실사회 속에서 살아가는 인간 삶의 품성(Ethos)을 의미하며, 사람과 사람의 관계 내지 사람과 자연의 조화를 이루어 가는 현실적 인간의 활동성을 의미한다. 이것은 인간의 활동에 대한 사변적 대안이 아니라 실천적 대안으로서 이루어진다. 이러한 실천적 대안으로서 만인을 위한 스포츠의 눈높이는 다양하고 심층적이어서 이 모든 것을 내재적으로 포괄하는 일종의 스포츠철학이 필요할 수밖에 없다.

그럼에도 놀이 개념에는 아직 미분화된 인간의 순수한 욕망과 자율, 쾌락과 자기만족 등이 그대로 남아 있다. 이런 놀이가 게임과 경기를 함께함으로써 분명한 자기형상을 드러낸다. 그 이유는 게임에는 놀이 자체보다 놀이를 위한 규칙이 우선이기 때문이다. 이 규칙은 경기의 승패를 가리기 위한 기준이 되어야 하므로 팀을 짜서 조직화하는 일이 게임과 경기에서는 최우선이 되어야 하며, 여기에서는 게임과 경기에 임하는 사람의 의무와 책임이 함께 뒤따르게 된다. 이때 느끼는 기쁨은 놀이에서처럼 자연성으로부터 오는 쾌감이 아니라, 조직화와 체계화, 경쟁과 기획 등에 따르는 고도의 인위성으로부터 오는 희열과 같은 기쁨이다. 놀이의 쾌감이 인간의 오관을 통한 감성으로부터 오는 자연적 즐거움이라면, 조직화된 게임과 경쟁적 경기에서 오는 기쁨은 인간이성의 능력으로부터 오는 인위적인 즐거움 그 이상이라 할 수 있다. 왜냐하면 전자에게는 무계획이 우선이나, 후자에게는 철저한 계획이 우선이기 때문이다. 그러므로 전자에서는 무질서가 중심축을 이루지만, 후자에서는 질서가 중심축을 이룬다.

　조직화된 사회에서는 그 사회를 유지하기 위한 질서가 절대적으로 필요하나 그런 절대적인 질서가 인간의 본래성을 훼손할 수 있다면, 조직화된 사회에서 게임의 한계도 분명해진다. 놀이에서는 물론, 특히 게임과 경기에서 승패는 승패 자체가 최우선의 목표가 된다. 패자에게는 일말의 어떠한 변명도 용납되지 않는다. 오직 승자만이 축복의 세례를 받고, 그것이 당연한 세레모니가 된다. 강자만 남고 패자는 사라진다. 그래서 게임에서 승패는 냉혹성으로 남게 되고, 그것이 인간의 본래성을 훼손하기까지 한다면, 여기서 중요한 것은 승자나 패자나 모두가 그 본래성의 품성(Ethos)은 잃지 않아야 한다는 사실이다.

　이러한 한계와 당위성을 마련해 줄 경기가 바로 스포츠로의 승화이다. 스포츠 경기가 승패에만 매달리는 경쟁적 게임이기는 하나, 경기로부터 벗어난다고 해서 스포츠에서 놀이나 게임, 그리고 경기의 잔영까지도 모두 철저하게 배제하지는 않으며 그렇게 배제해서도 안 된다. 왜냐하면 아무리 훌륭한 스포츠라고 해도 본래의 원초적 기쁨을 제공하는 놀이의 요소조차 저버린다면, 스포츠의 기반이 무너질 것이고, 궁극적으로는 인간존재의 본래적이고 원초적인 생명운동을 부정하는 결과를 낳을 수 있기 때문이다. 그럼에도 현상적으로는 스포츠 역시 그것이 기능 스포츠이거나 경쟁 스포츠이거나 혹은 극복 스포츠이거나 율동 스포츠이거나, 혹은 전문 스포츠이거나 아마추어 스포츠이거나를 막론하고 경쟁을 수반하기 마련이고, 그런 경쟁을 통해 역시 재미와 즐거움, 그리고 쾌감을 갖게 된다.

그러므로 어떠한 스포츠에서도 그 자체를 반성적으로 되돌아보는 현실적 논리성의 목표를 가져야 한다. 그 결과로 스포츠는 마침내 이중적-삼중적 성격을 갖게 된다. 그것이 격렬함과 온화함, 그리고 스포츠맨십의 존재 성격이다. 그것을 현실적으로는 품성이라 해도 좋고, 인격이라 해도 좋다. 그 지향점은 어떤 의미에서이건 인간과 그 존재에 근거한다. 이는 스포츠의 특성을 유희성, 체계성, 조직성, 경쟁성, 신체성 등에만 한정하지 않음을 말한다. 그 이유는 스포츠에서 자연성과 인위성, 그리고 예술성, 나아가서는 철학과 함께하는 인간존재의 본래성이 실현되어야 하기 때문이다. 그러므로 스포츠가 인간의 일상생활과 의미연관성을 갖는 특수한 정황 속에서, 그리고 인위적인 규칙아래 또한 타인과의 경쟁이나 자연과의 대결에서 행해지는 신체적 활동이라고만 하기에는 한계가 있다. 일상적 표현으로서는 만인을 위한 스포츠라고는 하지만 여기에 필연적으로 따라야 할 것이 바로 '인간존재'의 본래성 영역이다.

사실 스포츠는 현실적으로 개인이거나 개인 대 개인 혹은 집단 대 집단이거나를 막론하고 혼자서만 하는 것이 아니라, 언제나 타인과 함께, 혹은 타인과 더불어 한다. 따라서 스포츠가 그 자체(스포츠)를 훼손하지 않고, 본연 그대로 존재하도록 하기 위하여 스포츠에 참여하는 사람은 스포츠의 규칙을 지켜야 하고, 그에 따른 윤리성과 책임 의식을 가져야 하며, 그와 동시에 스포츠의 현장에서 초연할 수 있는 자세를 가져야 하고 또한 스포츠의 결과보다는 스포츠 자체에서 오는 일탈성의 흥미와 본래성의 의미를 가져야 한다. 이에 대한 보장은 먼저 놀이에 참여하는 사람들의 윤리적 도덕성이 담당한다. 이로써 모든 사람의 유대감으로 인해 스포츠가 인간의 삶이 되고, 그런 삶의 역동성이 스포츠로 표현된다면, 이 모두를 포괄하는 스포츠에 대한 눈높이는 철학적이지 않을 수 없다.

구트만(Guttmann)[2]은 아주 설득력 있게 일에서 벗어난 놀이를 자발적인 유희와 조직적인 유희로 구분하고, 그 조직적인 유희를 '게임'(Game)이라고 한 후, 그 조직적인 게임을 다시 비경쟁적 게임과 경쟁적 게임으로 양분하여 그 가운데 경쟁적 게임을 지적 경기와 신체적 경기로 나누었다. 이를 많은 학자들이 그대로 수용하여 스포츠를 유희성, 조직성, 경쟁성, 그리고 신체성의 활동으로 규정하고 있다. 스포츠라는 것은 일상생활과 다른 의미의 연관성을 갖는 특수한 정황 속에서 (유희성), 인위적인 규칙아래(조직성), 타인과의 경쟁이나 자연과의 대결을 포함한(경쟁성), 신체적 활동(신체성)이다.[3] 그러나 스포츠에 대한 이런 개념 정의는 그 내용을 구성하는 데 있어서나 논지를 전개하는 데 있어서도 나름대로의 정당성을 확보하고 있음에도 인간의 신체성마저 일괄하여 가시적으로만 처리함으로써 스포츠의 주체로서 '인간 자체' 혹은 '존재 자체'를 놓쳤거나 최소한 소홀히 했다는 의구

---

2 히꾸찌: 『스포츠 미학』. 김창룡. 이광자 공역. 서울: 21세기교육사, 1991, 참조.
3 히꾸찌: 상게서, 26쪽.

심을 낮게 한다.

우리가 지금까지 일에서 나온 스포츠(놀이)의 의미를 현실적인 논리로만 짚어 온 것처럼 조직성과 경쟁성은 물론이고 신체성 역시 스포츠에 있어서 언제나 중심이어야 한다는 보장은 어디에도 없다. 단적으로 스포츠란 일상적 의미에서 신체적인 경기임에는 틀림없다. 그렇다고 그런 신체적인 경기에 신체적인 요인뿐인가 하면 전혀 그렇지 않다. 오히려 신체적인 경기에 정신적인 요인이 현실적으로 더 큰 역할을 하고 있다면, 스포츠를 신체성으로만 두둔할 수는 없다. 특히 신체와 정신이 의학에서는 물론 철학에서도 이분법적으로 양분되지 않고 있는 현실을 보면, 스포츠의 마지막 발전 단계를 단순히 신체적 활동, 즉 신체성이라고만 주장하기에는 무리가 있다. 왜냐하면 일에서 떠나 '쉰다' 혹은 '놀이를 한다'고 할 때, 그 바탕은 무엇보다 먼저 피곤한 몸, 즉 육체일 것이나, 육체와 함께 정신도 될 것이기 때문이다. 사실 정신의 피로회복 없이는 육체의 피로회복 역시 온전하지 못하다. 인간을 여전히 몸과 마음 혹은 육체와 정신으로 이원화하기보다는 오히려 인간 혹은 추상명사로서 인성 내지 인본성이라고 하는 것이 더욱 바람직할 것이다. 왜냐하면 인본성이라는 말은 인간의 신체와 정신을 다 포괄하면서도 그 이상의 인품 혹은 인격을 함께 표현하기 때문이다. 더욱이 우리가 지향하는 스포츠철학의 방향이 인간과 그 존재의 철학에 있다면, 가시적이기만 한 신체 대신에 인간이 중심이 되는 스포츠 인간론, 존재가 근거가 되는 스포츠 존재론이 무엇보다 중요하다 할 것이다.

이로써 우리가 스포츠를 인간의 삶과 연관해서 몇 가지 단계로 나누어 고찰할 수 있다면, 첫 번째는 우리의 일상생활 속에서 이루어지는 스포츠 일반일 것이고, 두 번째는 보다 합리적이고 과학적으로 경기를 운영하여 그 승패까지도 예측할 수 있도록 하는 스포츠과학이라고 할 수 있을 것이다. 그리고 세 번째는 그런 스포츠 일반은 물론이고 스포츠과학적 운동과 판단 이상까지를 짚어 내는 스포츠 본래의 모습으로서의 인간 존재 능력에 대한 스포츠철학이라 할 수 있을 것이다.

먼저 스포츠 일반이란 스포츠 활동에 내재하는 경기와 게임, 심지어 놀이의 성격이 두드러지게 나타나는 경우를 말한다. 'FIFA 순위 1위는 세계에서 축구를 가장 잘 하고, 2위는 그다음이다. 그리고 권투는 격한 운동이고, 마라톤은 귀한 운동이며, 정구는 힘이 많이 드는 운동이고, 골프는 돈이 많이 드는 운동이다.' 라고만 하면, 이것은 스포츠 활동의 결과만을 내세우기 때문에 스포츠 일반에 대한 평가에 해당한다. 여기에는 사실 자체에 대한 분석이나 논리, 심지어 조직이나 체계에 대한 어떠한 처방도 물음도 없다. 어떤 운동경기는 왜 건강에 좋고 왜 나쁜지 묻지 않는다. 그냥 그대로 받아들인다.

그래서 어떤 스포츠는 좋기만 하고, 어떤 스포츠는 나쁘기만 하다는 선입견까지를 낳는다. 선입견이 그대로 통용되어도 선입견에 대한 합리적 사고를 하지 못한다. 그 이유는 선입견이 오히려 모든 사람들에게 그대로 통용되는 일종의 보편성을 띠어 참으로 간주되기 때문이다. 아프리카 축구는 유연하고, 남미의 축구는 섬세하며, 유럽 축구는 조직적이라고 해도 그대로 통용된다. 그러나 사실 많은 사람이 함께 모여 그들 각자의 경험을 다 모았다고 해서 그런 경험이 곧 진리가 되는 것은 아니다. 심지어 많은 경험적 자료로부터 이성적 추리에 의해 얻게 되는 지적 결과 역시 논증적이지 못하면, 그것은 개연성으로 떨어지고 만다. 개연성이란 경험적 자료로부터 이성적 추리에 의해 얻은 일종의 지식을 말하지만, 엄밀한 의미에서는 논증적이지 못하다. 이처럼 많은 사람들은 일상생활에 묶여 자기 자신은 물론이고 일상생활의 논리적 합리성마저 놓치고 만다.

이에 반해 스포츠 활동에 대한 어떤 과학적 방책을 간구한다면, 거기에는 합리적 대안이 뒤따라야 한다. 그런 대안은 필히 논리적이고 체계적이며, 과학적인 처방과 판단에 의한 것이어야 한다. 여기에서 스포츠과학이 대두한다. 신체발달학이나 운동위생학은 물론이고, 운동생리학이나 통계학적 측정학 등도 스포츠과학에 해당하고, 이의 극대화가 최첨단의 IT를 통한 응용기술이다. 이에 그치지 않는다. 2010년 월드컵 경기에서 한국이 완벽하게 그리스를 눌렀다는 것은 단순히 파워때문이 아니었다. 파워와 기술이 함께 이룬 승리였다. 이때의 기술이란 과학을 의미하고 조직술을 의미한다. 소위 세트플레이다. 이것은 고도의 과학기술을 필요로 한다. 우리의 일상적 삶도 그냥 사는 것이 아니라, 삶에 필연적으로 따르는 틀이 있고 계획이 있는 것이라면, 하물며 스포츠 경기에 있어서 객관적이고 과학적인 조직력 없이 임한다는 것은 어불성설이다.

2014년 10월, 울리 슈틸리케 감독의 데뷔전이 있었다. 그에게서 우리는 미시적인 부분에서이지만 과학적이고 합리적인 단면을 볼 수 있었다. 그는 축구 경기에서 누구보다 규율과 규칙을 중요시한다. 이는 사회적 질서와 제도를 유지하기 위해 사람들이 지켜야 하는 행동의 틀이다. 그렇다면 규율과 규칙이란 적어도 그에게는 정직함과도 일맥상통하는 준칙이 된다. 어떻게 축구와 같은 격렬한 스포츠 경기에서 그런 엄격한 준칙이 가능하겠는가! 그런데 그가 평소 연습 경기를 진행할 때면 그런 상황이 그대로 나타나곤 한다. 예를 들어 그는 선수들에게 세트피스 상황에서 수비수가 어떻게 헤딩을 처리해야 하는가를 지도하면서 그 방향과 각도까지 정확하게 해야 함을 강조한다. 여기에 그치지 않고 대각선 방향의 45도 각도로 헤딩을 해야 만일의 경우 역습으로 연결하기가 좋다는 것이다. 심지어 그가 "집을 지을 때 지붕부터 올리는

게 아니라, 기초를 탄탄히 해야 하는 것처럼 수비는 축구의 기초"[4]라고 한 것도 과학적인 판단이라고 할 수 있다.

어찌 이것뿐이겠는가! 우리가 어렵지 않는 등산을 한다고 해도 먼저 산행지를 선택하고 산을 정해야 한다. 산을 정하는 데 있어서도 아마추어들은 그 산에 대한 선지식을 가지고 산을 정한다. 먼저 험하지 않고 조용한 산을 택하여 자신들의 경험과 기술에 알맞은 산을 선택할 것이고, 사전에 계획한 일정대로 움직일 수 있고 교통이 편리한 산을 선택할 것이며, 등산로 등이 위험하지 않는 산을 선택하는 것이 가장 이상적이라 할 수 있다. 산을 오르고 내리는 데 있어서도 걸음걸이를 어떻게 하고, 능선 타기와 난코스 타기 그리고 잔설에서의 걷기와 계단 걷기를 어떻게 조정하는지도 짚어 보아야 한다.

심지어 산을 오르는 데에도 완사면인가 급사면인가에 따라 달리 대처해야 한다. 완사면일 경우에는 처음부터 걸음걸이를 전체적으로 배분하여 억제하듯이 걷되, 긴 코스를 생각하여 발은 자체 무게를 최대한으로 이용하도록 하고, 몸의 자세는 약간 앞으로 기울이며, 호흡은 걸음걸이에 맞게 일정한 리듬으로 하면 된다. 그러나 급사면일 경우에는 천천히 한발 한발 일정한 템포로 오르지만 스스로 무리하다고 판단되면 휴식을 취한 후, 다시 그 전의 일정한 템포를 유지하는 것이 바람직하며, 보폭을 작게 하고 사면에 발바닥 전체를 평평하게 붙이고 걸어야 잘 미끄러지지 않는다. 그리고 몸은 완사면에서와 같이 앞으로 약간 기울이되, 너무 구부려서는 안 된다는 일종의 철칙 같은 것이 있다. 그밖에 자신들의 현재 위치를 바로 알기 위하여 독도법을 익혀야 하는데, 이것 또한 등산에 빠질 수 없는 한 요소이다.

---

4   조선일보: 2014. 10. 10. A26. 제29163호.

 이처럼 우리는 과학교육을 통해 합리적 생활 태도나 이성적 가치판단 혹은 동일성의 논리에 대한 과학 지식을 가지고 일상생활에서의 실용성을 극대화할 수 있다. 뿐만 아니라 객관적인 법칙을 가지고 일상생활에서 아직 경험하지 못한 사실의 행방을 유추하여 예견하고 예측할 수 있다. 수학적 논리의 지식이 과학적 합리성을 낳고, 그런 과학적 합리성이 실천적 기술을 가능하도록 함으로써 오늘날의 인간은 기술을 통하여 정보사회를 마련했다. 정보 사회에서는 이미 스포츠가 체력단련만을 위한 것이 아니다. 스포츠가 바로 정보이고 논리이며, 사이버 스포츠 자체를 과학적이라고 할 수 있다. 그러나 이런 과학적 사고가 인간존재의 그 본래성을 짚어 내지 못한다면, 구체적으로 어떤 스포츠를 위해 철저하게 계획을 수립하고 수행했다고 해도 스포츠가 자체의 규칙이나 규율 때문에, 자기 자신과 혼연일체가 되지 못한다면, 스포츠에 대한 본래적이고 철학적인 눈높이를 갖도록 해야 한다. 이런 눈높이란 스포츠를 놀이나 게임 혹은 경기로만 생각(판단)하는 것이 아니라, 인간 내지 인간존재로 사유케 하는 것을 말한다. 이는 철학적 사유를 통해서만이 인간이 스포츠를 사심 없이 자기 자신과 일치시킬 수 있고, 스포츠가 그 본래의 놀이로 인해 인간을 본래의 인간존재가 되게 한다는 의미이다.

 우리는 스포츠에 대한 눈높이를 현상적으로 일상생활의 스포츠와 합리적이고 과학적인 스포츠, 그리고 그 이상의 스포츠철학에 맞추어서 살펴보았다. 이러한 고찰은 놀이가 진화하여 게임이 되고, 게임이 진화하여 경기가 되었다가 결국 스포츠로 발전했다는 주장에 동의하기 위한 것이 아니다. 물론 가시적으로는 그렇게 보이기도 하고 논리적으로도 타당한 것처럼 보인다. 그러나 그 근거로서의 놀이나 게임, 그리고 경기가 스포츠로 발전하는 것이라면, 그런 발전의 궁극 목표는 무엇이

되겠는가! 그 근원을 묻지 않을 수 없게 된다. 이때 물음을 제기하는 주체로서 인간을 배제할 수 없고, 근원에 대한 물음으로서 존재를 배제할 수 없다. 인간과 존재에 대한 물음은 스포츠 자체에 대한 근원적 물음으로서 스포츠철학의 두 근원이 된다. 그렇다면 스포츠와 정치, 스포츠와 윤리학, 스포츠와 사회학, 스포츠와 미학, 스포츠와 역학, 물론 스포츠와 문화교육 등은 넓은 의미에서 스포츠현상학의 영역에 해당한다. 이러한 영역을 해명하기 위해 여기서는 현실적으로 스포츠 일반에 대해 물음을 던지고 나서 스포츠과학과 스포츠철학이 무엇인가를 순차적으로 묻지 않을 수 없으며, 궁극적으로는 스포츠 자체를 가능케 하는 스포츠철학이 무엇인가를 밝혀내야 한다.

2. 스포츠와 스포츠과학, 그리고 스포츠철학

일반 놀이에서 시작하여 스포츠를 게임 규칙에 따라 상호 간의 경쟁에서 이루어지는 인간의 신체적 활동이라 한다면 스포츠의 요소는 유희성과 조직성, 경쟁성과 신체성[5]임이 분명하다. 스포츠 활동은 과학적 훈련 없이는 어떠한 경우에 있어서도 조직적이고 체계적으로 완성될 수 없다. 과학적 훈련이야말로 스포츠로 하여금 그 절정에 다다를 수 있도록 하는 중요한 계기가 된다. 결국 스포츠와 과학은 기술과의 연대성 때문에 불가분의 관계를 갖는다. 물론 이에 대한 전제는 사람이다. 사람 없는 스포츠는 원초적으로 불가능하다. 이런 스포츠가 기본적으로 놀이나 게임, 그리고 경기를 넘어서서 인간의 신체적 활동을 통하여

5　히꾸찌: 상계서, 26쪽.

자아 실현이나 집단의 성취를 목적으로 한다면, 스포츠과학은 스포츠를 가장 조직적으로 실현하기 위한 가시적 수단으로서 운동기술의 학습 방법 내지 연습 방법이며, 가장 합리적인 방법으로 과학적 가능성을 극대화하는 처방이라고 할 수 있다. 그렇기 때문에 스포츠과학에서는 어떠한 개선과 발전이 가능해야 한다. 기술이 발전할수록 스포츠의 효과는 더욱 커지게 마련이다.

이에 따를 수 있는 스포츠과학의 학문들이 현재로서는 앞에서 언급한 것과 같은 신체발달학이나 운동위생학, 운동생리학이나 측정학(통계학) 등이지만 그 밖의 것들도 언제나 가능하다. 정밀한 현대 스포츠과학적 응용기술이 극대화될 수도 있다. 특히 생물학적 기초로서는 신체의 성장과 발달, 발달의 원리와 단계가, 물리적 기초로서는 신체운동의 메커니즘을 위한 신체의 안정과 운동개선이, 그리고 생리학적 기초로서는 근육과 신경운동, 혈액과 순환운동, 호흡운동 등이 일반화된 스포츠과학의 영역이다. 또한 사회학적 기초로서는 스포츠와 사회, 놀이와 놀이집단, 협력과 경쟁 등이 이에 해당된다. 이런 연관성을 바탕으로 스포츠를 인간의 신체 활동을 중심으로 하는 신체기량과 그 극대의 효과만을 발휘하는 경기로 정의한다면 스포츠의 전인화(全人化)를 훼손하는 결과를 낳을 수도 있다. 그러므로 우리는 놀이와 일, 게임과 경기라는 일련의 상승적 전진 방향이 아니라, 오히려 인간존재의 근원성으로 향해야 하는 그때마다의 다양한 양상으로서 해석하고자 한다. 왜냐하면 스포츠의 이념이나 스포츠맨십도 인간존재의 본래성으로부터만 가능하기 때문에, 고대에서는 물론이고 현대에서도 불변적인 항수로서 통한다. 다만 그 양상은 시대마다 달랐고 달라질 수 있는 것이다.

2010년 남아공월드컵 경기에서 한국 축구는 비록 8강에 진출하지 못한 채 16강에 그쳤지만, 주장 박지성의 축구 기술과 스포츠정신은 대

으로 승리한 스페인과 네덜란드의 결승전을 지켜보면서 "볼 터치부터 다른 스페인이 기술로 이겼다"고 관전 평가를 했다. 그는 "한마디로 스페인이 네덜란드를 기술에서 앞섰다"라고도 했고, "월드컵 경기에선 결국 기술이 승부를 결정한다"라고 잘라 말하기도 했다. 한국 축구 역시 16강 진출의 목표는 달성했지만, 기술적인 면에서는 세계 축구와의 격차를 좁히지 못했다. 허감독은 구체적으로 한국과 세계 축구의 결정적 차이가 볼 터치의 기술에서부터 나온다는 것, 즉 "볼이 발에서 10cm 더 튕기느냐 아니냐에 따라 상황이 달라지죠. 상대가 압박할 때 우리가 당황하고 제 플레이를 못하는 것, 쉽게 볼을 빼앗기는 것도 볼 터치가 원인입니다."[7]라고 말할 정도로 '기술'에 방점을 찍고 있었다. 사실 그는 "기술이 부족하면 사실상 전술 운용에 한계가 있다"고 잘라 말하기도 했다. 물론 그는 한국선수들의 강한 체력과 투철한 정신력을 높이 평가했지만, 그럼에도 여전히 기술에 대한 아쉬움과 조직력에 대한 육성을 잊지 않았다. 특히 기술이란 하루 아침에 이루어지는 것이 아니라, 과학적 훈련을 통해 어릴 때부터 체계적인 시스템으로 연습해야 얻을 수 있는 것임을 강조했다. 그는 구체적인 사례로서 한국과 우루과이의 16강전을 들었다. 한국이 0대1로 뒤진 상황에서 이청용의 만회골로 1대1을 만들었지만, 기술력의 부족과 조직력의 한계로 결국 1대2로 한국이 패하게 되었음을 온 국민과 함께 아쉬워 했다.

이와 함께 월드컵 경기에 있어서 직접적인 기술력과 조직력과는 달리 선수들의 심리전도 중요한 스포츠과학의 영역에 해당한다. 세계의 지대한 관심 속에 펼쳐진 네덜란드와 스페인의 월드컵 결승전에서 그것도 연장전 끝에 스페인이 네덜란드를 1대 0으로 꺾고 사상 첫 결승전

---

7 성진혁: 조선일보. 2010. 7. 13; '스포츠'

에 진출하여 우승했다. 결승전에 나선 이 두 팀 모두가 자국민들에게는 말할 것도 없고 전 세계인들에게 최대의 관심사 중의 하나로 부각되었다. 네덜란드의 결승 진출은 2010년 남아공월드컵이 처음이 아니었다. 1974년 서독 대회와 1978년 아르헨티나 대회에서의 결승전 진출에 이어 이번이 세 번째 도전하는 결승전이었다. 네덜란드가 스페인보다 전력이 뒤진다는 평가가 있었지만 네덜란드 감독(베르트 판 마르베이크)은 "아름다운 축구를 하지는 못해도 이기는 축구를 하고 싶다."고 이야기하며 독일이 스페인에게 졌던 준결승전의 원인을 분석하여 대처했다. 하지만 안타깝게도 공격수(로번)의 어이없는 실수로 2010년 남아공월드컵에서 준우승에 거치고 말았다. 이런 실수를 스포츠정신분석(한덕현 교수)에서는 '운동 수행 불안심리'라고 하여 "만년 2등에게 부정적인 사고방식은 자동적으로 따라온다. '나는 안 될 거야. 다음에도 실패할 거야'라고 생각하는 경향이 있다."고 했다. 사실 네덜란드 대표팀를 억누르는 '만년 2인자'라는 심리적인 콤플렉스가 공격수 한 사람에게만이 아니라, 모든 선수들에게 만연되어 있었다면 네덜란드 팀은 처음부터 심리전에서 패하고 있었는지도 모른다.

이것은 스페인 팀의 경기를 되돌아보면 더욱 확연히 드러난다. 스페인 팀은 매번 월드컵 경기에서 네덜란드에 비할 수 없을 정도로 부진했다. 60년 전 1950년 브라질 월드컵 대회 때 4위를 기록한 것이 역사적으로 최고의 성적이었다. 그럼에도 스페인은 남아공 결승전에서는 네덜란드에 기세등등하게 맞섰다. 그런 힘은 2008년 유럽선수권 대회 때 우승했다는 자신감에서 비롯되었고 그러한 자신감이 선수들로 하여금 이미 유럽권에서는 제1인자라는 인식을 갖게 만들었다. 물론 그들 배후에는 수백 년 동안의 세계 제패라는 역사적인 자부심도 있었을 것이다. 그러나 현실적으로 그들은 매번 월드컵 경기에서 실패를 거듭했다.

그래도 그들은 좌절하지 않고, 오히려 더욱 섬세한 개선방안을 마련하기 위해 합리적으로 사고하고 주도면밀하게 계획했다. 그 결과, 월드컵 경기의 결승전에 임하면서도 그들은 초조함이나 불안감을 갖지 않고 현란한 기술로 치밀하게 우승의 과제를 풀어 갈 수 있었다.

이러한 심리적 자신감 앞에서는 '대륙의 챔피언은 다음 월드컵 정상에 서지 못한다'는 징크스도 맥을 추지 못했다. 이러한 심리전까지도 스포츠과학의 영역에 해당하기 때문에, 스포츠와 기술, 그러니까 스포츠 경기와 과학은 떼려야 뗄 수 없는 관계라고 할 수 있다. 그렇다고 스포츠 경기에서 스포츠과학이 궁극적인 목적일 수는 없다. 왜냐하면 과학이 목적을 달성시킬 수 있는 수단이 될 수는 있지만, 목적 그 자체일 수는 없기 때문이다. 목적과 수단은 결코 전도될 수가 없다. 이는 본말이 전도되어서는 안 되는 것과 같다. 오죽했으면 칸트는 실천이성에서까지 사람을 목적으로 대하지 수단으로 대하지 말라[8]고 했겠는가! 물론 이는 당위성의 논리에서 나온 주장이기는 하다. 이에 스포츠과학을 넘어서는, 즉 스포츠과학의 궁극적 근거로서 스포츠철학[9]의 관심이 우리에게는 필연적이지 않을 수 없다.

이런 의미에서 우리는 스포츠뿐만 아니라 스포츠과학의 영역까지 철학에서 되묻고자 한다. 그것이 바로 스포츠철학이다. 이 첫 번째 길이

---

8   I. Kant:『도덕형이상학을 위한 기초놓기』. 이원봉 역. 서울: 책세상, 2009, 91쪽 참조.

9   cf. H. Haag(Hrsg): *Sportphilosophie: Ein Handbuch*. Schorndorf 1996. S.10.: 그는 한편으로 스포츠철학을 스포츠의학, 스포츠역학, 스포츠심리학, 스포츠교육학, 스포츠사회학, 스포츠역사학과 같은 스포츠과학의 한 이론 영역임을 주장하고, 다른 한편으로는 위에서와 같은 실제세계의 한 철학, 즉 특수철학 내지 응용철학임을 주장함. 그러나 우리는 이에 동의하지 않고 철학의 본래 의미에 따라 스포츠과학의 모든 영역들이 오히려 스포츠철학의 하위 개념에 해당함을 주장함. 스포츠철학은 상위 개념이고, 스포츠과학은 하위 개념임.

스포츠가 어떤 형태, 어떤 경우이건, 그것이 놀이에서 나왔건 경기에서 나왔건, 혹은 그 이상으로부터 나왔다고 해도 궁극적으로 '인간'으로 부터 시작되었다면, 그 근거로서 인간이란 무엇인가를 철학적으로 먼저 짚어 내어야 한다. 그리고 두 번째 길은 그러한 인간이 어떻게 존재론적으로 가능한가를 철학적으로 되물어야 한다. 앞의 길에서는 '앎'이 중요하고, 뒤의 길에서는 '있음'이 중요하다. 전자는 인식론에 해당하고, 후자는 존재론에 해당한다. 존재하지 않으면 인식될 수 없고, 인식될 수 없다면, 존재할 수 없다는 논리는 일종의 순환논리이다. 그러나 우리에게는 앎보다 있음이, 즉 인식보다는 존재가 우선한다. 왜냐하면 인식의 대상보다는 인식의 근거가 근원적이기 때문이다. 인식론보다는 존재론이 우선한다는 말이다. 그렇다고 이 양자가 서로 동떨어져 있는 것은 아니다. 오히려 서로 연관되어 있다. 특히 스포츠에서는 그런 연관성이 더욱 두드러진다. 그러므로 우리는 스포츠 인식론의 철학적 내용을 인간학적 관점에서 고찰하고 나서 스포츠 존재론의 철학적 내용을 존재론적 관점에서 고찰해 나갈 것이다.

　이미 우리는 스포츠의 근원이 놀이에서 나왔음을 앞에서 짚었다. 놀이와 일의 관계를 마르크스는 노동하는, 즉 '일하는 인간'(homo faber)이라고 했고, 호이징가는 '놀이하는 인간'(homo ludens)라고 했다. 그에게 놀이는 문화를 구성하는 하나의 요소가 아니었으며, 문화 자체가 유희적 요소였다. 즉 "놀이란 마치 무엇인 것처럼 행해지고, 또 일상생활의 범위에서 벗어나 있는 것처럼 보이는 자유로운 것으로서 어떤 이해관계도 없이 인간을 전적으로 몰두하게 할 수 있는 행위이다. 놀이는 한정된 시간-공간 내에서 행해지며, 여러 가지 규칙에 따른 일련의 질서 속에서 행해지는 행동이다." 이처럼 호이징가는 칸트가 어떤 대상의 유무를 막론하고 일어나는 원초적인 호감으로서의 미에 대

한, 즉 아름다움에 대한 '무목적적 합목적성'을 주장한 것처럼 놀이에
서 일종의 무목적성을 강조했다.

그러나 호이징가와 달리 가다머(Gadamer)는 '놀이'를 인간과 무관
한, 특히 인간의 삶과는 동떨어진 놀이 자체로 다룬다: "놀이의 원래
주체는 다른 행위도 하면서 놀이도 하는 사람의 주관성이 아니라, 놀이
그 자체이다"[10]라고 하는가 하면, "놀이의 원래 주체는 놀이하는 사람
이 아니라 놀이 자체이다. 놀이하는 사람을 사로잡는 것, 그를 놀이로
끌어들여 놀이에 붙잡아 매는 것은 놀이이다."[11]라고 단언하여 그는 놀
이의 존재방식 그 자체를 주장하고, 놀이하는 사람이나 그 사람의 주관
성은 대상적이고 가변적인 것으로 무의미하다고 했다. 특히 그는 놀이
활동에서 인간이 주체가 되는 것이 아니라, 놀이 그 자체인 존재가 주
체가 된다고 하여, 존재 그 자체로서의 놀이를 인간 삶에 우선하는 것
으로 정리했다. 단적으로 인간이 아니라, 존재 자체라는 것이 그의 철
학적 해석학의 입장이다. 호이징가도 놀이를 문화의 요소가 아닌 문화
그 자체라고 주장하고, 무목적성을 강조했다고 해도 그가 앎으로서의
인식론적 입장을 가지고 있었다면, 가다머는 놀이를 인간을 떠나 놀이
그 자체, 그러니까 존재 자체를 들고 나온 전형적인 존재론적 입장을
가지고 있었다. 이에 우리는 근본적인 스포츠철학의 본래적 의미에 따
라 인간의 현상과 존재의 본질을 함께 고찰코자 한다.

이에 대한 근거는 인간존재 자체가 이미 생물학적으로 동일한 생명
프로그램에 따른다는 적나라한 과학적 사실에 있다. 그렇다면 스포츠
에서 경기로, 경기에서 게임으로, 게임에서 놀이로 되돌아가는 근원성

---

10   H. G. Gadamer:『진리와 방법−철학적 해석학의 기본특징들』. 이길우·이선관·
임호일·한동원 공역. 서울: 문학동네, 2009, 194쪽 참조.

11   H. G. Gadamer: 상게서, 197f.

으로부터 인간존재를 조명해 내는 것이 가시적으로는 스포츠에서 스포츠과학을, 스포츠과학에서 스포츠철학을 밝혀내는 순서가 된다. 그러나 결국 스포츠철학도 궁극적으로는 형이상학적 이념을 실현하는 데에만 근거가 있는 것이 아니라, 인간존재의 생물학적 근원성을 먼저 짚어 내는 인간성 실현에 있다. 따라서 스포츠철학에서는 결과나 효과의 수단만을 목적으로 삼는 스포츠과학과 달리 객관적 사실을 넘어서 있는 근원적인 존재의 구조연관성을 철학적 사유의 대상으로 삼아야 한다. 이런 의미에서 인간의 심신관계론에서부터 인간형성론과 인간을 위한 스포츠의 의미와 가치 그리고 그런 방향성이 언제나 중요하게 대두되었으나 그 내용을 정당화하고 그 한계를 극복코자 한 스포츠 인간론과 스포츠 존재론이 새로운 스포츠철학을 위한 두 주체가 되지 않을 수 없다.

이에 따른 필연성이 바로 스포츠의 본질이란 무엇이고, 그 진리란 무엇인가를 묻게 되는 것이다. 그렇다고 스포츠철학의 본질이나 진리를 찾아 소유하고 그것을 이것 혹은 저것이라고 단정코자 하는 것은 아니다. 예를 들어 스포츠의 기본요소들이 놀이와 조직, 경쟁과 신체 등이라고 해서 바로 그런 요소들을 불변의 진리로서 간주하지는 않는다. 다시 말하면 '원형'(Archetypus)으로서의 스포츠존재를 철학적으로 사유하고 해석하여 내는 근원성이 중요하다는 말이다. 그러니까 스포츠의 기반을 구축하는 진리 내용을 먼저 추구해 나가는 생성의 근거로서 스포츠철학이 중요하다는 것이다. 이는 마치 대학이 사전적으로 "국가와 인류 사회 발전에 필요한 학술의 심오한 이론과 그 광범하고 정치한 응용방법을 교수 연구하며 지도적 인격을 도야하는 것을 목적으로 하는 최고급의 학교"로 정의되어 있다고 해서 그것이 정답이라고만 할 수 없음과 같다. 대학(大學)이란 문자 그대로 '큰 배움'이라는 말이고,

큰 배움이란 1+1=2와 같이 '원칙'만을 가르치는 '소학'(작은 배움)
도 아니고, 그렇다고 2×2=4와 같은 '응용 결과'를 보여 주는 '중학'
(중간 배움)도 아니다. 오히려 소학과 중학에서 배운 지식을 아니라고
부정할 수 있는 능력의 장이 곧 큰 배움으로서의 대학이다. 이때 대학
은 스스로의 배움을 마련하여 자기 자신의 세계를 새로 펼쳐 나가는 실
험의 장이 된다. 아무리 대학이 과학적 합리성을 지고의 목표로 삼는다
고 해도, 그런 합리성 내에만 대학 자체가 내재하여 있는 것은 아니다.
마치 스포츠과학을 통해 아무리 완벽한 기술을 마련하여 훈련을 한다
고 해도, 그런 완벽한 기술 속에 인간존재의 본래성이 내재할 수 없음
과 같다.

이는 양궁에서도 그대로 찾아볼 수 있다. 양궁이란 현재 동서양에서
공히 사용하고 있는 활의 경기이지만 우리는 이를 양궁이라 하지 않고
궁도(弓道)라고 한다. 궁도란 활이라고 하는 궁이 어휘상으로는 도에
앞서지만 그 전체 의미로서는 도이고, 도는 사람에게 해당된다. 그러나
양궁이라 함은 사물의 모양에 대한 명칭으로서 궁극적으로 사물만을
지칭한다. 사물에 대해서는 과학적 처방으로 해결 가능하나, 사람에 대
해서는 과학적 처방만으로 해결이 불가능하다. 궁도에서는 사람이 우
선이고, 양궁에서는 사물(활)이 우선이다. 궁도에서는 자신의 깊은 내
면을 바로 보는 내관(內觀)이 중심축이 되고, 양궁에서는 자기 밖의 대
상을 짚어 내는 외관(外觀)이 중심축이 된다. 그래서 궁도에서는 내관
하여 사람의 마음에 눈을 맞추지만, 양궁에서는 외관하여 사물의 과녁
에 눈을 맞춘다. 밖의 과녁은 외부의 조건이 절대적이나, 안의 마음은
내부의 안정이 절대적이다. 활의 과녁은 흔들리나, 마음의 과녁은 흔들
리지 않는다. 흔들리지 않기 위해 뒷머리와 목, 척추와 팔꿈치를 일직
선으로 하는 심주(心柱)를 바로 세우는 것은 필수적이다. 이것이 大

(대)+弓(궁)＝夷(이)이고, 동녘나라에 있다고 해서 동이(東夷)이라고
했다 하니 퍽이나 설득력이 있다.

　이것이 결코 우연이 아닌 것은 1988년 서울올림픽부터 2016년 리우
올림픽까지 28년간 8회 연속 여자 양궁 단체전(장혜진·최미선·기보
배)이 8연패의 대기록을 세웠다는 사실에서 반증되기도 한다. 이 여자
양궁단체전 뿐만 아니라 남자 양궁 단체전도 2000년 시드니부터 2004
년 아테네, 2008년 베이징까지 금메달을 모두 목에 걸었다. 그러다가
2012년 런던올림픽에서 세계 3위로 밀리기는 했지만, 이번 2016년 리
우에서 '양궁 아이돌'로 불리는 신진 삼총사가 8년 만에 다시 올림픽무
대 위에 우뚝 서게 된 것도 이를 뒷받침해 주고 있다. 특히 이번 리우올
림픽에서 한국이 사상 첫 전 종목 금메달의 석권을 본 외신들이 이런
한국의 압도적인 양궁 저력을 의식이라도 한 듯이 큰 찬사를 아끼지 않
았다. 로이터는 "한국 여자 양궁이 올림픽 통치기간을 다시 연장했다"
고 썼고, "5000만 한국 국민에게 편안한 잠을 선사했다."고도 전했다
(이순홍 기자). 진정 한국인에게 양궁은 여타의 다른 스포츠와 같은 양
궁(洋弓)이 아니라 활을 마음대로 다스리는 궁의 도(道)인 것이다.

　여기에서도 우리는 스포츠의 개념은 물론이고 스포츠과학이 스포츠
철학의 상위 개념이 아니라, 오히려 역으로 스포츠철학이 스포츠과학
의 상위 개념임을 확인하게 된다. 이런 스포츠철학에서 인간존재의 실
현가능성은 그것이 스포츠 인간론이든 스포츠 존재론이든 혹은 그 이
상의 어떤 철학이라 해도 현실적으로는 인간의 생명 자체로부터 비롯
된다는 사실이 무엇보다 중요하다.

3. '인간과 존재'의 스포츠철학

이로써 스포츠에 대한 우리의 철학적 주제는 스포츠철학이 된다. 스포츠철학을 인간과 존재의 철학으로 밝히면서 그 근거까지를 짚어 내려는 것이 우리의 궁극적 목적이다. 먼저 스포츠철학이라고 할 때 무엇보다 스포츠가 철학에 우선하고, 철학은 스포츠에 대한 방향 설정으로서 인간존재에 대한 자기반성적 내용을 구성한다. 그리하여 우리의 주제가 스포츠 자체에만 국한되지 않고 넓게는 인간에 관계되고, 엄밀하게는 인간존재에 관계되기 때문에 한편으로는 인간에 대한 철학적 고찰이 우선이 되고, 그런 고찰의 철학적 근거로서 인간존재까지 살펴보는 것이 우리의 본래적 목적이 된다.

이에 우리는 인간과 존재, 그리고 그 실현의 전체로서 스포츠철학의 해명을 궁극적 목적으로 삼게 된다. 그럼에도 이런 문제의 복합성은 무엇보다 먼저 인간의 생물학적이고 철학적인 내용 구성에 직결되어 있고, 이어 인간존재의 철학적이고 존재론적인 내용 구성에 근거하고 있다. 이를 요식화하면 스포츠철학과 인간의 관계 문제라 할 수 있고, 스포츠철학과 존재의 관계 문제라 할 수 있다. 여기서도 명제적으로는 스포츠가 우선이고, 인간이 차선이나, 내용적으로는 스포츠의 주체로서 인간이 우선임을 명심할 필요가 있다. 왜냐하면 소박하게는 인간이 스포츠를 하거나 포기하는 것이지, 스포츠가 인간을 포기하는 것은 아니기 때문이다. 그렇게 할 수도 없거니와 그렇게 하도록 해서도 안 된다. 왜냐하면 본말이 전도되기 때문이고, 그렇게 되면 내용 구성이 바뀌게 되어 최악의 경우 스포츠가 인간으로부터 소외되는데, 자칫 인간이 스포츠로부터 소외되는 것처럼 보일 수 있다.

그렇다고 여기서 먼저 인간을 논하고, 그다음 스포츠를 논할 수 없는 것은 논리적으로 스포츠철학이 주어 개념이라고 하면, 인간학적 구상은 술어 개념이라고 할 수 있기 때문이다. 주어 개념이 술어 개념을 지목할 수는 있어도 술어 개념이 주어 개념을 먼저 지목할 수는 없다. 물론 지목할 수 있다고 해도 그 지목의 내용이 흐트러지고 만다. 주어 개념은 철학적 범주를 가능케 하는 실체 개념에 해당하지만, 술어 개념은 그 속성에 그치고 만다. 그러므로 스포츠 경기를 인간론적 입장에서 철학적으로 재구성하여 그 사실의 내용을 제시하는 것이 우리의 목적이 된다.

이런 내용 구성을 실현하기 위해 먼저 현실적인 눈높이에서 철학적인 눈높이까지 짚어 내고, 이를 근거로 하여 스포츠와 스포츠철학의 관계에 대한 내용을 밝혀내려고 한다. 스포츠철학이 궁극적으로 인간성 실현과 인간성 실현의 근거를 밝히는 데 목적이 있다면, 가장 현실적인 바탕은 바로 인간의 생명일 것이고, 생명의 운동이 도대체 무엇을 말하고 있는지, 그렇다면 처음부터 스포츠가 인간에게 필연적으로 주어져 있는 것인지도 밝혀야 할 일이다. 여기서 '필연적으로'라는 말은 한편으로는 인간학적으로 밝혀져야 하고, 다른 한편으로는 존재론적으로 밝혀져야 하는 것에 대한 표현이다. 그러므로 생명에서부터 인간의 정신성에 이르는 휴머니즘의 내용도 때로는 짚을 수도 있고, 이때 스포츠윤리학이나 스포츠심리학까지도 철학적으로 살필 수 있다. 그러나 이는 원초적인 운동을 통한 인간존재의 생동성과 그 이상을 철학적으로 정위(定位)하기 위한 것이라기보다 스포츠의 사회화 과정을 객관적으로 밝히기 위함이다.

이에 우리는 근원적인 입장에서 스포츠철학의 내용 구성을 먼저 생물학적 인간론으로 정식화함으로써 스포츠철학을 위한 인간존재의 실현가능성을 짚어 낼 수 있도록 하고자 한다. 왜냐하면 여전히 스포츠철학의 두 기둥이 우리에게는 생물학적 인간과 인간을 가능하게 하는 철학적 근거로서의 존재이기 때문이다. 고대 그리스의 소크라테스에서부터 근세철학의 헤겔에 이르기까지 인간을 이해하는 데에는 정신이 중심 역할을 해 왔다. 소크라테스 이후 플라톤과 아리스토텔레스는 서양 철학사상을 근원적으로 주도하면서 세계 내에서의 인간 위상을 정신적으로 정식화해 놓았다. 소크라테스는 사람으로 하여금 자신의 고정관념에서 벗어나 스스로 깨닫게 하기 위해 무지(無知)의 지를 주장했고, 플라톤은 언제나 하나하나의 개체 자체로 되돌아간다는, 즉 개별적인 사물들이 그것을 모방해서 이루어 가는 원형(原型: Archetypus)을 에이도스(eidos)라는 형상(形相)으로 규정했다.

이러한 형상의 원리는 자석과 같이 개별적인 사물들을 자기 자신에게로 끌어당기는 힘이다. 모든 사물들은 영원히 변치 않는 이데아와 같아지려는 경향성을 가진다. 그러나 이데아에 직접 다다를 수는 없고, 다만 그 이데아를 닮아 가려는 상태에 있을 뿐이다. 우리의 영혼이 육신의 몸으로 태어나기 전까지는 이데아의 세계에서 살고 있었다. 그러나 영혼이 육신의 몸으로 태어나면서 모든 것을 잊어버린 채 평생을 살아가는 동안 그 본래의 형상을 때때로 기억하곤 한다. 그러한 기억을 영혼의 깊은 곳에서 이끌어 낸다는 의미에서 깨달아 아는 것을 가리켜 플라톤은 상기(Anamnesis: 想起)라고 했다.

플라톤은 인간을 윤리적이고 존재론적인 입장에서 바라보았다. 사람이 행복하게 살 수 있는지 없는지는 그 영혼에 달려 있다. 그렇기 때문에 항상 영혼이 최선의 상태에 이르도록 해야 한다. 영혼은 그 자체의 형상을 가지고 있어 언제나 동일하며 변화하지 않는다. 변하지 않기 때문에 영혼에 죽음이란 것은 없다. 사람이 죽는다고 할 때 육체가 죽는 것이지, 영혼이 죽는 것은 아니다. 영혼은 이데아의 세계에 속하기 때문에 죽을 수가 없다는 말이다. 다만 사람의 육체는 현실세계에 속하기 때문에 유한하고 무상하여 결국 죽음을 맞는다. 따라서 육체는 건강을 제일 우선으로 하나, 영혼은 지혜를 제일 우선으로 한다. 지혜는 순수한 사유로서 정신을 말한다. 이런 정신이 플라톤에게는 곧 영혼이었다. 사람이 살아가는 동안에는 영혼과 육체가 하나로 결합되어 활동을 한다. 영혼의 활동은 인간으로 하여금 육체의 장벽을 넘어서 이데아의 '이념'(ousia)세계를 향하도록 하고, 육체의 활동은 영혼의 활동의 질서에 그저 '수반'(genesis)될 따름이다. 그러므로 참된 철학자는 감성적인 육체로부터 벗어나 이데아의 영혼 세계로 되돌아가기를 힘써야 한다.

이러한 것이 존재론적 해석의 가능성을 열어 놓게 된다. 그러나 우리에게 시사하는 것은 영혼이란 사멸하지 않는다는 것, 아니 사멸할 수가 없다는 것이며, 육체와는 달리 영혼이 그 자체로 운동하고 있다는 사실이다. 따라서 그 자체로 운동하는 것은 사멸하지 않는 것이어야 한다. 그렇다면 모든 운동과 모든 스포츠의 시원이 플라톤에게는 육체가 아니라 영혼이고, 그런 영혼의 운동 역시 평행 운동이 아니라, 이데아의 세계로 향하는 수직 방향으로 상승하는 운동을 한다. 생명의 원리 또한 육체에 있는 것이 아니라 영혼, 즉 정신에 있는 것이 된다. 모든 충동 역시 육체에서 생겨나지만, 엄격하게 보면 충동의 동선은 육체에 있는 것이 아니라 정신에 있다. 정신이 행동의 주체이고 관리자가 되며, 육체적 충동에 저항하는 것이 이데아의 세계에 속하는 정신이 된다. 현실적으로 목마른 사람은 물을 갈망하지만 그러한 갈망을 충족시키는 것은 바로 사람 그 자신이고, 사람 자신은 그의 정신을 말한다. 총체적으로 보면 인간은 육체적인 모든 충동에 사로잡혀 있으나, 그런 충동에서 벗어나 이성적인 것, 즉 이데아의 세계로 향하는 상승 운동을 한다는 말이다. 이렇게 상승하는 정신의 순화 운동을 우리는 플라톤에 있어서 스포츠 운동의 의미로 해석할 수 있다.

이런 플라톤의 이데아적 스포츠와는 달리 아리스토텔레스는 현실적으로 인간을 직접적인 생명을 가진 존재로서 스포츠의 대상으로 삼았다. 그에게 인간이란 생물학적 존재로서 정신(영혼)과 육체, 즉 질료(質料: Materie)와 형상(形相: Form)으로 이루어진 통일체로서 하나의 개체이다. 여기에는 운동의 필연성을 전제로 한다. 왜냐하면 정신과 육체가 하나로 통일되기 위해서는 생명의 운동성이 먼저 뒤따라야 하기 때문이다. 이때도 정신은 육체 안에 있는 어떤 물질적인 것이 아니고, 육체를 다스리는 생명의 원리로서 정신이다. 그렇다고 정신이 육체를 좌지우지 다스리기만 하는 이데아와 같은 존재는 아니다. 오히려 살아 있는 생명의 존재에 따라 정신의 존재 능력이 결정된다.

모든 생명체에는 그에 상응하는 능력이 있다. 보는 능력, 듣는 능력, 달리는 능력 등 모든 동물과 함께 인간에게도 그러한 능력이 있다. 인간과 동물의 유사점은 바로 그런 육체를 가지고 있다는 점, 기관의 구조관계, 그리고 인간의 의식 활동 역시 생명으로부터 이루어진다는 사실이다. 그럼에도 인간은 동물과는 다른 차원의 특별한 생명체이다. 왜냐하면 인간은 다른 동물과 달리 이성에 관계하기 때문이다. 이성은 원래 신의 영역에 속한 것이나, 생물학적 존재로서 인간만은 이성을 통해서 신의 영역에 다가갈 수 있다. 여기에서 인간은 동물과 신의 중간자로서 가능하게 된다.[12] 동물은 생물학적 생명을 갖지만 신은 그런 생명을 넘어선다. 신은 운동하는 자가 아니고 부동하는 자로서 최고의

---

12   Cf. M. Heidegger: 『철학입문』. 이기상·김재철 공역. 서울: 까치출판사, 2006, 15쪽 참조.

존재자이다.

이러한 아리스토텔레스에게 스포츠란 신의 영역에 해당되는 것이 아니라 인간의 영역에 해당되는 것이고, 생명체의 활동에 해당되는 것이다. 생명체의 활동은 유기체의 운동 법칙을 따른다. 유기체의 운동 법칙에 따라 그것을 의식 작용이라 하든 생명 활동이라 하든 인간 역시 한 유기체로서 자신이 가진 최고의 능력을 발휘한다고 해도, 인간은 신적 이성에 관여하지 못하고, 다만 자기 자신의 이성에 관여하게 된다. 이때의 이성은 영구불변의 영역에 존재하는 신적 이성 자체가 아니라, 인간의 영역에 존재하는 현실적 이성이다. 이런 현실적 이성에서 가장 합리적이면서도 가장 이상적으로 성취되는 최선의 의식 활동이나 생명 활동이 아리스토텔레스에게는 현대적 의미의 스포츠가 된다.

최선의 의식 활동은 지고의 인간 행복을 보장하며 그러한 보장은 지혜가 전적으로 담당한다. 왜냐하면 지혜만이 인간에게 최고의 기쁨을 영원히 줄 수 있기 때문이다. 이때 인간은 일상생활의 요구에서 벗어날 수 있고, 이로써 자기만족에 침잠할 수 있게 된다. 이를 가능케 하는 것이 지혜이고, 그런 지혜의 삶이 바로 초인간적인 삶이며 신적인 삶이 된다. 이런 삶은 생명체의 운동에서부터 시작하여 인간의 이성 활동에까지 이르는 모든 의식 활동에 해당한다. 이런 생명의 현실적 활동이 아리스토텔레스에게는 추구할 만한 가치 있는 삶으로서의 스포츠였다.

이러한 고대사상이 데카르트까지 이어지는 가운데, 그는 모든 존재의 근원인 실체를 무한실체와 유한실체로 나누어 신을 무한실체라고 하고, 정신과 육체(물질)를 유한실체라고 했다. 유한실체로서 정신은 사유하는 실체이고, 육체는 존재하는 실체이다. 정신이 비물질적인 실체로서 공간을 점유하지 않음으로 해서 불가분성의 속성을 가지는데 반해서, 육체는 물질적인 실체로서 공간을 점유함으로써 가분성의 속성을 가진다. 전자는 비연장적이고, 후자는 연장적이다. 이 두 실체는 서로 무관하여 독자적으로 대립하여 존재한다. 그런데 내가 달려야 한다고 생각했을 때 손과 발의 운동이 시작되었다거나 혹은 사람이 슬퍼(정신)할 때 눈물(육체)이 난다거나 하면, 정신과 운동은 물론이고 슬픔과 눈물이 서로가 무관한 것이 아니라, 한 연관성 속에 있는 것이 아닌가! 데카르트는 정신과 육체가 서로 만날 수 있는 기점으로서 송과선의 역할을 들었으나, 보편적인 설득력을 얻기에는 부족했다. 사실 그의 관점에서 인간존재를 확인하는 데에서도 인간의 신체나 감각 따위는 사유하는 능력이 없어 무용지물이고, 오직 인간의 정신만이 그 역할을 할 수 있었다. 그는 진일보하여 인간의 신체구조 역시 자연계의 기계적인 구조와 동일하다고 폄하하기에 이르기도 했다. 그럼에도 정신과 육체의 이원론적 존재구상이 오늘날의 스포츠에 대한 눈높이를 인간의 사물적 놀이경기에서 인간존재의 스포츠철학에까지 전개할 수 있도록 한 이론적 계기를 마련하여 주었다는 점에서 의미는 크다.

　이보다 더 적극적인 철학자는 스피노자였다. 그는 데카르트의 정신과 육체, 즉 사유와 연장(延長)을 다 함께 신의 속성으로 간주한다. 비록 정신과 육체가 서로 독자적으로 대립하여 존재한다 해도, 그 모두가 신의 속성으로 있는 한, 동일한 차원의 동일한 수준이다. 이는 인간과 인간의 행동, 심지어 스포츠까지도 존재자 전체 내에서 규정하려는 데에서 가능한 것이다. 인간은 한편으로는 오감으로부터 감정을 갖지만, 다른 한편으로는 정신으로부터 이성을 갖는다. 이성이 감정을 대상화하고, 전체를 전체로서 드러내는 역할을 한다면, 이성은 스스로를 전체에 대립된 것으로 생각하지 않고, 오히려 전체 질서의 한 부분으로 생각한다. 이때 이성은 모두를 포괄하는 신적 이성이 될 수 있다. 이성의 담지자가 인간이고 인간 전체를 짊어지는 것이 신이라고 한다면, 스포츠를 포함한 인간의 모든 활동도 이성의 영역에서 벗어날 수 없다. 스포츠 역시 그에게는 신적 사변의 이성 영역에 남을 수밖에 없었다.

그러나 이런 사변의 이성 영역에서 벗어나고자 한 사람이 칸트였다. 그는 인간의 이성을 극구 찬양하면서도 이성을 형이상학에서 이론적으로만 해결하지 않고, 도덕적으로 해결코자 했다. 인간론과 도덕철학이 동시에 등장한 것이다. 인간론으로서의 스포츠이성도 중요하지만, 스포츠도덕 역시 목적론적 인간의 품격을 위해서는 중요하다. 그는 더더욱 절대적 가치로서 도덕성을 소홀히 하지 않았다. 이는 인간이 이성을 가지고 있기 때문에 스포츠의 현실적인 정당성을 스포츠의 도덕적 목적성에서 찾아 그 책임을 다해야 한다고 했다. 책임을 다해야 한다고 해서 자신의 행위를 통해 어떤 형태로든 소기의 목적을 달성해야 한다는 말은 아니다. 왜냐하면 목적 달성의 가치란 승리를 위한 수단으로서의 목적에 국한될 뿐이지, 본래의 스포츠가 갖추어야 할 도덕성의 절대적 가치는 아니기 때문이다. 절대적 가치에는 현실적 스포츠의 승패감이 없다. 오직 '선한 의지'를 가지고 스포츠에 임한다는 마음가짐뿐이다. 여기에는 스포츠를 통해 얻고자 하는 어떤 현실적이고 구체적인 목적의식이 없다는 말이다. 아무것도 원하지 않는 그야말로 선한 의지이다. 이런 선한 의지의 도덕성은 모든 사람에게 보편적으로 통용되어야 한다는 절대적 가치의 주장일 뿐, 스포츠 현장에서는 구체적인 득실의 결과를 찾아볼 수 없다. 이처럼 칸트는 이론이성을 넘어 실천이성의 도덕성을 강조했음에도 실천이성이 스포츠도덕을 보편성이라는 틀로서만 정식화하는 데, 즉 형식화하는 데 그치고 말았다.

이러한 형식으로서의 보편성이 내용으로서의 구체성과 결합할 때 그 생동성이 새롭게 되살아난다. 이성의 선험적 논리와 현실의 경험적 논리가 언제나 일치하는 것은 아니라고 해도, 이 현실적 일치를 철학의 개념으로까지 확대한 사람은 헤겔이었다. 칸트가 이론이성과 실천이성을 주장한 이원론자라면, 헤겔은 자연과 인간을 한 사유의 논리로, 즉 자연철학과 정신철학을 사변적 논리학으로 정리한 일원자로 간주할 수 있다. 그는 인간존재의 완성을 철학적으로 밝히기 위해 먼저 자신의 논리학부터 시작하여 자연철학과 정신철학까지를 변증법적으로 짚어 냈다. 논리학에서는 철학의 기본인 존재란 무엇이고, 본질이란 무엇인가를 고찰한 후 개념론을 다룬다. 이 존재와 본질의 합으로서의 개념론은 한편으로는 자연이 자기를 자기 스스로 해방코자 하는, 살아 있는 생명으로 이어짐을 밝히고, 다른 한편으로는 정신이 대상의식으로부터 자기의식을 거쳐 절대정신으로 운동함을 밝힌다. 자연철학은 유기체로부터 시작하고, 정신철학은 인간학으로부터 시작한다.

인간학 역시 자연으로부터 시작하고, 더욱 구체적으로는 자연적 심령으로부터 시작한다. 심령이란 자연으로서 존재하는 것의 비물질적인 생명원리이다. 그러므로 심령은 독자적으로 존재하지 않고 육체와 더불어 존재한다. 육체와 더불어 존재하기 때문에 심령은 변하기도 하고 달라지기도 한다. 여기에서 우리는 육체와 더불어 존재하는 심령을 스포츠 활동의 기초적인 계기로 간주할 수 있다. 특히 사람의 체험이나 촉감, 감각 등이 신체성으로서 심령에 해당된다면, 우리의 심증이 더욱 그렇게 굳어진다. 왜냐하면 인간의 스포츠감각이 직접적으로는 자신의 신체성에 관계되어 있고, 또한 자기 자신의 존재에도 관계되어 있기 때문이다. 사실 인간의 스포츠감각이란 원초적으로 인간의 신체성에서 비롯되는 것이고, 동시에 스포츠하는 사람 자신에 대한 앎의 기본적인 형태에서 이루어지는 것이다. 여기에서 스포츠인은 그 자신의 육체적 능력 안에서, 그리고 그 자신의 육체적 능력을 통해서 자기 자신을 인식하게 된다. 인식의 기반은 육체적 감각으로부터 이루어진다. 특히 헤겔에게는 의식이나 정신, 심지어 이성라고 해도 그것들은 독자적으로 존재하는 것이 아니라, 그 대상과 연관해서 생성되는 것이다. 자연철학은 정신철학과 더불어서 생성이 가능하고, 주관적 정신은 객관적 정신과 더불어 절대적 정신을 생성 가능케 한다. 이 모든 것의 원천은 감각 안에 있고, 감각으로부터 의식이 생성 가능케 된다. 대상의식은 자기의식과 더불어 절대이성으로까지 발전한다.

여기에서 우리가 다시 주목해야 할 것은 모든 것의 원천이 비록 감각에, 즉 신체성에 있다고 해도, 이때의 신체성이란 최초의 직접적인 존재방식에 지나지 않는 의식이고, 곧이어 정신 내지 이성으로 '지양' (Aufheben ; 없애높혀되가짐)해 가야 하는 한 과정일 뿐이라는 사실이다. 이러한 한 과정의 신체성은 스포츠 활동을 위한 단초로서 해석 가능하나 현실적으로 실현가능성은 전혀 없다. 왜냐하면 신체성이란 절대이성을 실현해야 하는 최초의 한 변증법적 계기이지 궁극적인 목적일 수는 없기 때문이다. 그러므로 그가 인간의 신체성을 짚고 있다 해도 그런 신체성을 통한 스포츠 활동의 가능성은 배제된다. 이런 발생학적 고찰방식은 생물학적 진화론에서 수행되는 인간존재의 단계를 보편적 원인으로 보지 않고, 사변철학의 목적론적 구상으로만 볼 뿐이다. 인간은 분명 이 세상에서 육체를 갖지 않고는 살아갈 수 없다. 따라서 처음에는 모든 것을 감각에서 받아들이지만 정신에서 그 모두를 지양해 버리고 만다. 정신에서 되돌아 보면 인간의 최초 감각, 그 육체성이나 신체성은 실체가 빠져나간 무의미한 허상에 불과하게 된다. 이런 허상에 스포츠 활동의 실체성을 설정할 수 없다는 것은 당연한 일이다.

소크라테스 이후 헤겔에 이르기까지의 이 모든 철학자들은 예외 없이 스포츠 활동을 위한 인간이해를 그것이 감각이든 정신이든 혹은 일원론이든 이원론이든 상관없이 이론이성의 정신에서 밝히려고 시도하

한민국의 축구를 새로운 반열에 올려놓는 결과를 낳았다. 당시의 언론[6]
은 한국 축구의 아이콘으로서 박지성에 대해 상세한 논평을 썼다: "한
국 축구는 더 이상 아시아 축구가 아니다"라는 표제아래 첫째는 탈(脫)
과 통(通)을, 둘째는 나보다 팀을, 그리고 셋째는 조용한 리더십을 꼽
았다. 이는 체력으로나 정신력으로도 아시아라는 지역의 한계를 벗어
날 수 있음을 말하고, 기술력으로나 조직력으로도 세계 축구와 통할 수
있었음을 의미한다. 둘째는 개인적인 경기 기록보다는 팀의 승리가 우
선이어야 함을 강조함으로써 팀의 일체성과 조직성을 개인과 전체의
공동체의식으로까지 확대시키고 있음을 말한다.

　　결국 자기 자신보다는 팀이라고 하는 주장의 판단은 그러니까 순간
적이고 이기적인 그의 결단이 아니라, 그 자신의 인품에서 나온 것이
고, 스포츠 스타의 인격으로서 스포츠맨십에서 나온 것이다. 실제로
'축구 말고는 아무것도 모른다' 는 박지성의 철저한 스포츠정신에서 우
리는 근본적으로 무엇을 읽어 내야 하는가? 물론 가장 현실적으로는
"그의 성실함과 매너, 겸손함과 열정, 그리고 스캔들 없는 깨끗한 품행
등 한국 사회가 원하는 스타의 자질을 갖추었다"(임현진 교수)는 평가
그 이상 무엇이 더 필요하겠는가! 그럼에도 우리에게는 그런 매너, 그
런 인품, 그런 인격이 어떻게 가능하고, 그 본래적인 근거가 무엇인가
하는 물음이 더욱 근원적인 것으로서 인간존재 자체에서 주어진다. 왜
냐하면 아무리 인품이나 인격이 스포츠에서 고매하다고 해도, 몸을 전
제로 하고 신체만을 전체로 하는 한, 그 한계는 필연적으로 따르기 마
련이기 때문이다.

　　남아공월드컵에서 허정무 전 한국 대표팀 감독은 연장전 끝에 1대0

6　진중언: 조선일보; 2010. 6. 14.; '스포츠'

였다. 그러나 이성이나 정신보다 더욱 현실적이고 직접적인 것이 바로 육체적인 것이고 육체적인 충동이다. 그리하여 이성과 정신의 자리에 감성과 육체가 적극적으로 등장하게 되었다. 그 제1주자가 포이에르바하[13]이다. 그는 기독교의 신학까지도 인간중심으로 지양시키고자 하여 이성 대신에 감성을 강조하고 나섰다. 심지어 신의 본질은 인간의 본질에 지나지 않는다[14]라고 주장한다. 인간은 그가 무엇을 먹는가에 따라 어떤 인간인지 결정된다. 다시 말하면 인간은 정신을 통해서 규정되는 이성적 존재가 아니라, 감각을 통해서 규정되는 감성적 존재라는 말이다.

이런 연관성에서 보면 우리는 스포츠철학의 해석가능성이 헤겔 이전보다는 포이에르바하 이후에 더욱 현실적임을 알 수 있다. 그럼에도 그에게 인간학이란 인간이 자연 그대로의 특징을, 그러니까 스포츠 활동을 하기 위한 신체의 특징을 탐구하는 생물학적 의미의 이론이 아니라 새로운 형이상학적 과제를 수행해야 하는 철학의 근본학이었다. 따라서 그의 인간학은 먼저 기독교신학에 대립각을 세워야 했고, 또한 인간 삶의 의미를 인간 자신에게 보여 주어야만 했다. 이 두 가지 모두는 생물학적이리기보다는 형이상학적이었다. 그의 성과도 좀 어렵게 표현하면 인간 자신이 형이상학적 실체가 되었다는 말이다. 신의 자리에 인간이 대신했을 뿐, 그대로 형이상학에서는 벗어나지 못했다. 여기 어디에도 스포츠 활동의 계기가 끼어들 곳이란 없었다.

---

13   L. Feuerbach: 「Wider den Dualismus von Leib und Seele, Fleisch und Geist」. In: *Kritiken und Abhandlungen III. L. Feuerbach's Werke in 6Bden*. Frankfurt(M), 1975.

14   W. Schulz: 『달라진 세계와 철학: 정신화와 육체화의 동향』. 송기득 역. 서울: 현대사상사, 1984, 73면 참조.

　이에 쇼펜하우어는 더욱 적극적으로 인간의 현실적 의지를 고뇌의 원천으로 보게 된다. 그 결과 마침내 이성의 형이상학이 무너지고, 인간 자신의 육체가 새로운 패러다임으로 등장한다. 인간의 육체란 의지가 현실을 경험하게 되는 첫 공간이고, 그런 의지의 가장 직접적인 작용이 인간의 육체적 운동이다. 이런 운동의 과정은 생물학적으로 수행된다. 수행되는 과정이 자기의지와 일치하지 않을 때는 고통이 되고, 자기의지에 일치할 때는 쾌감이 된다. 이러한 의지의 실현은 현실적으로 육체가 정신보다 우위에 있음을 말해 준다. 정신이 육체를 주체적으로 제약하는 것이 아니라, 육체가 정신을 객관적으로 제약하는 것이다. 입맛은 허기가 심화될 때 더욱 생기게 되고 생식기는 성욕이 객관화 된 것이다. 데카르트는 심신이원론에서 정신에 우위를 두었으나, 쇼펜하우어는 육체를 우위에 둔다. 특히 그는 인간의 정신적 전체의 모습을 해체까지 하며 육체만을 앞세운다. 인간의 의지를 정신적 능력이 아닌 육체적인 능력으로 간주한 것이다. 여기에서 우리는 그에 따른 스포츠철학의 생물학적 계기를 엿볼 수 있지만, 그런 의지의 궁극적인 근거는 정신도 의지도 아닌 무(無), 그러니까 아무것도 잡을 수 없는 비극으로 끝나고 만다. 그런데 어떻게 우리가 전적으로 여기에 스포츠철학의 성립가능성을 설정할 수 있겠는가!

　이런 쇼펜하우어와 달리 니체는 생물학적으로 인간의 신체성 내지 육체성을 강조한다. 그러나 결코 육체적 유한성으로 인한 자포자기가 아니라, 새로운 도전으로서 힘의 의지, 즉 원초적인 충동, 즉 생명운동을 적극 수용한다. 억제되지 않는 육체의 자유 분방한 충동이 인간과 세계의 근거를 새롭게 매개하여 드러낸다. 이로 인해 전통적 이성의 형이상학은 무너지고, 새로운 몸의 형이상학이 자유하는 정신의 '초인'(Übermensch)이라는 이름으로 대두한다. 초인은 하늘에 충실한 사람이 아니고, 땅에 충실한 사람이다. 그가 바로 땅의 의미이고 전체이다. 이 중심에는 몸이 있고, 몸의 중심에는 생의 근본전제인 생동하는 의지가 있다. 생동하는 생의 의지는 이성에 근거하지 않고 인간의 몸에 근거한다. 몸이란 육체에 대한 직접적인 표현이고, 육체란 몸에 대한 간접적인 표현이다. 육체가 바로 이성이고 정신이다.

영혼 역시 육체와 따로 떨어져 있는 어떤 것이 아니다. 오히려 육체에 대한 다른 별명이다. 육체는 의지로서 표현되고, 의지는 결코 꺾이지 않는 생으로의 힘이고 능력이다. 생의 힘은 육체로부터 나온다. 자기 자신을 초극해야 하는 존재가 초인이다. 초인은 상승하는 존재로서 어디에도 존재하지 않는다. 그는 존재하는 자가 아니라 생성하는 자이다. 과거의 사람이 아니라 미래의 사람이고, 자신을 초극해야 하는 사람이다. 영겁회귀를 해서라도 초극해야 한다. 타인에 의존하지 않고 자신을 자신에게서 늘 쇄신하는 생의 의지로서 새로운 현장의 형이상학이다. 그러나 니체의 이러한 인간의 의지와 신체성에 대한 극렬한 해명에도 인간육체에 대한 새로운 해명을 피안에서가 아닌 차안에서 짚어내었다고 해도, 또 다른 형이상학적 반어와 역설로서는 그 한계를 면하기가 어렵다. 그렇지 않다고 해두 이전의 이성세계가 허상의 세계였다면, 이후의 참된 세계는 아직도 오지 않은 새로운 세상이 아닌가! 스포츠철학이라는 현실에서는 더욱 용납될 수 없는 경우이다. 무엇보다 그의 반어적이고 역설적인 현실과 미래를 위한 형이상학적 진단은 인간의 신체적 한계와 극대화의 가능성을 타진하려고 하는 스포츠철학에서는 사실상 불가능하다.

지금까지 우리는 인간존재를 위한 스포츠철학과 연관된 내용을 한편으로는 이성과 정신에 바탕을 둔 소크라테스에서부터 헤겔에 이르기까지, 그리고 다른 한편으로는 인간의 감성과 신체를 적극적으로 수용하고 나선 포이에르바하부터 니체까지를 짚었다. 이들 양자 모두가 스포츠철학을 위한 일련의 계기를 어떤 적합한 철학적 원리로 마련했다고 해도, 그런 원리들은 그것이 정신의 원리든 신체의 원리든 어떠한 형태로든 또 다른 자신들의 형이상학을 설정하고 있을 뿐이라는 사실이다. 형이상학적 설정 자체가 문제가 되는 것이 아니라, 스포츠 내지 스포츠철학의 발단이 그 주체로서의 인간 자신과 인간의 가장 현실적이고 직접적인 동력으로서의 몸, 육체, 신체가 문제된다는 것이다. 이는 형이상학적 대상이 아니라 생물학적 대상이며, 스포츠와 연관된 생물학적 대상으로서 그 제1존재는 인간이다. 모든 살아 있는 생명체를 연구하는 학문이 생물학이고, 생물학에 근거하여 경험적이고 현실적으로 인간을 연구하는 학문이 인간학이다. 이런 경험적 인간학이라고 해서 아무런 철학적 문제 설정이 필요 없다는 말은 아니다. 왜냐하면 철학 없는 개별적 학문연구란 그때마다의 현상연구로서는 가능하지만, 그런 현상들을 어떤 원칙이나 법칙하에서 논리화하고 체계화 할 수는 없기 때문이다. 따라서 철학적 인간론은 인간의 본성을 밝히되 생물학에 근거하여 가장 기본적인 절차로서 인간과 동물의 비교를 목적으로 해야 한다. 특히 오늘날에 와서는 인간이란 무엇인가에 대한 물음에 사변적이거나 형이상학적인 해법을 요구하지 않고, 오히려 구체적이고 현실적인 해법으로서 순수철학 대신에 생물학적 고찰을 요구한다.

　생물학적 고찰이 순수철학보다 더욱 절실한 이유는 스포츠 활동 내지 스포츠철학에서도 인간의 신체성이 우선이지, 이를 떠난 인간의 이성이 우선일 수 없기 때문이다. 그럼에도 이를 위한 보편적 원리로서 철학적 정립을 포기할 수 없다면, 그 가능성을 철학적 인간론이라는 제도권 내에서 처음으로 제시한 사람은 셸러(M. Scheler)이다. 그는 유기체의 생명원리를 새로운 개념의 정신에서 찾았다. 정신이란 인간생명의 현장성을 떠나 있는 사변적이고 형이상학적인 정신이 아니라, 생물학적 인간 생명과 함께하는 정신으로서 세계개방성이고 자기의식이며 그리고 "아니라고 말할 수 있는 능력"(Nein sagen Können)[15]으로서의 정신이다. 그럼에도 그는 생물학적 입장에서 인간론을 이론적으로 완성하였다기보다 그 이념을 정초했을 뿐이다. 그러나 겔렌(A. Gehlen)은 처음부터 보다 구체적으로 자신의 철학적 인간론을 "인간생물학"(Anthropobiologie)[16]이라고 할 정도로 생물학적 특수 존재로서 다루어 나갔다. 그러나 후기에 이르면서 그는 자신의 인간학적 논지를 생물학에서 점차 사회학적 문제 제기로 넘김으로써 우리가 앞으로 여기에서 다루게 될 인간신체성의 스포츠철학적 관심에서는 멀어지게 되었다. 이에 플레스너는 새로운 "탈중심성"(Exzentrizität)[17]이라는 개념을 가지고 인간존재의 자연성과 인위성을 새로 정위하여 스포츠철학을 위한 한 가능성의 근거를 열어 놓았다면, 이에 대한 보다 엄밀한 고찰이 우리에게 필수적이지 않을 수 없다.

어찌 됐든 이들 모두에게 공통적으로 해당하는 것은 유기체적 자연과 인간론적 철학이 상호 분리되어 있는 두 영역이 아니라 하나의 영역이라는 사실이다. 다시 말하면 생물학과 인간학이 하나의 일맥상통하는 철학적 내용으로 구성된 학문으로서 성립한다는 말이다. 이의 내용 구성을 통칭해서 '철학적 인간론'이라 했고, 그 내용에 대해서 생물학적인 인간의 위상성을 유기체의 내용에 따라 고찰하려고 했다. 생물학

---

15 M. Scheler: 『인간의 지위』. 최재희 역. 서울: 박영사, 1976, 84면 참조.

16 A. Gehlen: *Der Mensch. Seine Natur und seine Stellung in der Welt*. Frankfurt(M), 1971, 15f.

17 H. Plessner: *Die Stufen des Organischen und der Mensch. Einleitung in die philosophische Anthropologie*. Berlin, 1965, S.309f.

적 인간의 위상성이란 모든 생명체를 포괄하고 있는 자연적 유기체 전체를 말하고, 그런 생물학적 유기체 전체의 범주로서 식물과 동물, 동물과 인간을 비교하여 무엇이 어떻게 다른가를 철학적으로 살펴봄으로써 인간의 위상성을 밝히려는 것이다. 이를 우리는 먼저 철학적 인간론을 통해 인간의 위상성이 어떻게 스포츠철학으로 가능한가를 밝히고, 그다음 철학적 존재론을 통해서 그런 인간의 현존재가 어떻게 실존론적으로 가능한가를 밝히려고 한다. 왜냐하면 스포츠철학의 주체가 어떤 의미에서든 인간을 떠나 있을 수가 없고, 그러한 인간이란 생물학적으로는 인간론적으로, 그리고 철학적으로는 존재론적으로 해명되어야 하기 때문이다. 이때 새로운 스포츠철학의 구상이 인간과 존재의 전체 철학으로서 성립가능하게 될 것이다.

II
스포츠철학을 위한
방법론

1. 해석학적 방법론

해석학은 이해의 학문이다. 그리스 신 헤르메스(Hermes)는 사람을 눈에 보이지 않는 암흑의 세계와 손으로 잡을 수 없는 꿈의 세계, 그리고 걷잡을 수 없는 망자의 세계로까지 길을 안내한다. 그는 망자의 세계뿐만 아니라 지하의 생물까지도 주관하는 신이고, 신과 인간의 세계를 모두 중재하는 사자로서 이승과 저승을 오가는 경계의 신이었다. 다시 말하면 죽은 자의 영혼을 염라대왕에게 인도하거나 알리는 신이었다. 헤르메스의 포고나 알림은 망자에게 단순한 내용을 전달하거나 전령의 역할을 하는 것이 아니라, 신의 명령을 망자에게 '이해'가 되도록 통역하는 것이고 설명하는 것이며 해석하는 것이다. 여기에서는 물론 언어와 문자가 중요하지만, 그것보다 서로의 이해가 더욱 중요했다. 물론 처음부터 언어와 문자가 없다면 설명은 말할 것도 없고 내용 전달까지도 사실상 불가능하게 된다. 설령 내용이 언어와 문자로 망자에게 전달되었다고 해도 받은 사람이 이해되지 않았다면, 언어와 문자는 사실상 무용지물이 되고 만다. 그러므로 두 가지 전제인 외적인 언어와 문자, 그리고 내적인 서로의 이해란 헤르메스에게는 필수불가결한 것이다. 이와 같은 이해의 문제를 근본바탕으로 하는 학문이 '해석학' (Herme-neutik)[1]이다.

그러므로 해석학이 처음에는 통역하는 일과 설명하는 일, 그리고 선언하는 일이 다 함께 포함한 신탁(神託)과 같은 해석의 기술, 즉 해석술로부터 참과 거짓에 대한 판단의 논리적 구조까지만을 취급했다. 그러나 점차적으로 성서학과 문헌학, 그리고 법률학을 위한 해석의 규칙을 마련하는 데로 확장되었다. 고대의 문헌을 어떻게 해석해야 하고, 성서를 어떻게 해석해야 하며 법률을 어떻게 해석해야 하는가가 해석학의 중요한 문제였다. 이러한 문제제기에는 근원에 대한 정초가 중요한 것이 아니라, 이미 알고 있는 사실에 대한 올바른 해석이 중요하기 때문에 해석학이 처음에는 일종의 학적 보조학문으로 출발했다. 이를 가능하게 한 철학자는 슐레겔(F. Schlegel)과 슐라이어마허(F. D. E. Schleierm-acher)였으나, 전자는 생철학을 대학 강단에 처음으로 개설하여 생철학자로 남게 되었고, 후자는 언어의 보편성을 들고 나와 해석학자가 되었다. 슐라이어마허 이후 단순한 텍스트에 대한 문헌학적, 신학적 혹은 법률적 해석이 아니라, 텍스트 전반에 대한 문법적 이해와 심리적 이해, 그리고 전체적인 이해 방식이 해석의 기술로 정당화되었다.

특히 슐라이어마허는 전통적인 신학적 해석학에서 탈피해 해석학적 반성을 통해 저자나 창작자의 심리적 이해에서 해석학적 구상까지 시

---

1   H. Ineichen:『철학적 해석학』. 문성화 역. 서울: 문예출판사, 1998, 21쪽 이하 참조.

도했다. 그에게는 규칙에 따른 텍스트의 문법적 해석이 아무리 정확하다고 해도, 그보다 텍스트 전체를 이해하는 것이 중요하고, 저자의 의도와 정신을 이해하는 것이 중요하며, 특히 개개인 간의 간격을 벌려 놓는 생소함을 극복하는 것이 더욱 중요했다. 여기에서는 논리적이고 논증적인 확실성이 주된 역할을 하는 것이 아니라, 예감적 확실성 내지 예감적 이해가 주된 역할을 해야 한다. 예감적 이해란 저자나 창작자의 생활환경에서 저자의 삶 속으로 파고 들어가는 이해를 말한다. 즉 표현되고 기술된 것에 대해 더욱 심도 깊게 이해함을 의미한다. 그러나 예감적 이해가 어떤 임의성에 빠지지 않게 하기 위해서는 보편성의 요소를 필요로 하고, 그런 이해가 보편타당성에 관계할 때 비로소 보편적 해석학이 성립할 수 있다. 슐라이어마허는 이러한 연관성 때문에 대화의 보편성을 위한 이해의 기술을 해석학이라고 했다. 그리고 이해의 두 양식을 하나는 직접적이고 언어적인 소여성 그 자체에 관계하는 '문법적 이해'로, 다른 하나는 사유하고 말하면서 자기를 나타내는 개개인에 관계하는 '심리적 이해'로 규정했다. 이런 이해로 언어의 보편성이 부각됨으로써 그에게는 '보편적 해석학'이 가능하게 되었다.

여기에서 중요한 것은 그 자신이 문헌학이나 성서학 혹은 법률학의 텍스트를 규범적으로만 해석해 왔던 전통에서 탈피하여 텍스트 일반과 전반을 이해하고 해석하는 보편적 해석학을 마련했다는 사실이다. 그러나 그와 동시에 슐라이어마허의 보편적 해석학의 한계는 해석학의 대상이 무엇이었든 — 그것이 문헌학이든 성서학이든 혹은 법률학이든 — 사람이나 인간존재를 위한 해석이 아니라, 이해와 설명을 전제로 한 텍스트였고, 이는 다만 텍스트에 대한 이해와 설명이 그 전부였다. 그러나 인간 내지 인간존재의 내용이 결여된 텍스트 해석학만으로는 스포츠철학의 한 기둥인 스포츠 인간론을 담당할 수가 없다. 그럼에도

그의 텍스트 해석학을 전제로 하지 않으면 그 한 기둥인 스포츠 인간론
은 물론이고, 또 다른 한 기둥인 스포츠 존재론마저 성립이 불가능해진
다. 따라서 이 양자의 성립을 위해서라도 텍스트를 위한 문헌학적 해석
학을 먼저 짚지 않을 수 없다.

앞의 슐라이어마허와는 달리 딜타이(W. Dilthey)는 인간의 삶, 즉
생의 원리에서 해석학의 근거를 찾았다. 인간의 삶이란 정착과 안정을
추구하면서도 결코 정착과 안정에 이르지 못하는 것이고, 인간의 내면
성에서 나오는 역동적인 것이며, 또한 인간의 무의식적 심연에서 솟아
나는 내적인 것이다. 따라서 삶은 운동으로서도 해명될 수 있고, 과정
으로서도 파악될 수 있다. 이처럼 삶은 체험의 측면에서 보면 자기 자
신을 파악하는 도구가 되고, 이해의 측면에서 보면 다른 삶을 설명하는
도구가 된다. 삶이 인간의 내적 감성에 근거하는 주체적 행위라고 한다
면, 순수한 형이상학적 명제에 대해서는 공허한 가상으로 간주되고 만
다. 삶은 인간의 모든 현실적 체험과 실재적 행동이 내용을 구성하고
있기 때문이다. 그러므로 아무리 엄격한 이성적 사고라고 하더라도 현
실의 모순성 앞에서는 무력하기 마련이고, 여기서 비로소 삶이 철학으
로서도 힘을 얻게 된다. 삶의 철학적 과제는 그 형성 과정에서 철학체
계를 파악하고, 삶 속에서 철학체계에 대한 이해가 이루어질 수 있게
하는 것이다. 이렇게 함으로써 삶을 삶 그 자체에서 이해해야 한다는
객관적 관념론이 가능하게 되는 것이다.

딜타이는 자신의 삶의 철학을 "이미 살아온 삶, 그것을 이해코자 하
는 것이 현대인의 주된 관심"[2]이라는 관점에서 칸트의 선험철학으로서

---

2 W. Dilthey: *Weltanschauungslehre. Abhandlungen zur Philosophie der Philoso-phie.*(VIII). Stuttgart. Göttingen, 1968, S.78.

『순수이성비판』을 비판하며 경험철학으로서 『역사이성비판』을 주장했다. 이는 이성적 인식 주체가 아니라 경험적 활동의 전체성에서 인간의 삶을 수용하는 삶이 곧 현실임을 강변하고자 한 것이다. 따라서 그의 삶의 철학은 '삶의 해석학'(Hermeneutik des Lebens)이 된다. 삶의 해석학에서는 예술작품이나 인간의 시문학, 혹은 역사의 기원과 같은 하나하나의 대상을 설명 내지 해석해 내는 것이 중요하지 않고, 가장 보편적이고 전반적인 생에 대한 해석 그 자체가 중요하다. 즉 인간의 삶 자체가 해석되어야 할 텍스트라는 말이다. 그러므로 삶의 철학은 사람이 이미 살아온 삶을 대상으로 하는 '삶에 관한 철학'일 뿐만 아니라, 인간 삶에 근거하는 삶 자체의 철학이다. 이러한 철학은 체험, 표현, 이해[3]에 대한 생철학적인 정당성으로서 정신과학적 인식구조의 토대를 마련하게 되었다.

　여기에서 중요한 것은 '인간의 삶'이라고 했을 때, 딜타이에게서는 삶이 인간에 우선하는 생철학적 개념이었으나, 보다 엄밀한 의미에서는 아무리 삶 자체가 우선이라고 해도 그 삶을 내포하고 있는 것이 인간이므로 인간이 내용상 삶에 우선한다는 사실이다. 이러한 내용을 근거로 해서 우리는 슐라이어마허의 텍스트 해석학과는 달리 딜타이의 삶의 해석학을 '인간'의 해석학으로 수용할 수 있다. 이로써 그의 삶의 철학이 종래의 삶의 철학으로서만 한정되는 것이 아니라, 인간의 철학으로 승화되어 스포츠철학의 한 축을 담당할 수 있는 철학적 인간론을 가능케 했다는 사실이 무엇보다 중요하다.[4] 이러한 사실에 근거하여 플레스너는 삶의 해석학을 본격적으로 철학적 인간론이라는 새로운 이름

3　A. Diemer: 『철학적 해석학』. 백승균 역. 서울: 경문사, 1985, 72쪽 참조.
4　O. F. Bollonow: 『인식의 해석학. 인식의 철학 I』. 백승균 역. 서울: 서광사, 1993 참조.

으로 천착하고 나섬으로써 새로운 스포츠철학을 위한 한 축으로서 스
포츠 인간론의 이론적 틀을 제공하고 있다.

2. 인간학적 방법론

무엇보다 스포츠철학을 위한 방법론으로서 철학적 인간론에 대한 눈높
이를 조정해야 한다. 하나의 사실을 어떻게 보느냐에 따라 그 사실의
내용이 이렇게도 나타나고 저렇게도 나타난다. 그 사실이 객관적이고
대상적인 사물이 아니라 살아 있는 인간일 때, 인간에 대한 해석의 방
법론은 더욱 복잡해진다. 왜냐하면 인간존재의 진폭이 사물처럼 그렇
게 단순하지 않기 때문이다. 특히 직접적인 인간존재 자체의 문제가 아
니라 인간의 삶과 관련되어 있는 문제들, 그것들의 사회나 역사, 아니
예술작품에 있어서도 그 복합성으로 인해 객관적 사실 내용의 본질을
바로 인식하기는 쉽지 않다. 더구나 사실이 아닌 인간의 본질을 바로
인식하기란 더더욱 어렵다. 그럼에도 인간과 스포츠의 연관성 속에서
인간의 본질을 사변적이 아닌 생물철학적으로 고찰할 때, 인간의 위상
이 지금까지와는 완전히 다른 차원에서 철학적으로 밝혀질 수 있다.
　스포츠의 주체가 인간이기 때문에 중요한 것은 먼저 인간 일반에 대
한 고찰일 것이지만 고찰 방법을 크게 양분할 경우 한편으로는 사실에
대한 정적 고찰 방법이고, 다른 한편으로는 동적 고찰 방법이다. 정적
고찰이란 인간에게 나타나는 모든 현상이야말로 인간의 감성에 속하는
가상의 것이므로 그 모든 것을 배제하고, 오직 생성지도 소멸하지도
않는 참다운 존재만을 사유의 대상으로 삼는 철학적 방법이라 할 수 있
다. 이에 반해 동적 고찰은 이 세상의 모든 것이 생성하고 변화하며, 본

래적으로 존재하는 것 역시 생성하는 것으로 보는 철학적 방법이라 할 수 있다. 여기서는 생성 그 자체만을 진리로 간주한다. 이러한 사유의 철학적 논리 전개는 소크라테스 이전에 이미 파르메니데스와 헤라클레이토스에 의해 이루어졌다. 이들은 모두 미분화된 사회에서 철학을 했는데도 현대철학 이론의 모태가 될 수 있는 철학적 바탕을 우리에게 마련해 주고 있다.

파르메니데스는 존재, 즉 있음이란 무엇인가를 묻되, 있는 것은 어떻게 있는가를 물음으로써 존재의 방식을 문제로 삼았다. 존재하는 것은 있고, 존재하지 않는 것은 없으므로 변화와 생성이란 존재하지 않는다. 이렇게 존재하지 않는 것은 당연히 사유될 수도 없다. 왜냐하면 존재하지 않기 때문이다. 이런 입장에서 생성하고 소멸하는 현상의 세계야말로 가상의 세계일 뿐이다. 반대로 사유될 수 있는 것은 존재하는 것이므로 논리적 모순성이 없는 것이고, 사유될 수 없는 것은 존재하지 않는 것이므로 논리적 모순성에 찬 것이다. 이처럼 존재한다는 것은 존재하기 때문에 생성하는 것도 아니고, 소멸하는 것도 아니며, 운동하는 것도 아니고, 공허한 것도 아니다. 이렇게 사유하는 원칙의 방법론은 동일률이고, 이러한 동일률의 철학이 생성 변화의 배후에 있는 유일무이한 하나의 실체론을 가능케 한다.

이에 반해 헤라클레토스는 만물이 언제나 생성하고 변화하며, 그러한 생성변화 이면에는 일정한 법칙이 있고, 그러한 법칙이 로고스이며, 이 로고스의 법칙에 따라 만물이 생성변화를 함으로써 '만물은 유전한다'는 명언을 남겼다. 이런 입장에서 보면 생성하고 변화하는 세계야말로 참의 세계이고, 존재와 동일성은 가상의 세계일 뿐이다. 전자의 입장에서는 논리적 동일성을 수용하고 모순성을 배제하며, 후자의 입장에서는 그러한 모순성을 포괄하는 변증법적 사유를 수용함으로써 전자는 불변의 존재론을 고수할 수 있는 반면에, 후자는 변화 자체의 생성을 고수할 수 있게 된다. 그 결과로 전자는 동일률의 형식논리학을 가능하게 하고, 후자는 모순성의 변증논리를 가능케 했다. 전자는 긍정의 논리학을 수단으로 삼았고, 후자는 부정의 논리학을 수단으로 삼았다. 전자는 수학적 확실성에서 세상을 입증하고자 했고, 후자는 철학적 포괄성에서 사람을 입증하고자 했다. 전자는 현상 유지를 통해 동일화하자는 것이었고, 후자는 현상 극복을 통해 생산화하자는 것이었다.

그럼에도 우리에게 중요한 것은 이들 양자 중 일자만이 옳다기보다는 이 양자를 모두 포괄하면서도 이 양자가 아닌 제3의 존재와 생성 그 자체로서의 '인간존재'를, 그러니까 인간을 실현하는 스포츠 인간론과 그러한 인간의 존재근거로서 스포츠 존재론을 밝혀내는 일이다. 이를 실현하기 위해서 무엇보다 먼저 우리에게 영구불변하는 존재의 논리보다는 살아서 생동하는 생성의 논리가 우위임을 인정하지 않을 수 없다. 왜냐하면 인간이란 잉태의 단계로부터 살아 있는 생명에까지 이어져 생명 그 이상의 인간성을 형성하기 때문이다. 이러한 의미의 전방위적 방법론은 전인적인 방법이 되지 않을 수가 없다. 전인적 방법론이란 부분으로서의 인간존재를 이해하는 방법이 아니라, 인간을 총체적으로, 그러니까 신체적으로, 육체적으로, 나아가 정신적으로, 심지어 존재론적으로까지 통합하여 이해하고자 하는 방법론이다.

이때 인간 자신의 신체와 정신은 서로 독립된 둘이 아니라, 곧 하나로서 생물학적 자기 자신임을 가장 자기답게, 다시 말하면 인간을 가장 인간답게 드러내게 된다. 먼저 철학적 인간론의 근본입장에서 자연철학 없이는 인간철학이 불가능하다면[5], 바로 여기에서 스포츠철학의 인

---

5   H. Plessner: *Die Stufen des Organischen und der Mensch. Einleitung in die phi-*

간학적 내용을 형상화할 수 있다. 이미 셸러는 인간을 생물학적으로 '아니라고 말할 수 있는 자'라고 했고, 겔렌은 '결핍존재'라고 하여 인간능력을 극대화했다. 플레스너도 인간을 '탈중심성'이라고 하여 생물학적으로 초월 가능한 존재임을 정당화했다.

이런 전인적 방법론은 무엇보다 생물학적 인간현실을 목적으로 하고, 그러한 인간현실을 철학적으로 이해하기 위해서는 무엇보다 먼저 현사실과 현사실에 대한 의미를 반성적으로 되물어야 한다. 예를 들면 매일 먹는 소금도 먼저 짠맛을 내고, 흰색을 띠며, 그러고도 그 모양은 입방체여야 하나, 그렇다고 그러한 것들이 바로 소금 전체가 아님과 같다. 왜냐하면 소금은 또한 무게를 가져야 하기 때문이다. 이처럼 소금의 속성도 한두 가지가 아니라면, 사람은 더 말할 나위가 없다. 이런 눈높이들이 각자는 모두 차원을 달리 하나, 그 차원을 달리하는 각자는 모두 인간을 바탕으로 하고 있다는 사실과, 그러한 인간의 다차원성이 스포츠철학을 통해 스포츠존재라는 생물학적 보편성의 존재론을 가능케 한다. 이에 이르기 위한 철학하는 방법론은 수많은 난제들을 하나로 종합하거나 통일하려는 변증법적 방법론이 아니라, 살아 생동하는 일종의 순환론적이고 현실적인 방법론으로서 생물학적 유기체의 영역, 즉 육체와 신체의 연관성에서 인간을 또한 존재론적으로 해석하는 방법론이어야 한다.

그러므로 우리는 여기서 스포츠철학의 인간학적 구상과 존재론적 구상을 실현하기 위해 먼저 그 사실로서의 스포츠와 스포츠과학을 짚었고, 이제 스포츠철학의 위상을 설정하기 위해 스포츠철학의 인간학적 존재론의 목적을 달성하고자 한다. 이는 스포츠철학이 원초적으로 인

---

losophische Anthropologie. Berlin 1965, S.26

간의 신체적 운동으로부터 이루어진다고 해도, 궁극적으로는 인간존재
의 철학으로서 완성됨을 말해 준다.

3. 존재론적 방법론

인간을 참 '인간으로서'[6] 해명하고자 나섰던 플레스너는 딜타이의 생
철학적 정신과학을 해석학으로 정초하고, 그런 해석학을 생물학적 인
간론의 기초학문으로 재구성하여 인간을 탈중심성으로서 해석해 냈다.
이와 달리 한편으로 인간을 '존재'로서 해석하여 인간 현존재에 대한
이해의 해석학을 가능케 한 철학자는 하이데거였다. 그는 삶이 아닌 존
재란 무엇인가라는 물음으로서 해석학적 존재론을 들고 나섰다. 존재
에 대한 물음은 존재 자체에 대한 물음이라기보다는 존재 의미에 대한
물음이고, 존재의미에 대한 물음은 곧 존재해석이었다. 존재해석에서
존재이해가 가능하고 존재의미가 가능하다. 이런 존재의미에 대한 물
음을 제기하는 자가 바로 그 존재를 이해하는 사람으로서 존재한다. 그
렇다면 존재이해가 무엇인가? 존재이해란 존재가 무엇인가를 묻는 바
로 그 사람이 어떻게 존재하고 있는가를 이해하는 것을 말한다. 즉 존
재를 묻는 사람이 이미 존재를 이해하고 있으면서, 동시에 존재에 대해
서 묻는다는 말이다. 이런 물음을 제기하는 사람을 하이데거는 지금 여
기에 있는 '현-존재'(Da-Sein)[7]라고 했고, 그런 현존재가 바로 인간존
재이다.

---

6   H. Plessner:「Die Aufgabe der philosophischen Anthropologie」. In: ders.
Zwischen Philosophie und Gesellschaft. Bern, 1953, S.119ff: 'als Mensch'.

7   M. Heidegger:『존재와 시간』. 이기상 역. 서울: 까치글방, 1999, 22쪽 참조.

따라서 딜타이의 역사적 인간이해로부터 가능했던 플레스너의 생물학적 인간이해보다 더욱 극단적 존재론으로 심화되고 실존론적으로 이해된 인간이 하이데거에게는 인간 현존재이다. 다시 말하면 존재 자체란 어떠한 경우에도 해명이 불가능하기 때문에 그 존재 자체를 묻는 자의 존재를 분석하고 해석하는 인간 현존재가 근원철학의 기초가 되고, 존재론의 단초가 되어야 한다는 말이다. 이런 의미에서 그의 철학은 '기초존재론'[8]이 되었다. 인간만이 자신의 존재에 대해 물을 수 있고, 인간만이 인간 자체인 존재자에서 존재로 탈존할 수 있다. 이처럼 인간만이 존재자의 한계를 초월할 수 있기 때문에 인간은 존재일 뿐만 아니라, 자기 자신을 존재자로서 이해할 수 있다. 이때 존재자가 곧 존재는 아니다. 존재자는 존재에 근거해서 비로소 존재하는 자일뿐이다. 따라서 존재는 존재자에 선행하는 것으로 가장 궁극적이고 본질적인 것이다. 이런 존재이해가 모든 다른 사물들을 이해할 수 있는 근거가 됨으로써 그에게 존재론이란 모든 학문의 기초가 되었다. 물론 스포츠철학에서도 그의 존재론적 인간 해석이 생물학적 인간이해의 기초가 되고 우선이 된다.

이런 존재론은 존재가 무엇인가하고 묻는 자로서 묻는 자의 물음구조를 해석해 내는 것이 철학적 해석학의 일차적 의미이고, 현존재가 존재이해의 양식 속에 이미 존재하면서 모든 물음을 가능케 하기 때문에 존재론적 이해가능성의 조건을 실현시키는 것이 철학적 해석학의 본래적 의미가 된다. 따라서 인간 현존재가 모든 다른 존재자에 비해서 존재론적 우위를 가지고 있다면, 해석학이란 인간 현존재의 존재에 대한 해석으로서 실존의 실존범주에 대한 분석론이라 할 수 있다. 이런 해석

---

8 M. Heidegger: 상게서, 30쪽. 'die Fundamentalontologie' 참조.

의 의미에서 하이데거는 인간 현존재의 현상학을 '해석학' [9]이라고 했다. 이때 이해 자체는 인간존재의 실존론적 근거가 되고, 인간존재의 언어가 되어 실천을 선도하고 술어에 선행하는 해석의 기틀이 된다. 이런 존재론적 이해의 해석인 근원적인 〈으로서(als)〉를 그는 진술의 명제적인 〈의로서〉와 구별하여 실존론적이고 해석학적인 〈으로서〉라고 주장했다. 이것은 그가 인간의 삶보다는 존재를, 즉 인간 현존재의 해석학으로서 기초존재론을 우위에 두었다는 사실을 의미한다. 이로써 그의 현존재의 해석학은 '탈은폐의 해석학' 혹은 보다 보편적 학적 의미에서 '해석학적 철학' 이라고도 할 수 있다.

그러나 여기에서 슐라이어마허와 딜타이, 그리고 하이데거의 해석학적 내용 서술이 중요한 것이 아니라, 슐라이어마허가 이룩한 '텍스트 해석학' 이 딜타이의 정신과학적 '인간해석학' 으로 발전하여 결국 플레스너의 철학적 인간론으로 이어지고 마침내 하이데거의 '인간 현존재 해석학' 으로까지 가능케 한 이 세 영역의 해석학을 통틀어 "철학적 해석학"[10]이라고 통칭한다는 사실이 무엇보다 중요하다. 나아가 이런 통칭보다 더욱 중요한 것은 한편으로는 딜타이의 역사적 생철학을 해석학으로 정당화하고, 그 해석학을 철학적 인간론으로 재구성한 플레스너의 인간론과, 다른 한편으로는 실존론적 이해를 존재에 대한 인간 현존재의 근본적 실존범주로서 파악하여 인간존재를 위한 해석학의 존재론적 전환을 근원적으로 수행한 하이데거의 존재론이다. 왜냐하면 이 양자에서 우리는 새로운 스포츠철학의 두 철학적 이론 근거를 마련할 수 있기 때문이다. 이로써 철학적 인간론은 육체와 신체를 가진 생물학

---

9   M. Heidegger: 상게서, 61쪽. 'Hermeneutik'.

10   H. Ineichen: 『철학적 해석학』. 문성화 역. 서울: 문예출판사, 1998, 24쪽.

적 인간을 극대화하고, 철학적 존재론은 그런 생물학적 인간의 존재 근
거를 철학적으로 해석해 냄으로써 새로운 스포츠철학의 이론 정립을
정당화할 수 있게 된다.

4. 스포츠철학의 방법론

일반적으로 방법이란 어떤 일을 해 나가거나 목적을 달성하기 위한 수
단이나 방식을 말하고, 방법론은 진리에 도달하기 위한 학적 연구에서
의 합리적인 방법에 관한 이론을 말한다. 이런 방법론은 이미 고대 그
리스철학에서부터 있어 왔다. 소크라테스에게는 무지의 지(知)라는 반
어법이 그의 방법론으로 사용되었고, 플라톤에게는 머리, 몸, 지체, 혹
은 철인, 군인, 상공인이라는 분류법이 그의 방법론으로 사용되었으며,
아리스토텔레스에게는 보편지식에 의한 특수 지식의 해명이라는 연역
적 수단이 그의 방법론으로 사용되었다. 중세를 지나 근대에 와서 베이
컨에게는 귀납적 방법론이, 데카르트에게는 연역적 방법론이, 그리고
칸트에게는 선험적 방법론이, 또한 헤겔에게는 변증법적 방법론이 이
들 각자의 철학체계를 가능케 했다. 그러나 현대철학에서 가다머는 자
신의 『진리와 방법』[11]에서 방법이란 수단이 아니라, 곧 진리임을 강조
하고 나섰고, 데리다는 아예 수단과 목적이라는 그러한 관계조차 부정
하는 해체를 들고 나와 새로운 포스트모더니즘의 세상을 열었다. 이들
의 방향과 달리 현대철학의 비판이론에서는, 특히 아도르노에게는 철

---

11 H. G. Gadamer: 『진리와 방법』. 이길우·이선관·임호일·한동원 공역. 서울:
문학동네, 2000.

학하는 방법론이 개념적으로 이것 혹은 저것이라고 규정할 수 없고, 다만 철학함 그 자체가 이미 철학의 방법론이었다. 이러한 철학하는 방법론을 이링 페처(I. Fetscher)는 '비판적 사유의 생동성' [12]이라고 했다.

이처럼 학적 방법론이 철학을 요구하는 일종의 수단임이 분명함에도, 수단으로서만 머무는 것이 아니라, 목적도 함께 실현하는 내용 자체로서 정당화될 수 있어야 한다. 그렇다면 예술의 영역이든 과학의 영역이든, 특히 스포츠의 영역에 있어서도 어떤 관점으로 스포츠철학을 볼 것인가 하는 것도 분명히 하나의 방법론으로서 먼저 해결이 되어야 하지만, 방법론의 내적 연관성 속에 이미 스포츠철학의 진리내용이 내재하고 있다는 사실을 먼저 직시할 필요가 있다. 따라서 우리는 여기서 시종일관 스포츠철학의 진리내용을 한편으로는 철학적 인간론으로서, 그리고 다른 한편으로는 철학적 존재론으로서 밝혀내는 것을 궁극적 목표로 삼는다. 이때 스포츠가 언제, 어디서, 그리고 누구에 의해서 행해졌는가 하는 단순한 외적이고 대상적인 사실을 확인하는 일이 중요한 것이 아니다. 그보다는 스포츠의 철학적 본질 내용은 무엇이고, 그런 내용의 주체는 누구이며, 더구나 스포츠철학이 어떻게 인간과 존재의 문제로 귀결되어 밝혀질 수 있는가를 고찰하는 일이 중요하다. 왜냐하면 스포츠철학이라는 것이 인간과 존재를 떠나서는 그 정당성을 어디에서도 확보할 수 없기 때문이다.

우리는 스포츠철학을 정당화하기 위한 철학적 방법론으로서 먼저 해석학적 방법론을 수용했다. 그 이유는 해석학적 방법론을 통해서 비로소 텍스트의 해석학이 새로운 스포츠철학의 이론을 가능케 하는 인간

---

12 I. Fetscher: 「Ein Kämpfer ohne Illsusion」. In: *Theodor W. Adorno zum Gedächtnis. Eine Sammlung*. Hrsg. von H. Schweppenhäuser. Frankfurt(M), 1971, S.94.

의 해석학과 존재의 해석학을 위한 길을 터주었기 때문이다. 이에 우리
는 한편으로는 인간의 해석학으로부터 가능했던 인간학적 방법론과 다
른 한편으로는 존재의 해석학으로부터 가능했던 존재론적 방법론을 고
찰함으로써 스포츠철학의 내용근거를 마련할 수 있는 정당성을 확보하
게 된다. 이로써 새로운 스포츠철학을 위한 철학적 방법론은 해석학적
방법론을 기점으로 하여 인간론적 방법론과 존재론적 방법론으로 이어
진다. 이에 따른 방법론들을 통틀어 '스포츠철학을 위한 방법론'이라
부른다.

III
스포츠 인간론의
철학적 정초

1. 스포츠 인간론의 생물학적 기초: 생명 운동

최초의 스포츠는 인간의 놀이에서 나왔고, 놀이는 게임과 경기를 통한 즐거움을 목적으로 했다. 그러나 궁극적인 목적은 인간생존의 자기완성에 대한 원초적인 쾌감이었다. 이런 쾌감의 스포츠가 인간의 육체로부터 인간존재로 승화하여 새로운 스포츠철학을 가능케 하여, 우리는 스포츠철학의 내용 전반을 먼저 스포츠 인간론으로, 다음에는 스포츠 존재론으로 구성하려고 한다.

먼저 스포츠철학의 인간화 작업은 인간의 생명으로부터 비롯된다. 생명의 속성은 살아 있음이고, 살아 있음은 전진하는 운동으로서 원초적인 스포츠의 근원이 된다. 인간의 생명은 남성의 '정자'로부터 시작한다. 건장한 남성의 한번 사정하는 정액 3cc 내지 5cc 속에는, 즉 1cc에 약 7000만 마리라고 할 때, 2억-3억 마리의 정자가 있다. 그러나

2010년 코펜하겐 대학교의 니엘스 스카케벡 교수가 덴마크의 18세-25세 젊은 남성 5명 중 1명은 아기를 갖기에 정자 수가 턱없이 부족하다는 연구 결과를 발표하면서 1940년대 남성의 정액 1mL 당 정자 수가 1억 1300만 개였던 것에 비해 1990년대는 6600만 개로 줄어들었다. 이러한 결과는 하루 2캔 이상의 콜라를 마실 경우, 즉 하루 1L 이상 콜라를 마신 남성의 정자 수가 3500만 개 정도이고, 하루 1L 이하 콜라를 마신 남성의 정자 수는 5000만 개 정도로 30%가 많고, 과도하게 컴퓨터와 휴대 전화를 사용하는 것 또한 정자 수에 영향을 준다. 미국 스텐포드 대학교에서 중국인 148명에게 무릎 위와 바지주머니에 전자파측정기를 부착시켰더니 매일 4초의 전자파로 정자의 운동성이 떨어지는 것을 확인했고, 사우나의 고온 역시 남성의 고환을 정상 체온보다 2도-4도 낮게 하였으며, 심한 자전거타기에서도 고환이 손상되어 1주에 300km, 그러니까 하루 40km 정도를 타는 자전거 선수에게서도 10% 정도의 정자 수가 감소되는 것이 관찰되었다.

그 많고 많은 정자들 가운데에서 사정 후 30여 분 만에 단 한 마리의 정자만이 여성의 난자와 수정하고, 나머지 모든 정자들은 중도에서 다 사멸하고 만다. 수정이 되는 난관팽대부에서 살아서 전진 운동하는 정자의 수는 전체 150만분의 1로서 실재 100 내지 200 마리의 정자들이 쉼 없이 달려 수정 부위에 이르게 된다. 생물학적으로 보면 우리에게 이 최초적인 운동이 무엇보다 중요한 것은 원초적인 스포츠의 아키타이프(archetype) 때문이다. 이 운동은 운동이라고 하기에는 민망스러울 만큼 치열한 경쟁을 이겨 낸, 그렇다고 상대를 저주하거나 방해하지 않는 자연적 역량의 질서에 따라 일구어 낸 운동이다. 이렇게 많은 정자들이 자신들의 목숨을 네 번씩이나 내놓으면서 오직 한 마리의 정자만이 난자와 결합함으로써 새 생명으로 탄생한다는 것이 참으로 놀랍

다. 참으로 60마이크론 크기의 한 정자가 여성의 질 내에서 쉼 없이 초
당 0.1mm의 속도로 전진 운동하여 자궁의 입구로부터 난관팽대부까
지의 약 18cm를, 즉 자신의 신장 3000배나 되는 거리를 자신의 최고속
력으로 달려야 난자를 만날 수 있다. 이를 수영 스포츠에 비유하면 신
장이 약 170cm인 건장한 남성이 광활한 바다에서 험한 파도를 초당
3m의 속도로 5km나 되는 거리를 쉬지 않고 헤쳐 나가며 수영해야 다
다를 수 있는 거리와 같다. 이는 올림픽 금메달리스트도 따라 잡을 수
없는 거리와 속도이다. 최고의 수영 선수보다 더 빠른 속도를 가진 정
자만이 해낼 수 있는 일이다. 참으로 최소한 2억분의 1이라고 하는 생
존 확률을 가지고 끝까지 달려간 그 정자만이 난자를 만나 한 생명으로
태어날 수 있다는 것이다.

　이런 질주의 원동력이 육체적이라고 하든, 신체적이라고 하든, 혹은
정신적이라고 하든 포괄적인 의미에서 인간생명은 멀고 먼 운동의 결
과라는 것을 말해 준다. 운동은 처음부터 생명의 원동력으로서 생명체
에 내재했다. 이런 사고는 생명현실에서 자연을 존재의 총체성으로 수
용하여 인간생명의 존재 이유를 자연의 산물로 해석한 데에서 기인한
다. 심지어 인간의 정신이나 인격마저도 객관적 사실의 과학적 자연논
리에 따라 인간 두뇌와의 한 연관성 속에 있는 하나의 현실적 통일성으
로 해석한다. 이를 통해 인간 중심의 사고는 모든 가치의 근거를 바로
인간 자신에게 둠으로써, 때로는 인간존재 자체를 진선미로 규정하더
라도 인간 자신의 신체를 결코 포기하지는 않는다. 사실 인간은 살아
있는 몸을 기초하여 생명을 유지한다. 생명 자체란 초자연적인 것이라
기보다 생물학적 진화의 과정을 거쳐 오늘날에까지 이르렀음을 객관적
으로 입증하기도 한다. 이때 무생물로부터 생명체로 진화하는 가운데
몸이 현상적으로 가장 중요한 토대가 된다. 이런 토대의 정점에서 정신

이 가시적으로 나타났다 해도, 정자와 난자가 둘이 아닌 것처럼 사람의 몸과 마음도 둘이 아니라 하나의 생명으로 태어난다. 몸과 마음의 상호 연관성은 인간의 인격이나 정신까지도 몸의 변화에 절대적인 영향을 끼친다. 물론 사람이 육체적으로 노쇠해도, 아니 죽을 때까지도 정신이 맑고 뚜렷하다 해도 그렇다.

그러나 한 가지 분명한 것은 생명의 잉태에서도 먼저 그 선이 몸으로 그려진다는 사실이고, 세상에 태어나서도 고령이 되면 사람이 둔감해 진다는 사실이다. 사람의 인격이나 정신마저도 세월의 흐름에 따라 그대로 유지되기 힘들어진다. 이에 대한 반증은 실버 세대에서는 결코 올림픽의 금메달이 나오지 않는다는 사실이다. 그럼에도 생물학적 내지 심리학적 판단은 육체와 정신의 통일성을 적극적으로 수용하고 나선다. 몸이 피로해지면 마음도 피로해지며, 반대도 마찬가지이다. 한 예로서 한순간의 졸음은 정신력으로 피할 수 있지만, 지속적인 졸음은 정신력으로도 막을 수가 없다. 왜냐하면 정신보다 몸이 생물학적으로 우선하기 때문이다.

이것이 스포츠에 대한 인간 중심의 사고라고 해도 좋고, 아니면 스포츠철학 전반에 대한 휴머니즘의 목표라 해도 큰 하자는 없다. '건강한 신체에 건전한 정신'(men sano in corpore sano : a sound mind in a sound body.)이라는 구호는 우연이 아니다. 이는 고대의 인간이상을 표현한 것이나, 오늘날까지도 그대로 타당하다. 그렇다고 몸이 정신을 언제나 제압할 수 있다는 말은 아니다. 오히려 몸의 한계를 그때마다 정신이 얼마나 다양하게 극복하고 있는가! 이의 전형이 전적으로 스포츠에서 나타나고, 스포츠과학에서도 나타난다. 이런 내용을 스포츠철학은 먼저 철학적 인간론으로 재구상하여 제시해야 한다. 이의 철학적 이념은 무엇이고, 논리는 어떠하며 궁극적인 목적은 무엇이고, 나

아가 신체를 통한 인간성 실현은 어떠한가가 여기서는 매우 중요하게
된다.

현대철학의 대두와 함께 철학적 인간론은 독일관념론을 비롯한 사변
철학은 물론이고 실증주의와 경험과학과는 궤를 달리하면서 새로운 생
물학적 인간이념을 모토로 제시했다. 이에 합류한 철학자들은 사상적
으로 인간을 감성적 존재로서 규정한 포이에르바하와 고통의 원천으로
서 인간의 의지를 들고 나온 쇼펜하우어, 절망과 불안의 원천으로서 죽
음에 이르는 병을 지목하고 나선 키르케고르와 대지의 생명을 들고 나
온 초인의 철학자 니체 등이었고, 철학의 영역으로서는 의지의 철학,
현상학, 생철학, 실존철학 등이었다. 이들의 철학은 철학의 기초 학문
이라고만 여겼던 종래의 경험론이나 합리론, 심지어 존재론에도 반대
하고, 인식의 주관과 대상에서 비롯된 자기반성의 전통적 인식론에도
반대한다. 존재론이란 소박하게는 '사람이 있다'는 절박한 명제에서
출발하여 인간을 둘러싸고 있는 '세계가 있다.' 혹은 인간을 초월하는
'신이 있다.'는 명제로까지 확장되면서 그 '있음'은 무엇이고, 그 의미
는 무엇이며, 또한 어떻게 존재하는 것인가를 묻는 철학이다. 그들에게
는 이렇게 '있다'는 사실 자체가 중요한 것이 아니라, '있다'는 사실에
대한 앎으로서의 인식이 인간 삶과 연관하여 그 가치척도를 마련할 수
있게 한다는 사실이 중요하다. 따라서 '안다'는 것은 무엇이고, 무엇을
의미하며, 어느 정도까지를 알 수 있고, 앎 자체란 절대불변의 것인가
하는 물음이 가능하다.

이렇게 있음, 즉 존재에 대한 탐구가 존재론이라면 앎, 즉 인식에 대
한 탐구가 인식론이다. 존재론이 인식론에 우선하는 것은 먼저 어떤 것
이 존재해야 인식이 가능하고, 그런 인식에 대한 반성이 인간 삶의 가
치를 마련할 수 있기 때문이다. 존재와 인식은 삶의 차원에서 보면 하

나의 묶음이다. 따라서 존재론과 인식론은 이성과 사변을 기치로 내세웠던 전통철학의 두 기둥이다. 이를 정당화한 논리적 수단이 — 그것이 형식논리학이든지 변증논리학이든지 — 순수철학적 논리학이다. 그 전형이 칸트의 선험논리학이고, 헤겔의 변증논리학이다. 이러한 철학적 토대가 지식과 논리를 기반으로 한 주지주의 내지 이성주의철학으로서 사변철학이었다.

　이에 반기를 들고 나온 일군의 철학자들이 인간학적 철학자들이다. 이들은 순수이성이나 순수정신 대신에 생물학적 생명을 주목하여 육체적 인간을 주장하면서, 심지어 인간의 실존까지 들고 나왔다. 이들의 의도는 인간과 세계를 보편타당성의 합리주의적 이성으로부터 해방시키고자 했고, 반이성주의적 인간의 현실적 모습을 적나라하게 드러내 보이고자 했다. 일종의 비합리주의적 철학의 경향성이 현대철학을 태동하게 했던 것이다. 이와 함께 지금까지 거들떠보지도 않던 생명과 충동, 의지와 감정, 죽음과 고통이, 아니 인간의 적나라한 실존이 세계의 본질에 앞서 새로운 철학의 반열에 오르게 되었다.

　엄격하고 냉혹한 이성주의에 반기를 들었던 인간학적 철학은 인간이성보다는 감성을, 인간정신보다는 신체를 우위에 두고자 했다. 인간의 행위라는 것이 현실적으로 신체적이기 때문이다. 신체를 떠난 행동이란 어디에서도 불가능하며 따라서 인간론적 철학은 자연스럽게 인간의 신체와 행동에 초점을 맞추게 된다. 이에 정자와 난자의 생명운동으로부터 시작된 인간의 행동은 스포츠철학의 원초적인 기초가 된다. 생명, 그것은 의식과 존재, 정신과 육체, 주관과 객관, 이성과 감성 등의 대립 이전에 인간존재 전체의 기초임이 분명하고, 생명 그 자체는 필연적으로 자신의 최선을 다하는 '운동'으로서 스포츠 활동의 원형이다. 이런 고찰의 길을 처음으로 열어준 첫 주자가 셸러였고, 플레스너였으며, 이들에 못지않게 생물학적 내용을 철학적으로 짚고 나선 사람이 바로 겔렌 등이었다. 이들은 다 같이 인간의 본질을 비사변적으로 해석하고자 했고 생물학적으로 고찰하고자 했다. 그렇다고 철학적이기를 결코 포기하지 않았다. 이들은 공히 인간을 생물학적으로 해석해 내면서도 엇박자로 인간본질의 내적 모순을 철학적으로, 혹은 역설적으로 짚어 내는 것이 궁극적인 목적이었다. 이런 사실 그대로의 작업은 생물학적이면서 동시에 철학적이어야 한다.

그렇다면 가장 직접적이고 현실적인 인간학은 인간 자신이 바로 활동적인 육체와 감성적인 충동이라는 생물학적 유기체로서 존재하고 있다는 사실에서 출발한다. 생물학이 살아 있는 생명체의 전 영역을 비사변적으로 관리하는 학문이라면, 생물학이라는 학문 자체가 그 내용상으로나 방법상으로도 인간론에 이르는 가장 인접학문인 것만은 틀림없다. 그것은 인간론이 처음부터 유기체적 생물학에 근거하고 있기 때문이다. 그렇다고 생물학에 근거하는 철학적 인간론이 철학적 문제설정을 배제해도 좋다는 말은 아니다. 철학적으로 문제를 설정한다는 것은 생물학적 연구라도, 그런 연구가 단순히 개별적이고 일시적인 개별현상탐구에 그치는 것이 아니라, 그런 개별 현상들을 하나의 원리로서 포괄하여 해석한다는 말이다. 따라서 철학적 인간론이란 한편으로는 인간의 본질을 철학적으로 묻고 있다는 사실과 동시에 다른 한편으로는 개별적인 생물 현상들을 포괄하면서 그 구조연관성을 되짚어 내고 있다는 사실이다. 이런 인간의 내적 모순을 다 함께 짚어 내고자 한 이들이 앞서 살펴본 현대의 철학적 인간론자들이다.

셸러는 철학적 근본학으로서의 인간학의 정당성을 생물심리학적으로 확보하여 철학적 인간론의 기초를 마련했다. 그는 몸과 마음의 합일은 물론이고, 생명과 정신의 대립마저 전체적인 하나로 정당화했는데,

사실 생명과 정신이란 본질적으로 서로 다른 것이라 해도 그것들은 인간 안에서 하나로 통일되어 있는 것이 사실이다. 정신은 생명을 이념화하지만 그런 정신을 실현시키는 것은 생명이다. 여기에서도 인간 이성의 우위성을 결코 포기하지는 않았다. 자연스럽게 그에게는 인간이 생물학적으로 제약되어 있기는 하지만 존재 전체의 제약성보다는 그런 생물학적인 것을 넘어서 있는 정신의 순화가 더욱 중요했다. 이때도 생명의 내적 특징을 다루는 생물심리학은 외적으로는 자기분화, 자기운동, 자기형성 등으로 나타났으나, 내적으로는 즉자존재, 대자존재 등으로서 나타났다. 여기에 공통되는 것은 무엇보다 생명이란 그 자체로 여러 단계가 지워져 있다는 사실이다. 그런 생명의 원리들이 식물에서는 감각으로, 동물에서는 본능으로, 고등동물에서는 기억력으로, 그리고 고등동물에서도 유적 인간에 해당하는, 특히 침팬지 등에서는 지성으로까지 4차원의 단계로 나타났다. 이런 생명의 영역들과 심리학적 기능들이 생물학적으로 활동함으로써 여기에는 생명보존의 법칙이 따를 수밖에 없었다.

그러나 인간만은 동물과는 달리 높은 단계의 차원에서 생명보존의 법칙을 부정할 수도 있고 충동의 욕구를 거부할 수도 있다. 이의 최고 정점이 바로 인간이고, 인간만이 순화하는 정신적인 작용을 수행할 수 있다. 이런 정신적 순화작용을 가능케 하는 것이 사람의 인격이고, 그런 인격이나 이념을 사고할 수 있는 능력은 인간 이외 모든 생명체에 모두 존재하는 것이 아니다. 물론 식물에게도 없고 동물에게도 없다. 인간만이 그런 순화작용의 능력을 가지고 있기 때문에 인간에게 정신은 세계로 개방되어 있다. 물론 이때 세계개방성이란 세계의 모든 구속성으로부터 초월한다는 의미이다. 다시 말하면 정신은 그 자체에서 대상화하는 것으로서는 대상화가 될 수 없으며, 대상화되지 않은 상태 그대로 체험된다는 뜻이고, '아니라고 말할 수 있는 자' (Neinsagenkönner)[1]이라는 말이다. 이는 인간생명의 새 원리가 곧 새로운 참 정신이고 이때 참 정신이란, 그 자체로 이념적 사고를 함께하는 이성의 의미도 가지며 또한 직관의 의미도 가진다는 말이다. 엄밀한 의미에서 스포츠 활동의 승패는 승자의 물리적인 기쁨이나 가시적인 희열이 아니라 참 인간성 실현의 상호 만끽이다. 이를 보장하는 것이 그에게는 스포츠철학의 이념이 된다.

근원현상과 본질직관, 호의와 후회, 경탄과 절망, 경외와 사랑까지 포함한다는 것은 스포츠철학에서 실현해야 할 이념인 동시에 스포츠 활동에서 이루어 내야 할 현실이다. 그러나 이런 논리적 전개로서는 이 모두를 이루어 낼 수가 없다. 그렇기 때문에 정신은 어떠한 충동이나 환경에 구속되지 않는 자유함이고 세계개방성이며, 또한 자기의식이고, 자기순화여야 한다. 한마디로 '정신의 생명화'라고 할 수밖에 없다. 이는 심신의 합일은 물론이고 정신과 생명의 합일을 말한다. 이런 정신의 중심이 인격이라면, 인격이란 바로 정신에 속하는 것이 때문에 어떤 대상적 존재가 될 수 없다. 그렇다고 사물적 존재도 아니다. 오직 자기 스스로를 수행하는 순수작용으로서 내면적 질서체계라 할 수 있다. 그래서 "인간의 인격은 그 작용 내에서만 존재하고, 그러한 작용을 통해서만 존재한다"[2]고 할 수 있다. 그럼에도 인격은 인간적 인격일 뿐, 인간존재의 인격은 아니다. 특히 우리에게 아쉬운 것은 셸러 자신이 스포츠와 재순화의 현상을 말하면서도 스포츠 자체나 스포츠철학을 위한 철학적 내용 근거를 마련해 주지는 못했다는 사실이다. 그렇기 때

---

1   M. Scheler:『인간의 지위』. 최제희 역. 서울: 박영사, 1976, 84쪽 참조.

2   M. Scheler: 상게서, 76쪽 참조. cf. 이을상:『생명과학의 철학』, 서울: 백산서당, 2014.

문에 아무리 스포츠를 통한 승화된 인격이라 해도 그러한 인격에는 인간학적이고 철학적인 한계가 이미 내재하게 된다.

겔렌 역시 철학적 인간론을 인간의 충동구조로부터 생물학적으로 해명하려고 했다. 특히 그는 인간생물학적 고찰방식에 따라 모든 생명체 전체에서 인간의 특수 위상이 '결함'에 있다고 하여 인간을 '결핍존재'[3]로서 규정했다. 이로써 그에게 인간이란 사유하는 존재가 아니라 행동하면서 인식하고 자신의 미래를 위해 작업하는, 그러면서도 자기자신과 자신의 환경을 여러 원리에 따라 형성하는 가운데 정당화하는, 결론적으로 문화를 창조하는 존재였다. 즉 그에게 인간이란 생물학적으로는 결핍존재이고, 철학적으로는 행동하는 존재이다. 이 말은 동물에게는 자기들만이 가지는 고유한 전문성이 있지만, 인간에게는 그런 전문성이 전혀 없다는 말이다.

전문성이란 한 가지 일에 대한 정통한 지식을 가지고 있음을 말한다. 사실 현실적으로만 보면 이 세상에서 정통한 전문 지식을 갖지 않고는 먹고 살 수 없다. 사실 전문가라고 하면 어느 누구도 동물의 기능을 따를 수가 없다. 고도로 훈련된 사냥개부터 시골의 바둑이에 이르기까지 개들은 예외 없이 코로 냄새를 탐지해 내는 전문가들 중의 전문가들이며, 자연 상태에서의 모든 동물은 인간에 비교할 수 없을 정도로 완벽하기 때문에 이들에게서 허술한 곳이란 한 곳도 없다. 동물에게 허술한 곳이 한곳이라도 있다면 당장 도태되고 만다. 이런 관점에서 겔렌은 참으로 모자라는 존재야말로 '동물'이 아니라, '사람' 자신이라고 강변한다. 사실 사람처럼 나약하고 모자라는 존재가 이 자연계에 또 어디에

3 A. Gehlen: *Der Mensch. Seine Natur und seine Stellung in der Welt.* Frankfurt(M) 1971, S.20.

있단 말인가! 인간 자신이 바로 자연 상태에서는 더 이상 살아갈 수 없는 가장 나약하고 모자라는 존재이고 무방비상태의 약자가 아닌가!

참으로 인간은 자연 상태에서만 보면 살아남기 어려운 모자라는 존재이다. 그런데 바로 이 '모자람' 때문에 오히려 사람은 북극에서도 살아남을 수 있었고, 남극에서도 살아남을 수 있었다. 동물과 달리 인간은 언제 어디에서나 자기 스스로의 결함과 결핍을 극복해 내는 능력을 발휘한다. 결핍이 곧 인간에게는 새로운 '개발능력'이라는 말이다. 바로 이 시점에서 스포츠 활동을 위한 스포츠과학의 필요성이 대두된다. 이로써 인간에게는 어떠한 전문성도 처음부터 필요로 하지 않는다. 인간에게 전문성이 이미 고착성을 의미하고 정체성을 의미한다면, 결국에는 그런 정체성으로 인해 자연 생태계에서 도태되고 만다.

그러므로 전문성이란 인간 본래의 능력을 저지할 뿐만 아니라, 인간 존재의 개방성을 가로막는 하나의 높은 벽일 뿐이다. 벽이란 생각을 가로 막고, 행동을 제한하기 때문에 새로운 변화의 가능성을 용납하지 않는다. 그러나 다른 관점에서 보면 전문가가 아닌 사람이야말로 본래 그 이상의 전문가가 될 수 있는 새로운 가능성을 가진다. 그렇다면 이처럼 새로운 가능성을 가진 사람만이 매번 새로운 전문가가 될 수 있다. 사람에게는 독수리처럼 날개가 없기 때문에 오히려 독수리보다 더 높이 더 오랫동안 하늘을 날 수 있고, 사람에게는 물고기처럼 부레가 없기 때문에 오히려 물속에서 더 오랫동안 잠수할 수 있다. 단순한 잠수가 아니라, 잠수하여 새로운 것을 창조해 낼 수 있다. 그래서 사람이란 자기영역에서 전문가이기보다는 비전문가로서 매번 새로운 전문가가 되어야 한다.

여기서도 여전히 행동하는 주체로서 인간이 강조되지만 그런 인간을 보장하는 '인간존재'에 대한 장치는 물론이고 생명의 운동으로서 스포

츠나 스포츠철학에 대해서는 그 역시 어디에서도 가능성을 열어 놓지
않았다. 그러므로 그는 인간을 생물학적으로 그리고 철학적으로 새로
운 차원에서 고찰하여 새로운 인간학의 장을 열었으나, 특히 인간을 행
동하는 존재, 더구나 제4의 언어 근거로서 유희의 이론까지 전개했으
나, 스포츠나 스포츠철학의 계기는 마련하지 못했으며, 또한 자신의 행
위이론을 존재론적으로까지는 전개시키지 못했다. 그는 셸러나 플레스
너 이후의 세대였지만, 오직 인간에게는 사유 이전의 창조하는 능력이
생물학적으로 우선임을 철학적으로 강조했을 뿐이다. 여기에 이어서
우리는 심신의 스포츠철학과 이상적으로 연계할 수 있는 플레스너의
철학적 인간론을 고찰하기 이전에 먼저 메를로-퐁티(M. Merleau-
Ponty)의 『지각의 현상학』을 짚고 넘어가고자 한다.

2. 스포츠 인간론의 철학적-현상학적 논리

스포츠철학의 인간학적 과제는 스포츠하는 인간의 속성을 부각시키고,
인간의 신체성을 드러내어 인간을 현상학적으로 해명하는 일이다. 이
런 현상학적 해명은 스포츠 자체의 필연성이나 스포츠 자체가 요구하
는 존재근거에서라기보다는 스포츠하는 인간생존의 양식에서 가능하
다. 스포츠 자체에 대한 기초적인 물음이 스포츠존재에 대한 물음에서
가능하다면, 스포츠하는 인간에 대한 물음의 양식은 현상학적이다. 현
상학은 스포츠의 구성 내용이 무엇인가가 아니라, 오히려 스포츠의 주
체가 어떻게 형성되는가에 대한 방법론을 제시한다.
　누구보다 메를로-퐁티는 인간의 육체 문제를 현상학적으로 독특하
게 모색한 철학자이다. 그는 인간을 주변세계에 대하여 의식을 가지고

있는 나로서 정위한다. 나의 존재와 주변세계는 하나의 일체성을 이루며, 따라서 어떻게 인간이 자기 스스로 몸이 되는가를 현상학적으로 밝히는 것이 그의 철학의 주관심사가 되었다. 이런 현상학적 접근방식은 후설이 정초한 철학으로서 의식이 대상을 대상으로서 성립시키는 지향작용을, 즉 '인식 형성의 원천을 되물어 가는 학'이라고 할 수 있다. 인식 형성의 과정은 사람이 사물을 처음 인식할 때 취할 수 있는 태도로서 나타나며 태도란 일상적인 태도와 이론적이고 인위적인 태도로 구분된다. 일상적 태도란 자연스럽게 있는 것에 대하는 태도로서 비판의식이나 반성의식이 없는 태도를 말하며 이런 태도는 다시 자연적 태도와 인격주의적 태도로 나뉘는가 하면, 다시 그런 이론적이고 인위적인 태도는 비판적이고 반성적이며, 역사적이고 문화적인 것에 대한 태도로서 자연과학주의적 태도와 현상학적 태도, 즉 선험적 태도로 구분된다. 먼저 자연적 태도란 직접적으로 지각되는 개별적인 사물들뿐만 아니라, 사물을 둘러싸고 있는 지평구조와 함께 지각되는 사물들을 실재하는 것으로 인식하는 태도이고, 모든 그런 대상들을 내포하는 세계 전체까지도 우리가 추구하고 실현하는 실천적인 세계로서 인식하는 태도이다.

이런 자연적 태도와는 달리 인격주의적 태도는 '나'를 단순한 자연의 일부로서가 아니라 자연과 독립되어 있는 인격으로서 인식하게 하고, 세계를 단순히 대상세계로서가 아니라 환경세계로서 인식하게 하는 태도이다. 인격으로서 나는 환경세계의 주인이고 환경세계는 나를 위한 세계이며, 이처럼 인격으로서 나와 환경세계는 서로가 불가분의 관계를 가진다. 다시 말하면 환경세계는 인간과 함께하는 실재세계로서 인간 이전부터 이미 주어져 있는 세계이다. 세계에 대한 이런 태도는 사물을 주체적으로 인식하는 태도이기 때문에 결국에는 경험보다는 선험적 태도로 이어진다. 그러나 선험적 태도로 이어지기 이전에 자연적 태도에서 비롯된 자연과학주의적 태도는 대상세계의 실재적 현사실을 극대화하고 이론화한다. 그리고 정신적이고 관념적인 대상들도 자연화하고 물질화할 뿐만 아니라 인간의 정신과 영혼까지도 물적 자연의 산물로 인식한다. 이런 태도는 결국 인격적 자아조차도 망각함으로써 인간의 정신적 소외는 물론 인류문화의 위기를 낳으며, 따라서 후설은 자연과학주의적 태도에 대한 인식비판으로서 선험적 태도, 즉 자신의 현상학적 태도를 주장하게 되었다.

요약하면 자연적 태도와 인격주의적 태도 혹은 자연과학주의적 태도란 자아는 물론이고 모든 대상세계의 현실인식을 자명한 진리로서 받아들이는 태도를 말한다. 그러나 현상학의 선험적 태도는 모든 인식과정과 인식하는 사람 자신의 생활 태도에 대한 자기반성의 최종 근거를 되묻는 태도이다. 이는 자아와 대상세계의 의미구조에 대한 이론적 정초를 마련하는 인식이다. 따라서 이런 선험적 태도가 그에게는 참다운 철학적 태도로서『엄밀한 학으로서의 철학』[4]을 가능케 했다. 이를 위한 현상학적 철학의 방법론이 필요했고, 그 결과 현상학적 방법론을 제안하게 됐다. 현상학이란 주관이 현실세계에 존재하는 대상을 단순히 표상하는 것이 아니라, 대상을 구성하는 체험적 의미를 통해 인식하는 사유방법이므로 선험적 주관이라고 할 수 있다. 이 선험적 주관에서 대상이 어떻게 구성되는가를 두고 후설은 먼저 주관이 대상을 형성하는 사고작용을 '노에시스'(noesis)라고 하고, 그 결과로서 이루어지는 의미형성체를 '노에마'(noema)라고 했다. 이 노에시스가 노에마와의 상관관계를 형성하는 과정이 바로 구성이고, 이 구성이란 대상에 의미를 부

4   E. Husserl:『엄밀한 학으로서의 철학』. 이영호·이종훈 공역. 서울: 서광사, 2001.

여하는 작용을 말한다. 이렇게 사물이 체험 속에서 구성되기 때문에 인식은 선험적 주관을 통해서 비로소 대상에 일치할 수 있다. 이런 의미에서 후설의 현상학을 '선험적 관념론'이라고도 할 수 있다.

지금까지 우리가 후설의 현상학을 일별하면서까지 우회한 것은 메를로-퐁티가 스포츠철학의 한 방향을 현상학적으로 제시한 육체 문제를 자신의 『지각의 현상학』[5]에서 논하고 있기 때문이다. 그는 먼저 현상학이란 무엇인가를 묻고, 이어 서론 대신에 인상으로서의 감각으로부터 시작하여 기억과 판단, 그리고 현상적 과학과 선험철학까지를 짚는다. 이런 작업은 그가 신체와 세계, 그리고 대자존재와 세계존재를 순차적으로 고찰하기 위한 선행 작업이었다. 먼저 신체에서는 보다 구체적인 내용인 대상으로서의 신체와 신체의 경험, 신체의 공간성과 운동성, 그리고 고유한 신체의 종합을 고찰한 후 성적 존재로서의 신체와 표현으로서의 신체문제를 다루었다. 그다음 그는 직접적인 감각문제로부터 점차적으로 추상화된 자유의 문제까지 다루고 있기 때문에 그를 통해서 스포츠 인간론의 이론적 근거를 마련하고자 하는 입장에서는 신체론에서 논의되는 내용이 무엇보다 중요하다.

그가 처음부터 현상학이란 무엇인가라고 묻고는 있지만 형상학적 편견에서 벗어나 감각이 어떻게 가능한 현상으로 드러날 수 있는가를 되묻고 있다. 그 의도는 경험을 가능케 하는 대상에 대한 객관적 사고를 통해 나에게 가장 직접적인 신체를 세계의 대상들 가운데 하나로서 간주하는 데에 있다. 다시 말하면 그는 일종의 현상학적 방법론을 따르지만 후설의 선험적 방법론을 따르지는 않는다는 말이다. 다만 그는 어떻

---

5   M. Merleau-Ponty: 『지각의 현상학』. 류의근 역. 서울: 문학과지성사, 2002. 류의근: 『메를로-퐁티의 지각현상학 읽기』. 서울: 세창미디어, 2016.

게 인간이 '자기 스스로의 몸'이 되는가를 여러 가지 많은 현상들을 통해 보여 주고자 한 것이다.[6]

이를 위한 제1의 논지는 대상으로서 나의 신체를 세계의 축으로 볼 수 있다는 사실에 두었다. 왜냐하면 나는 세계를 통하여 비로소 나의 신체를 의식할 수 있기 때문이고, 이로써 나의 신체가 세계의 중심에서 활동할 수 있기 때문이다. 역으로 말하면 우리는 우리의 신체를 매개로 하여 스포츠세계를 의식할 수 있다는 말이다. 그러나 신체란 유기체적 복합체로 구성되어 있기 때문에, 메를로-퐁티는 그런 유기체적 복합체로서의 신체를 무기력한 물적 존재로 간주하지 않고, 자기 자신에게 중요한 실존적 운동으로서 보았다. 그렇다고 그는 그런 유기체를 개인적 실존으로 환원될 수 있는 것으로 보지는 않는다. 왜냐하면 개인적 실존은 단속적일 뿐만 아니라, 신체와 영혼이 통합되고, 생물학적 실존이 개인적 실존으로 승화되며, 혹은 자연적 세계가 문화적 세계로 전화될 때는 무력하기만 하기 때문이다.[7]

무엇보다 신체에서 중요한 것은 적어도 우리에게는 신체의 경험가능성이다. 신체 없이는 어떠한 경험도, 사실상 스포츠도 불가능하다. 나는 나의 신체를 외적 대상으로서 관찰할 수 있으나, 나의 신체 자체를 관찰하지는 못한다. 신체 자체를 관찰하기 위해서는 제2의 신체가 마련되어 있어야 한다. 마치 거울에 비친 나의 얼굴을 관찰하기 위해서는 나의 얼굴을 관찰하고 있는 어떤 사람의 눈이 있어야함과 같다. 물론 이런 신체는 감성적 대상이다. 여기에는 고통이 따르고, 고통은 고통의 공간을 구성한다. '발이 아프다'는 말은 아픔의 원인을 의미하는 것이

6 O. F. Bollonow:『진리의 양면성. 인식의 철학 II』, 백승균 역. 서울: 서광사, 1994 참조.
7 M. Merlaeu-Ponty: 상게서, 147쪽.

아니라, 고통의 원인이 발에 있고, 그래서 발이 아프다는 것을 의미한다는 말이다. 결국 신체란 궁극적으로 운동 내지 운동감각을 우리에게 제공해 주는 운동의 본래성으로서 주체이다. 나 자신의 신체는 어떤 대상들을 들어서 한 장소에서 다른 장소로 옮기기도 하고, 나 자신의 신체를 가지고 그런 대상들을 운반하기도 한다. 그러나 나는 나 자신의 신체를 어떤 객관적 공간에서 발견하지는 못한다. 왜냐하면 나의 신체는 이미 나와 함께 있기 때문이다. 이런 관계를 메를로-퐁티는 아주 매력적인 표현으로서 "운동에 있어서 나의 결심과 나의 신체는 마술적 관계이다"[8]라고 말한다. 이를 통해 그는 고유한 신체의 공간성을 지목하면서도 신체의 운동성을 밝히고자 한 것이다. 그에게 결정적인 것은 나는 나의 신체이고, 나의 신체는 "어떤 세계의 능력이다."라고 한 말이다.

이러한 메를로-퐁티의 신체론은 신체를 대상으로 보지 않고, 주체로 보고 있다는 사실이다. 신체가 바로 인간의 주체로 등장한 것이다. 전통철학에서는 의식이라고도 할 수 있으나 이때의 의식이란 정신적 의미보다는 유기체적 의미에서 의식적 신체를 말한다. 신체는 오관으로 이루어지는 그 모두를 포괄하며, 심지어 사람이 존재한다는 사실조차 행동하는 신체적 존재로 간주된다. 따라서 그에게는 생각보다는 느낌이, 머리보다는 몸이, 통틀어서 추상성보다는 구체성이 언제나 우선한다. 신체야말로 세상에 내가 존재한다는 사실을 확고히 해 주는 하나의 실체로서 인식주체이기도 하기 때문에 신체적 실체라고도 할 수 있다. 이런 인간존재의 주체로서의 신체가 스포츠의 주체로서 등단할 수 있는 철학적이고 이론적인 근거를 마련하게 한 것은 메를로-퐁티의 신체

---

8   M. Merlaeu-Ponty: 상게서, 160쪽.

론이었고, 그의 신체론은 우리가 주목해 온 '스포츠 인간론'을 구성하는 중요한 역할을 한다. 그러나 스포츠 인간론의 철학적 내용을 스포츠철학에 연계할 수 있는 이론적 계기를 직접 마련한 것은 메를로-퐁티의 신체론이 아니라, 플레스너의 철학적 인간론이다.

철학적 인간론에 대한 이론구성에서 보면 플레스너는 일반적으로 셸러와 겔렌의 중간 위치에 서 있는 철학자이다. 그 이유는 셸러가 생명체의 정신을 '부정할 수 있는 능력'으로 지목하고, 겔렌이 인간의 행위를 '결핍'으로서 지목했다면, 플레스너는 인간의 탈중심성을 인위성과 자연성의 융합으로 지목하여 자신의 철학을 전개해 나갔기 때문이다. 이들에게는 공히 자연과학과 정신과학이라고 하는 이분법적인 사고를 넘어서서 유기체의 단계설정을 구체화할 수 있는 철학적 기점을 마련하는 것이 주목적이었다. 특히 플레스너는 인간학을 철학적 방법론으로서 받아들여 존재보다는 삶(生)을 더욱 중시했고, 삶 역시 순수 사변적인 삶보다는 정신과학적 삶을 중시하여 삶의 해석학에 근거하는 철학적 해석학을 요구하고 나섰다. 그는 철학적 해석학을 가능케 하는 정신과학적 경험의 토대를 신체를 가진 인간 삶(生)의 영역에서 가능하도록 하기 위하여 철학적 인간론으로서의 자연철학을 필요로 했다. 이로써 플레스너의 새로운 철학적 인간론의 성립은 "인간철학 없이는 정신과학에 있어서 인간 삶의 경험이론이 불가능하고, 자연철학 없이는 인간철학이 불가능하다"[9]는 논리에 근거하게 된다.

여기에서 그는 먼저 모든 생명체의 단계를 보편적 개념으로 세분화

---

9   H. Plessner: *Die Stufen des Organischen und der Mensch. Einleitung in die philosophische Anthropologie*. Berlin, 1965, S.26: "Ohne Philosophie des Menschen keine Theorie der menschlichen Lebenserfahrung in den Geisteswissenschaften. Ohne Philosophie der Natur keine Philosophie des Menschen."

하여 식물과 동물, 그리고 인간으로서 정립했다. 특히 그는 유기체들의 차이를 그 생명체 자체가 자신을 가지고 있는가, 가지고 있다면 어떤 방식으로 가지고 있는가에서 찾았다. 즉 생명체의 현존방식에서 찾은 것이다. 식물은 개방적 형태의 유기체로서 한 영역에서만 존재한다. 이는 장소이동이 불가능함으로 그 스스로 개방적일 수밖에 없음을 의미한다. 여기서 중요한 것은 식물에 있는 개방성 자체가 아니라, 그런 개방성에는 자신의 주관성이 결여되어 있다는 사실이다. 더욱이 감정이입과 같은 가능성도 식물에는 본질적으로 결여되어 있다는 사실이 스포츠철학과의 연관성에서는 치명적인 약점이다.

이에 반해 동물은 폐쇄적인 유기체적 형태를 가지고 있다. 폐쇄적 형태란 간접적으로 환경에 그대로 맡겨져 있어 유기체가 그 환경에서 자립하고 있는 모습을 말한다. 식물이 직접적이지만 비자립적인데 반하여, 동물은 간접적이지만 자립적이다. 동물은 지금의 자신에서 밖의 세계로 나가지만, 밖의 세계로부터 절대적으로 영향을 받는다. 자신의 중심으로부터 나와서 자신의 중심으로만 살 뿐, 세계의 중심으로서는 살지 못한다. 이런 사실 때문에 동물은 자기중심적일 수밖에 없다. 다시 말하면 동물은 지금 여기에서 자신의 위상적 중심에만 자리를 잡고 있기 때문에 가능한 관계를 설정하기 위한 대립의 기점을 자기 밖에서는 찾지 못하고, 오직 자기 안에서 찾기 때문에 자신에게 매몰될 수밖에 없다는 말이다.

이런 동물과는 달리 인간은 자기중심에서 나와서 자기 중심으로 들어가는 것이 아니라, 그 자신이 이미 중심으로서 자기 자신을 인식하고 있다. 중심으로서의 자기 자신을 인식한다는 것은 중심으로서의 자기 존재를 넘어서지 않으면 안 되고, 중심에서 벗어나지 않으면 안 된다. 인간만이 세계를 자기 자신으로부터 구별하면서도, 동시에 자기 자신

과 관계를 맺는다. 다시 말하면 동물의 삶이 자기중심적이라면, 인간의
삶은 자신의 중심화를 부정하지 않으면서도 그런 자기중심화를 초월하
는 '탈중심적'이다. 플레스너는 이 탈중심성의 개념[10]을 자신의 철학적
인간론의 기틀로 삼았다. 그에게 인간이란 메를로-퐁티처럼 지금 여기
에 현상적으로만 존재하는 것이 아니라, 자기이면에도 존재함으로써
현실적 표현으로는 무속에 존재한다고 할 수 있다. 참으로 인간만이 일
정한 장소와 시간을 떠나서도 자기 자신을 체험할 수 있고, 사실 무장
소와 무시간을 스스로 체험할 수 있다. 뿐만 아니라 자신의 한계가 설
정되어 있는데도 그런 한계를 초월할 수 있는가 하면, 자기 스스로 살
면서 스스로를 체험할 뿐만 아니라 자신의 그 체험을 다시 체험하게도
된다.

결과적으로 인간은 그 이상 체험할 수 없는 어떤 것으로서, 즉 순수
자아로서 자신을 체험할 수 있다. 이를 정당화하기 위해 플레스너는 인
간이 자신의 신체 안에 있는 존재로부터 자신의 신체 밖에 있는 존재로
급변의 현상이 일어남을 주장한다. 급변이란 인간존재의 현실적 단절
을 의미하며, 이로 인해 인간은 단절의 이편과 저편에서 영과 육으로서
살 수 있을 뿐만 아니라, 이 양자의 중성적 통일이라고 할 수 있는 '자
아'로서 살아갈 수 있다. 그러므로 이런 삼중성의 통일은 육체와 신체,
그리고 자아로서는 인격이라고도 할 수 있다. 이처럼 인간을 철학적으
로 해석해 내는 데 있어서 현실적으로 가장 중요한 것은 유기체적 인간
능력에 대한 측정불가능성과 측정가능성의 문제를 동시에 짚어야 하는
일이다. 이러한 논구의 대상이론이 그의 인간학적 철학범주로서 인간

---

10   백승균: 『헬무트 플레스너의 철학적 인간론』. 대구: 계명대학교 출판부, 2005,
143쪽 이하 참조.

의 탈중심성이론이다. 그는 탈중심성의 범주를 '인간학적 근본법칙' 이
라 하여 세 가지의 안을 제시한다. 이는 탈중심성의 수행에 대한 작업
을 말하며, 첫째가 자연적 인위성의 법칙이고, 둘째가 중재적 직접성의
법칙이며, 셋째가 유토피아적 입지(立地)의 법칙이다.

'자연적 인위성' 에서 인간은 자연환경에 그대로 노출되어 살아가는
것이 아니라, 인위적 물질을 매개로 하여 우회로를 통해서 살아간다.
인간이야말로 처음부터 자연 속에서 인위적으로 살아가면서도 스스로
를 단련하고 자신의 도구를, 즉 문화를 만들어 낸다.[11] 이렇게 인간은
자신의 문화를 생산한다. '중재적 직접성' 에서 인간은 이미 주어져 있
는 것의 직접성에 의존하지만, 그 자신의 인식이나 행위를 통하여 새로
운 것을 발견하고 발명하면서 인간의 세계를 마련한다. 그리고 '유토피
아적 입지' 에서 인간은 직접성으로부터 거리를 둠으로써 세계와 자신
을 무로서까지 경험한다. 다시 말하면 인간은 자신의 세계를 넘어서 감
으로써 자기 자신의 세계를 부정한다는 말이다. 사람이 늘 한자리에 서
있을 수 있는 자리란 어디에도 없다. 바로 이처럼 어디에도 매여 있지
않기 때문에 사람만이 미래에 대한 참된 관계를 늘 새로 설정할 수 있
다. 첫째는 사람이 자연과 문화의 관계를 맺는 법칙이고, 둘째는 사람
이 자연과 역사의 관계를 맺는 법칙이며, 그리고 셋째는 사람이 자연과
정신의 관계를 맺는 법칙이다. 이런 세 가지 법칙 가운데에서 자연적
인위성의 법칙이 스포츠철학의 내용 구성에 직접적으로 관계됨으로써
우리는 이 첫 번째 법칙 내용을 더욱 구체적으로 고찰하고자 한다.

자연적 인위성이란 먼저 어휘 구성으로만 보면 자연과 인간이라는

11　이재성: 『열림과 소통의 문화생태학』. 대구: 계명대학교 출판부, 2008, 121쪽 이
하 참조.

복합어로서 상호 상반되는 개념들의 통합이다. 인간이란 생물학적 자연인으로 존재하면서도, 동시에 그런 자연인에 역행하는 문화생산자로 존재하는 이율배반적 엇박자로 존재한다. 다시 말하면 인간은 자신이 살아갈 때만 생존하는 존재로서 언제나 자연과 정신, 속박과 자유, 그리고 존재와 당위 등에서 둘로 갈라지게 되고, 이렇게 갈라질 때 비로소 사람이 산다는 말이 가능하게 된다. 이를 극대화하면 자연법칙이란 인간의 도덕법칙에 역행하는 것이 되고, 인간의 뜻이 신의 뜻에 대적하는 것이 되며, 이런 충돌이 인간생존의 중심임을 말해 준다. 여기에서 스포츠철학의 위상은 어디에 자리할 수 있는가? 인간이란 단순한 생물체가 아니라, 위상적 형태의 탈중심성으로 인해 요구 자체를 제기하는 특수생명체인 것이다. 그렇기 때문에 식물이나 동물처럼 단순히 존재한다거나 그냥 살아가는 존재가 아니라, 무엇을 타당하게 하고, 또한 무엇으로서 타당하게 되는 존재이며, 나아가 인간은 스포츠를 하는 존재가 된다.

이로써 인간 자신은 자연이면서도 자연에 역행하는 자이고, 평화를 갈구하면서도 전쟁하는 자이며, 자연인이면서도 권세욕과 명예욕으로 가득 차 있는 자이기 때문에, 문화 자체가 인간의 탈중심적 위상성의 징조가 된다. 현실적으로 인간은 자연 그 이상이 아니기 때문에 자연인으로서의 육체뿐만 아니라 신체도 가짐으로써 탈중심성의 존재로서 도구성을, 즉 스포츠와 스포츠철학을 마련하는 문화창조자가 된다. 동물은 결코 문화의 창조자가 될 수 없다. 왜냐하면 동물은 사물을 '발견'(finden)할 수는 있으나, 결코 '발명'(erfinden)할 수는 없기 때문이다.[12] 이보다 더욱 중요한 것은 인간 스스로가 자연으로서 존재하면서

---

12   H. Plessner: *Die Stufen des Organischen und der Mensch. Einleitung in die*

도 자기 자신을 초월하여 존재하기 때문에, 그 인위성이 자신과 세계의 균형을 잡는 수단을 형성한다는 사실이다. 이는 자연으로서 인간이 자연 속에서 인간 자신에게 일치하는 세계를 구축하고, 그렇게 구축된 세계가 다시 인간에게 일치하는 자연의 세계로서 인간의 문화세계가 된다는 것이다. 이러한 내용을 우리는 스포츠 인간론의 성립 근거로서 다시 한 번 간략히 밝히려고 한다.

3. 스포츠하는 인간의 철학적 내용 구성

여기서 우리는 스포츠의 주체가 누구인가를 재확인하면서 스포츠철학이 어떻게 철학적 인간론으로서 실현가능한가를 짚으려고 한다. 그렇다고 스포츠철학이 궁극적으로 지향하는 목표나 그 실현이 오직 철학적 인간론으로만 가능하다는 것은 아니다. 다만 본래적이고 총체적인 것으로서 스포츠철학을 실현하기 위한 하나의 측면으로서 철학적 인간론의 내용이 필요한 것이다. 궁극적으로는 플레스너의 철학적 인간론에서까지도 이론적으로 정당화되어야 하는 마지막 근거가 필요하고, 그것이 곧 존재론적 보장이어야 한다는 사실이다. 왜냐하면 철학적 인간론의 내용이 지금 당장 스포츠철학의 성립 근거를 이론적 논리와 현실적 체계, 그리고 그 정당성으로서 설득력 있게 제시할 수는 있으나 그것이 어떻게 스포츠철학 자체의 정당성을 확보할 수 있는가에 대한 근거를 마련하는 데에는 인간학 자체로서, 아니 생물학 내지 인간생물

---

philosophische Anthropologie. Berlin, 1965, S.321: "Der Mensch erfindet nichts, was er nicht entdeckt. Das Tier kann finden, erfinden kann es nicht, weil es nichts dabei findet(d.h. entdeckt)."

학으로서도 사실상 불가능하기 때문이다. 이에 따른 논지 전개는 일차적으로 스포츠의 양태나 스포츠과학은 물론, 그 구성에도 있지 않고, 오히려 객관적이고 대상적인 사실을 넘어서 있는 자기 반성적이고 철학적인 인간존재 자체에 대한 새로운 인간학적이고 존재론적인 해석에 달려 있다.

이것은 그 자체로서 이미 모순된 것처럼 보이고 엇박자인 것처럼 보이기도 한다. 그 이유는 인간존재에 대한 해석이 한편으로는 철학적이고 사변적인 이론학문인 동시에 다른 한편으로는 생물학적이고 비사변적인 현실학문이어야 하기 때문이다. 이는 사실 그대로 논리적으로만 보면 분명히 엇박자이고 모순이다. 사유를 바탕으로 하는 사변철학이 어떻게 비사변적인 현실학문이 될 수 있다는 말인가? 용납될 수 없는 논리이다. 용납될 수 없는 논리적 금기의 사실이 실제로 가능한 현실근거가 바로 생물학적 '인간' 이라면, 인간 자체가 도대체 무엇이기에 논리적으로는 이중적이고, 현실적으로는 모순적이며 엇박자일까?

그래서 '인간이란 무엇인가' 하는 물음은 고대부터 현대까지 계속되어 왔으나 하나의 답은 없었다. 한동안은 칸트나 헤겔까지도 정신의 이념에서 인간을 형이상학적으로 해석하여 이성적 존재라고 했고, 또 한동안 포이에르바하 이후 쇼펜하우어와 니체에 이르러 육체의 원리에서 인간을 형이상학적으로 해석하여 감성적 존재라고도 했다. 이후에는 의욕과 고통 내지 충동의 존재라고도 했다. 여기에서도 인간존재의 문제가 풀리지 않아 인간학적 철학자들이 인간을 사실 그대로, 그러니까 적나라하게 '생물학적으로' 고찰하고 나섰던 것이다. 소위 비사변적인 새로운 현실학문인 생물학으로 인간을 재해석하여 동물과 식물을 다 포함하는 생물학적 유기체의 단계로서 인간을 고찰코자 했다.

이미 앞에서 본대로 셸러는 정신적이고 인격적인 인간의 특징과 인

간의 특수 위상을 세계와 인간 삶의 전체 속에서 고찰하여 인간의 세계
개방성과 동물의 환경 구속성을 비교함으로써 인간의 특수 위상적 근
거를 생명인 정신으로서 밝혀냈다. 그러나 여기서 우리에게는 그 자신
이 스포츠를 어떤 입장에서 보고 있는가가 무엇보다 중요한 관심거리
이다. 그는 「재순화와 스포츠」[13]라는 주제를 걸고 다시 인간의 몸과 마
음은 물론이고, 생명과 정신의 통일을 전제로 하여 인간과 스포츠의 관
계를 짚어 내기는 했다. 그러나 그는 여기에서도 여전히 스포츠를 통한
인간의 재순화만을 생물학적으로 강조했을 뿐, 그런 재순화를 통한 인
간존재의 인격이나 스포츠철학 자체에 대한 논지 전개는 물론, 아예 그
런 생각조차 하지 못했기 때문에 아무런 주목도 끌지 못했다.

　사실 당대에는 오늘날처럼 스포츠라는 것이 사회학적으로나 심리학
적으로 어떤 영향력을 행사할 수 있는 운동경기 즉, 스포츠는 아니었
다. 특히 서양의 중세를 거치는 시기에 인간의 육체란 역설적으로 건전
한 스포츠의 본질적인 철학적 의미와 동떨어져 오직 죄악의 근원으로
서만 간주되어 천박한 것으로서 제1의 멸시 대상일 뿐이었다. 특히 그
시대적 상황이 수도사들로 하여금 영적 금욕은 물론이고, 내세를 위한
종교적인 금욕과 함께 자본주의사회의 육체적 노동에서 오는 성취의
금욕 등이 판을 치던 시대였다.

　이런 전통의 시대를 극복하고자 한 새로운 시대, 새로운 인간 삶의
방식이 인간성 실현을 목적으로 하여 '스포츠 인간론'이라는 주제를
내걸고 소위 멸시 대상의 제1호였던 인간의 육체와 힘, 그리고 육체의
아름다움과 사랑에 대한 새로운 가치와 그런 가치에 대한 한 차원 높은

13　A. Peter: *Psychologie des Sports. Seine Konfrontierung mit Spiel und Kampf.*
Leipzig, 1927. In: 송형석·이재성 편역: 『현대독일스포츠철학의 흐름』. 서울: 무지개
사, 2004. 245쪽 참조.

인식을 완전히 바꾸어 놓고자 했다. 심지어 과학과 철학, 그리고 예술 등에 대해 무조건 존중하고 흠모하던 당대인들의 삶의 태도 역시 사회적 대전환을 맞는 계기가 되기도 했다. 이에 직접적인 기폭제가 된 것이 바로 신체적 운동의 스포츠였고, 이렇게 스포츠가 시대의 풍운아로 등장함으로써 전통적 엄숙성의 인간상은 차츰 허물어지고, 생명과 정신이 하나의 균형을 이루는 새로운 이상적인 인간 유형이 나타나게 되었다. 여기에서 셸러는 정신적 순화를 위해 육체적 단련과 그런 단련을 통한 생명력을 극대화함으로써 마침내 인간의 생명력을 자기의식으로 전환하려고 시도했다. 왜냐하면 인간의 육체적 힘 전체가 흔들리지 않는 균형을 유지할 때 비로소 인간의 재순화가 가능하기 때문이다. 이런 재순화의 활동이 스포츠를 통해 비로소 가능하다는 것이 그의 입장이었다. 이러한 입장 역시 엄격하게는 생물학적이기만 했다.

그러나 이런 생물학적이고 의식적인 동기유발은 스포츠과학이나 스포츠를 하는 인간 자체를 훼손할 수도 있다. 예를 들면 스포츠맨의 반정신적 태도 등이다. 스포츠를 하는 인간행동의 기본양식이 놀이와 게임, 그리고 경기이고, 그런 경기가 인간 삶의 의미와 가치를 제공하여 준다고만 하면, 스포츠는 이미 그 본질적 의미에서 스포츠가 아니다. 극단적으로 스포츠가 오직 경기에 따른 신기록 내세우기에만 열광한다면, 그런 결과적으로 스포츠를 통해서는 언제나 허망한 유형의 스포츠맨만이 양산된다. 설령 셸러에게마저도 스포츠가 인간 삶의 감정을 단순히 표현하게 하는 것이 아니라, 권태와 영혼의 공허한 감정을 스포츠로 하여금 인간 삶의 재순화를 통하여 육체적 존재의 고유한 가치를 재발견하게 하는 것[14]이라고 해도 그런 결과가 나타난다. 이런 논지의 전

---

14   송형석 · 이재선 편역: 『현대독일스포츠철학의 흐름』. 서울: 무지개사, 2004, 246

체 전개에서 셸러는 시종일관 생명을 지목할 때나, 정신을 지목할 때도 오직 우주 내에서 인간의 위상을 생명체로서만 설정했을 뿐이고, 나아가 철학적으로 설정한다고 하면서도 결코 심적 세계구조나 새로운 생명원리로서의 정신, 심지어 순화의 문제는 물론, 정신적 존재의 이념화 작업을 할 때에도 그 명제의 근거를 존재론적으로는 짚어 내지 못했다.

오직 그는 동물과 인간의 생물학적 차이성을 현상학적으로 부각시켜 인간의 우위를 확보하려는 것이 주된 관심사였다. 그러나 무엇보다 중요한 것은 이 모든 것들이 다 존재하고, 그 존재로 회귀할 수 있는 근원을 지목하는 생명 운동의 가능성을 밝혀내는 일이다. 왜냐하면 그런 생명운동의 가능성을 밝혀낼 때, 비로소 왜 사람이 스포츠를 하고, 스포츠를 하는 궁극적 목적이 무엇인지도 밝힐 수 있기 때문이다. 이때 스포츠철학의 존재론적 근거에 대한 물음도 가능해진다. 다시 말하면 사람이 스포츠를 하는 까닭이 무엇이고, 그 현상은 무엇이며, 그리고 그 철학적인 근거가 무엇이냐고 물을 수 있는 것이다. 이로써 스포츠 인간론, 즉 '스포츠하는 인간'(homo sportivus)[15]에 대한 본래적이고 철학적인 인간존재 해명이 가능하게 된다.

이런 본래적 인간 해명의 실현이 무엇보다 스포츠를 하는 인간존재에 대한 철학적 해석에서 가능하다고 해도, 그는 그런 철학적 해석을 먼저 인간에 대한 사변적이나 형이상학적 고찰에서가 아니라, 가장 현실적이고 직접적인 기초학문인 생물학을 바탕으로 한 철학적 고찰에서

쪽 이하 참조.

15 E. Meinberg:「Sportanthropologie-Was könnte das sein?」Versuch einer Ortsbestimmung. In: Th. Alkemeyer u.a.(Hg.), *Aspekte einer zukünftigen Anthropologie des Sports*. dvsprotokolle Nr.46.」. Köln 1992. 송형석:『스포츠와 인간』. 대구: 이문출판사, 2001. 51쪽.

찾고자 했다. 그 결과로 주어진 것이 바로 철학적 인간론이다. 그렇다
고 이런 철학적 인간론이 사유만을 전제로 하는 이성적 인간학일 수도
없고, 역사와 사회만을 구가하는 문화적 인간학일 수도 없었다. 이 한
계를 극복할 수 있는 가장 현실적인 학문이 생물학적 인간학이었다. 그
이유는 오직 생물학적 인간학만이 모든 생명체 가운데에서 인간의 위
상을 동물과 대비하여 설정할 수 있기 때문이고, 더욱이 심신합일의 스
포츠를 하는 인간을 현실적으로 해명해 줄 수 있기 때문이다. 이에 가
장 현실적이고 직접적인 인간의 몸은 자기 자신에게 직접 관계하는 육
체이고, 육체는 인간정신을 밝혀 줄 수 있는 생물학적 근거가 된다. 왜
냐하면 아무리 정신이 위대하다고 해도 정신이 몸과는 떨어질 수 없고,
몸 안에 혹은 몸과 연관되어 있을 때만 존재할 수 있기 때문이다.

　생물학적으로만 보면 앞에서 언급한 대로 인간은 동물의 고도화된
전문성과는 달리 어느 영역 하나에서도 전문화되어 있지 못하며 방향
감각조차 없거나 결여되어 있다. 이런 부재와 결여가 오히려 인간 자신
으로 하여금 세계를 향해 열려 있는 가능성의 존재로 터놓고 있기 때문
에 감각적 충동이나 본능 혹은 연상적 기억이나 지능만을 가진 동물과
는 다른 차원의 열린 ‘인간’이 될 수 있었던 것이다. 이는 결국 비전문
화(非專門化)의 생물학적 ‘결핍존재’[16]인 인간이 새로운 가능성의 존
재, 즉 행동하고 생산하는, 더욱 적극적으로는 ‘스포츠하는 인간’이 된
다는 말이다. 그러나 여기에서도 스포츠철학을 위한 두 가지의 한계점
이 발견된다. 큰 전제에서 하나는 인간의 육체적 결핍이나 결여라는 인
간의 생물학적 한계를 지목한 것이고, 그런 한계 극복을 육체적 몸이

16　A. Gehlen: *Der Mensch. Seine Natur und seine Stellung in der Welt.*
Frankfurt(M), 1971, S.20, 83.

아닌 정신의 활동에서 찾아야 한다면 몸에 우선하는 것이 정신이 되고, 이때 생물학적 '결핍존재'라는 본래적 의미는 사라지고 만다는 사실이다. 그리고 작은 전제에서 다른 하나는 생물학적으로 몸이 인간의 정신에 우선한다면, 더욱이 인간의 신체운동이 비전문화되어 있고 그 방향 감각조차 결여되어 있다면, 정신마저 그러한 생물학적 결핍과 결여의 구조적 산물이 되는 것이 아니고 무엇인가 하는 물음이다. 이때 '스포츠하는 인간'이 궁극적으로 지향하는 목적은 과연 무엇이고, 그 방향은 생물학적으로만 가능한가 하는 질문을 다시 던질 수 있다.

셀러나 겔렌에 못지않게 인간의 몸, 즉 육체성의 철학을 들고 나온 현대철학자는 사르트르(J. P. Sartre)이다.[17] 그는 하이데거와 유사하게 존재가 무엇인가를 물으면서도 존재란 인간의 이성에 따라 나타나는 것이 아니라, 인간의 기분에 따라 나타나는 것이라고 판단했다. 그는 '구토'(La nausee)라는 기분에 따라 존재가 드러난다고 보았다. 온 천지만물이 구질구질하고 모순에 가득 차 있으니 구토가 나지 않을 수 없고, 그런 구토가 인간을 존재에 이르게 하고 인간실존에 이르게 한다. 그런 존재란 무엇인가? 존재란 집단적이고 부동적이며, 그리고 확정적인 대상이다. 대상적 존재는 그 자체와 어떤 관계를 맺으면서 존재한다. 어떤 관계를 맺기 위한 존재는 그 자체로부터 나와서 무(無) 속으로 들어가야 한다. 즉 존재는 스스로를 무화해야 하고, 그래서 무로부터 다시 자기 자신에게로 회귀해야 한다. 사람이 타향살이를 해 보지 않으면 고향의 참 맛을 알 수 없다. 존재의 타향이 무(無)이다. 이런 관계를 맺게 하는 분열작용이 없다면 존재의 인식은 불가능하다. 분열작

17　P. S. Morris: 『의식과 신체』. 박만준 역. 서울: 서광사,, 1993: 57쪽 이하: "실존 분리의 문제"

용으로 인해 존재에는 하나의 다른 극으로서 구멍이 생기게 된다. 그 존재의 구멍이 무이고, 그런 무(無)는 어렵게 표현하면 '대자'(對自: poursoi)가 자기의 방향으로 추락하는 '즉자'(卽自: en-soi)의 전도라 할 수 있고, 한 연관성으로 보다 쉽게 표현하면 무(無) 속에서만 우리는 존재를 넘어선다[18]고 할 수 있다.

이처럼 존재(대자)가 자기 자신을 넘어서 무(無) 속으로 들어갈 때 의식이 생기고 자기의식까지 생기게 된다. 무가 자신의 정당성을 가지고 세계 속으로 들어오게 된다는 말이다. 사실 무는 처음부터 한 벌레와 같이 존재의 중심에 자리를 잡고 있었다[19]. 우리는 사유의 대상 없이 사유할 수 없으며 현실적으로 사유작용과 사유대상은 동일하다. 그러나 이 양자가 동일하지 않다는 것은 그 한 가운데 무가 존재하고 있기 때문이다. 그렇다고 무가 무 자체를 무화할 수는 없다. 왜냐하면 무에는 자신을 무화할 어떠한 매개체도 없기 때문이다. 이로 인해 무 대신에 존재가 대자를 수용하게 된다. 여기에서 대자란 자기의식을 말하고, 더욱 포괄적으로는 인간을 말한다. 그러니까 인간 속에는 즉자도 존재하고, 대자도 존재한다. 인간은 자기 자신에 관계하는 신체도 가지고, 세계의 사물과 접촉하는 육체도 가진다. 그렇다면 인간을 즉자라 해도 어떤 특성을 가진 실체는 아니다. 엄밀하게 인간은 즉자도 아니고, 그렇다고 무도 아니다.

지금까지 인간이란 주관성과 객관성, 그러니까 정신과 육체로 구성되어 있다고만 했을 뿐, 이 양자 간의 어떠한 매개체도 찾지 못했다. 육체는 정신을 떠나있지 않고 정신 안에서 활동한다. 따라서 육체는 정신

18   J. P. Sartre: 『존재와 무 I.』. 손우성 역. 서울: 삼성출판사, 1977. 106쪽 이하 참조.
19   J. P. Sartre: 상게서, 111쪽.

으로 인해 제 모습을 되찾게 된다. 그러므로 인간존재에는 이 두 차원의 세계인 대자와 즉자가, 즉 정신과 육체가 다 함께 존재한다는 사실이 분명해진다. 사람의 몸이 주관적 차원에서는 체험을 통해서 정위되나, 객관적 차원에서는 세계의 구조를 통해서 나타난다. 세계의 구조란 소박하게는 전후좌우 혹은 고저의 위상을 말하지만, 그 중심에는 사람이 있고 사람의 몸이 있다. 사람의 몸이 어디엔가 있다는 것은 인간존재의 한계성을 말해 주며 또한 우연성을 말하기도 한다. 몸이야말로 '우발적인 몸' (le corps contingent)[20]이라고 그가 강조한 것은 우연이 아니다. 달리 말하면 나는 어느 곳에도 존재할 수 없음을 말한다. 왜냐하면 내가 지금 여기 있다는 이 위상은 임의적인 것이지 필연적인 것이 아니기 때문이다.

따라서 나는 늘 어떤 상황 속에 처해 있을 뿐, 어떠한 차선책이 없다. 내가 이 세계 안에서 몸으로 존재하는 바로 그때 나는 나일 뿐이다. 이런 육체적 현상을 그는 내가 타인과 관계할 수 있는 가능성으로서만 보고 스포츠를 위한 어떤 활동의 계기로 보지 않았다. 이것은 나와 타인이 물리적으로 서로 교차될 수 있음을 말하기보다는 나의 몸이 타인의 의식으로 인해 타인의 몸으로 되어 버릴 수 있음을 말한다. 이처럼 그는 인간을 정신적인 면뿐만 아니라, 육체적인 면까지를 함께 짚었기 때문에 대자적 존재와 즉자적 존재는 둘이 아닌 하나로서의 인간존재가 된다. 따라서 그에게 정신은 곧 몸이라고 할 수 있다. 확대 해석하면 인간은 본질적으로 소외존재이지만, 그 소외 때문에 인간이 자유한다면, 이는 역설적이고 모순적이다. 인간존재 자체가 역설이고 모순인 것이

20   C. A. van Peursen: 『몸 영혼 정신: 철학적 인간론입문』. 손봉호·강영안 공역. 서울: 서광사, 1985, 142쪽 참조.

다. 인간의 자유에 제약이 따르지 않으면 인간의 자유일 수 없다. 제약 때문에 인간이 자유한다면, 그것이 참 인간의 자유이다. 그래서 자유에는 결단이 필요하고, 그런 결단은 자유에서 오는 실존적 결단이다.

이러한 논지 전개에서 사르트르는 결과적으로 인간의 육체 문제를 또 다른 하나의 양상으로서 해결하려 함으로써 생물학적 인간학의 이론 전개와 그 의미를 즉자와 대자의 존재론적 관계문제로만 바꾸어 놓고 말았다. 따라서 우리는 사르트르에게서 스포츠철학의 이론적 계기를 살필 수 있었으나, 이보다는 플레스너의 인간학에서 스포츠철학의 이론적 근거를 찾아 스포츠 인간론의 철학적 정초를 정당화하고자 한다.

4. '인간의 철학'으로서 스포츠 인간론

여기에서 우리는 스포츠철학을 위한 사르트르나 메를로-퐁티의 신체에 대한 현상학적 논리보다는 더욱 철학적이고 인간학적인 플레스너의 철학적 인간론을 주목하고자 한다. 왜냐하면 그가 생물학적 입장에서 인간을 현실적으로 스포츠와 스포츠 인간론에 직결될 수 있는 육체성과 신체성으로서 설정하고 있기 때문이다. 그는 메를로-퐁티의 육체성에 대한 현상학적 철학을 스포츠 인간론으로 정식화할 수 있는 철학적 이론의 근거를 마련하여 육체와 신체의 교차점을 철학적 인간론의 열쇠고리로 삼았다. 사실 플레스너는 인간의 인품과 인격의 본질구조 문제, 표현능력과 표현의 한계 문제, 신체의 의미 문제, 인간공존의 본질형태 문제, 인간과 세계의 공존적 본질형태 문제, 인간 삶의 지형과 변화 문제, 세계상의 문제 등 수많은 문제들을 짚었다. 이런 문제들 가운데서도 육체와 신체의 의미 문제만은 인간의 탈중심적 위상성을 밝힐

수 있는 유적 존재로서의 인간에 대한 징표로서 스포츠 내지 스포츠 인
간론을 이해하는 데 필요한 가장 직접적인 바탕이 된다. 이미 셸러도
육체를 한편으로는 물질적인 것으로서, 그리고 다른 한편으로는 인간
적인 것으로서 구별하여 인간의 육체성을 외적 사물의 지각과 내적 정
신생활의 지각에 없어서는 안 될 전제조건으로서 보았다. 다시 말하면
인간의 육체를 신체적인 것과 정신적인 것의 구별 이전에 존재하는 것
으로만 보았다는 말이다. 이로써 그의 한계는 인간의 육체가 생물학적
대상영역인데도 그 대상 영역을 초월해 있는 인간의 인격 영역, 즉 정
신의 영역이라고 함으로써 스포츠 인간론을 위한 철학적 기틀을 마련
하지 못한 채 일종의 일원론적 이원론(생명과 정신)에 빠지고 말았다.

그러나 플레스너는 인간을 물체로서의 육체와 생명으로서의 신체로
나누고, 다시 이 둘을 긴밀한 하나의 관계로 보았다. 인간은 물체로서
의 육체를 가지면서도 동시에 생명을 체험할 수 있는 신체도 가진다.
이것은 인간이 이중성의 내용을 가지고 있음을 말한다. 하나는 생물학
적 자연성이고, 다른 하나는 정신적 문화성이다. 그렇다고 그는 이 양
자의 두 영역을 서로 독립되어 존재하는 영역으로 보지 않고, 인간과
세계의 두 가지 자릿점으로만 보았다. 이것은 그가 인간의 내적세계와
외적세계를 하나로 연결시키고자 한 것이 아니라, 이 양자의 세계를 동
일한 관점에서 볼 수 있는 시선을 마련하고자 한 것이다. 이 둘의 시선
이 체험 가능한 신체와 물체로서 존재하는 육체를 구별할 수 있도록 했
다. 이 양자의 시선이 대상으로서는 객관화 될 수 없는 '나'를 견양하
게 됨으로써 셸러에게는 정신[21]보다 한 단계 아래였던 '나'의 위상이

---

21   M. Scheler: 『인간의 지위』. 최재희 역. 서울: 박영사, 1976, 56쪽 이하: '새 원
리로서 정신'.

플레스너에게는 탈중심성의 기틀이 되었다. 그는 인간이 자기 자신을 객관화하고 대상화함으로써 자신의 육체를 물체로서 인식할 수 있었고, 나아가 자기 자신을 체험의 중심축으로 간주함으로써 자신의 신체를 생명으로서 인식하면서도 이 모든 것이 언제나 '나'를 기점으로 해서만 가능한 것이라고 할 수 있었다.

더욱 구체적으로는 때로 '육체'(Körper)란 '신체'(Leib)와 같은 의미로 쓰인다. 그러나 엄밀한 생물학적 의미에서 육체는 동물의 중추기관을 포함하고 있는 경우를 말하고, 신체는 그런 중추기관 속에 있는 육체 영역 전체를 포함하는 경우를 말한다. 이 양자는 서로 매개될 수 있는 것이 아니라, 위상적으로 서로 병존할 뿐이다. 이 말은 육체와 신체라는 이중적 측면이 중추기관을 포함하고 있는 육체의 영역과 중추기관에 결부되어 있는 육체의 영역으로 상호 양분되어 있는 '위상성'(Positionalität)[22]을 뜻한다. 이런 방식으로 살아가는 생명체는 먼저 자기 육체에 대한, 그다음에는 자기 자신에 대한, 그리고 마지막으로 자기 자신의 존재에 대한 거리를 유지하게 된다. 여기에서 결과적으로 남는 것이 육체와 신체, 그리고 자기 전체로서의 존재라고 하면, 이 전체 내용을 하나로 묶어 표현할 때 비로소 '인간'이라고 할 수 있는 것이다. 사실 인간을 공간적인 존재의 면에서만 보면 '물체'이고, 그런 물체를 생명의 주체로서 보면 '육체'이며, 나아가 주체의 자주적인 입장에서 보면 '신체'가 된다. 그렇다면 인간의 신체란 자주적 정신을 가진 의지로서 스포츠 활동의 철학적 정초가 될 수 있는 것이다.

우리가 인간의 몸이라고 할 때도 신체와 육체, 그리고 물체로 분리하

---

22 H. Plessner: *Die Stufen des Organischen und der Mensch. Einleitung in die philosophische Anthropologie.* Berlin, 1965, S.127ff.

여 이해하지 않고, 이 모든 것이 바로 우리 자신인 몸으로서 이해하고 인간으로서 이해한다. 이때 인간이란 정신과학적인 생(生)과의 깊은 관계에서 인격으로서도 표현될 수 있다. 그럼에도 여전히 플레스너에게는 스포츠를 가능하도록 하는 인간존재가 우선이 아니라 인간의 삶이 우선이고 인간학이 우선이었다. 이런 인간학이 감성적이고 육체적인 인간 삶의 영역에 있음을 철학적으로 해석해 내고자 그는 근원적인 의미에서 '자연'의 철학을 이해하려고 했다. 자연 역시 순수철학적인 의미에서 자연이 아니라 생명의 자연인 것이다. 그러나 이와 동시에 정신과학적 요소도 함께 가지고 있는 것이 자연이기 때문에, 그 양면성이 생명체의 현존 방식으로서 위상성의 이론에서는 물론이고, 철학적 인간론의 근본 범주인 탈중심성에서도 그대로 나타난다. 이의 중심 영역의 학문이 그에게는 '인간론'이었고, 그 핵심 대상이 '인간'이었다. 이때의 인간이란 대상임과 동시에 주체임을 말한다. 인간에게는 육체만 있는 것도 아니고, 신체만 있는 것도 아니며, 또한 정신만 있는 것도 아니다. 오히려 육체적-정신적으로 청정한 삶의 통일로서 생존하는 자이다.

이로 인해 인간학에 대한 철학적 방법 역시 그에게는 하나가 아니고, 둘일 수밖에 없었다. 그 한 방향이 인간학의 수평적 연구 방향이고, 다른 한 방향이 수직적 연구 방향이다. 전자는 감각기관론적인 길로서 인간과 세계의 관계를 인간 행위에서 밝히는 방향이고, 후자는 인간 삶의 존재론적인 길로서 유기체로서의 세계 내에 있는 인간의 위상을 밝히는 방향이다. 이 양 방향에서 마침내 인간은 문화의 주체와 객체로서, 그와 동시에 자연의 주체와 객체로서 이해될 수 있다는 것이 플레스너가 내세운 철학적 방법론으로서의 제1목적이다. 그러나 그 자신이 인간을 해명하기 위해 후자의 수직적 방향으로서 존재론적 길을 택했으나, 모든 생명체의 근거로서 존재 자체를 지목하지 못한 채 세계 내 인간의 '위상성'만을 짚었을 뿐이다. 그가 존재론의 길은 열었으나, 그 존재의 근원으로 다가가지 못한 채 유기체의 인간현상만을 드러내 보인 것이다. 이런 결과가 그로 하여금 스포츠철학의 존재론적 접근가능성을 차단하게 했으나, 스포츠 인간론의 성립 근거를 마련하는 데는 성공했다.

스포츠 인간론은 인간의 철학에 기초한다. 물론 인간의 철학에서도 철학보다는 인간이 우선하고, 인간이라고 할 때도 정신적 의미나 철학적 의미 이전에 생물학적 현사실의 의미가 우선한다. 그렇다고 생물학적 현사실에만 집착한다는 말은 아니다. 왜냐하면 생물학적 현사실을 바로 직시하기 위해서는 생물학적 차원을 넘어서야 하기 때문이다. 이에 논리적이고 인식론적이며, 때로는 형이상학적이기도 한 철학이 필수불가결하게 된다. 따라서 생물학적 인간을 바로 인식하기 위해 인간의 철학이 따라야 한다. 인간의 철학에 기초하는 학문을 적나라하게 현실적으로만 표현하면 '생물학적 인간학'이고, 학적 이론적으로만 표현하면 '철학적 인간론'이다. 이러한 관점에서 생물학적으로 인간의 철학을 가능하게 한 철학적 인간론을 근거로 해서 스포츠 인간론의 이론적 형성원리를 먼저 그의 철학적 방법론에서 전반적으로 고찰할 필요가 있다.

이에 해당하는 인간학자들은 전통적인 의미에서는 포이에르바하로부터 시작되나 현대에서는 플레스너, 메를로-퐁티, 발덴펠스 등을 들 수 있다. 이들은 각자 자신의 입장에서 인간을 유기체의 생물철학으로서 혹은 지각의 현상학으로서 고찰했지만, 우리는 이들의 철학 내용을 스포츠철학의 한 철학적 기초를 가능하게 한 스포츠 인간론의 이론적 형성 원리로서 수용하고자 한다. 왜냐하면 이들은 공히 스포츠하는 인

간의 신체와 육체를 철학적 논리로 구별하고 나섰기 때문이다. 특히 이
들 가운데 메를로-퐁티와 플레스너의 철학적 내용이 최우선이지만 메
를로-퐁티는 앞 절에서 간단하게 이미 언급하였기 때문에 여기에서는
플레스너의 철학적 내용만 한 번 더 개괄한 후 스포츠 인간론의 철학적
정초로서 인간의 육체성과 신체성에 대한 내용 연관성을 짚으려고 한
다. 물론 발덴펠스의 연구 업적[23] 역시 스포츠 인간론을 위한 중요한
자료이기는 하나, 여기서는 그 몇 가지의 업적들을 주로서만 처리하고
넘어가기로 한다.

현대철학의 관심 중에 하나가 철학적 인간론이지만 인간이란 무엇인
가 하는 물음을 총체적으로 제기하고, 그 해답까지 제시했던 사람은 칸
트였다. 그는 『순수이성비판』에서 "나는 무엇을 알 수 있는가?"와 『실
천이성비판』에서는 "나는 무엇을 해야 하는가?" 그리고 『판단력비판』
에서는 "나는 무엇을 바랄 수 있는가?"라는 물음들을 제기하면서 이
물음들을 전체적으로 통틀어서 "인간이란 무엇인가?"라는 물음으로
총체화했다. 이렇게 인간에 대한 해답이 아무리 완벽하게 마련되었다
고 해도, 한 가지 분명한 것은 인간을 그 자연성의 본질에 따라 존재하
는 현상으로 인식하지 못했으며, 더구나 살아 있는 유기체 전체의 연관
성에서 생물철학적으로 식물과 동물, 동물과 인간의 근본적 차이가 무
엇인가도 묻지는 못했다는 사실이다. 이를 생철학과 현상학에서는 물
론이고, 무엇보다 생물학과 심리학 또한 사회학의 새로운 관점에서 인
간학자들은 철학적으로 되묻기 시작했다.

23   B. Waldenfels: *Der Spielraum des Verhaltens*. Frankfurt(M), 1980. B.
Waldenfels: *Maurice Merleau-Ponty: Inkarmierter Sinn. In: ders. Phänomenologie
in Frankreich*. Frankfurt(M), 1983. B. Waldenfels: *Das leibliche Selbst. Vorlesungen
zur Phänomenologie des Leibes*. Hrsg.v.R. Giuliani. Frankfurt(M), 2000.

이들 중 플레스너는 어떠한 형이상학적 전제도 부정하고 새로운 자신의 철학적 인간론을 정립하기 위해 전통적 이성과 정신이라는 절대적 개념까지 포기했다. 이것은 유기체 전체 연관성에서 동물이란 생물학적으로 생존하면서 자신들의 확고한 하나의 위상을 가지는 반면에, 인간은 그 어떠한 하나의 확고한 위상도 가지고 있지 못함을 말한다. 동물은 자신들의 환경에만 집착하여 움직이면서 살아가는가 하면, 인간은 그 어느 하나의 세계에도 집착하지 못해 오히려 세계로 개방되어 있고 사회로 열려 있다. 바로 여기에 스포츠철학이 자리할 수 있는 빈 공간이 마련될 수 있다. 이것이 그에게는 인간의 '탈중심적 위상성' 설정이고, 이에 따른 철학적 인간론의 근본법칙들이 제시되기도 했다. 이들 인간학적 범주론들이 자연적 인위성의 법칙이고, 중재적 직접성의 법칙이며, 또한 유토피아적 입지의 법칙이었으나, 이들 중 스포츠 인간론의 철학적 정초를 마련할 수 있는 생물학적 근거는 자연적 인위성의 법칙으로서 탈중심성의 발상이었다.

이에 따른 탈중심의 내용을 밝히기 이전에 어떻게 자연성과 인위성의 묘안이 가능했는가 하는 인간학적 방법론에 대한 고찰을 한 후 인간의 철학적 위상성으로서 탈중심성을 고찰하려고 한다. 이를 근거로 해서 자연성과 인위성의 법칙 내용을 구체적으로 밝힘으로써 스포츠 인간론의 이론적 근거를 마련하고자 한다. 먼저 그가 구상한 인간학의 철학적 방법론은 생철학과 밀접한 관계에서 이루어졌다. 그는 20세기를 '생의 시대' [24]라고 할 만큼 생철학에 큰 관심을 가지고 있었다. 사실 그에게는 생철학이 그 자신의 인간학을 정초하는 데 절대적으로 기여했

---

24 H. Plessner: *Die Stufen des Organischen und der Mensch. Einleitung in die philosophische Anthropologie*. Berlin, 1965, S.3.

다. 이것은 철학적 인간론의 방법론에만 국한되지 않고, 그의 철학적
인간론 전체를 관통하는 근거가 되었으며, 나아가 스포츠 인간론을 가
능하게 하는 철학적 기틀이 되기도 했다. 생(生)이 생명에 직결될 때는
생성의 개념으로 나타나고, 인간 삶에 연관될 때는 해석의 개념으로서
나타난다. 해석학의 본질이 이해에 있고, 그런 이해에도 논리성이 전제
되어야 한다면, 그런 해석학적 논리성을 처음으로 정초한 사람은 딜타
이(W.Dilthey)였다. 그는 기록 문서의 본래적 의미를 원 저자의 의도
대로 훼손 없이 해석해 내기 위해서는 역사적이고 사회적인 요소뿐만
아니라, 정신생활까지도 소상히 담아내야 함을 역설하여 정신과학적,
즉 인문학적 생철학과 생철학적 해석학을 마련했다. 여기에서 중요한
두 부분 중 하나는 정신과학의 개념 정립이고, 다른 하나는 해석학적
방법론이다.

이에 근거하여 플레스너는 자신만의 철학을 정립하기 위해 생철학적
정신과학의 이론을 해석학으로 정초하고, 그런 정신과학적 해석학을
철학적 생물학과 인간학의 기초학문으로서 구성했다. 따라서 그에게는
생철학적 정신과학의 이론이 철학적 인간론으로서 가능하게 되고, 그
런 철학적 인간론이 해석학을 재구성하게 됨으로써 살아 있는 인간존
재와 인간의 자연적 존재 지평에서 인간학을 수행하는 일이 그에게 핵
심적인 과제가 되었다. 이의 중심축이 그 이상 생철학적 '생'이 아니
라, 생물학적 '인간'이 됨으로써 '새로운 인간의 철학'이 마련될 수 있
었다. 인간이 중심축이 된다는 것은 인간이 학문의 객관적 대상 존재도
아니고, 의식의 주관 존재도 아니라는 말과 동일하며, 인간 삶이 객관
임과 동시에 주관임을 의미한다. 이는 인간이 물체로서도 아니고, 심령
내지 의식으로서도 아니며, 그렇다고 논리적 법칙이거나 윤리학과 미
학 등의 특수규범을 정당화하는 추상적 주관으로서도 아니다. 오직 이

는 정신적-육체적 삶의 통일자로서 즉자 대자의 생존자임을 말한다. 이미 여기에서 우리는 인간의 철학으로서 스포츠철학을 가능케 한, 즉 인간의 신체와 육체에 대한 상관관계의 의미를 추론할 수 있는 계기를 엿볼 수 있다. 그러나 플레스너의 인간학적 방법론이 다 밝혀지지 않은 상태이기 때문에 우선 그의 방법론을 먼저 살펴보기로 한다.

그의 철학적 방법론은 생철학적 경험이론과 정신과학적 해석이론을 근거로 하는 '새로운 인간학'을 위한 철학적 방법론이다. 이 새로운 철학의 방법론이란 현실적으로는 무엇인가? 이 방법론은 한편으로는 인간의 정신세계가 구축될 수 있으면서도 경험적으로 제한되어 있지 않은 물체의 세계로서 자연과, 다른 한편으로는 자기 자신에 관계하고 공동체에도 관계하며, 또한 자기시대에도 관계하는 삶을 영위하는 인간을 다 함께 수용해야 하는 학문의 방법론이다. 이때 새로운 인간학의 방법론은 인격적 인간의 삶을 영위하는 인간생존의 전체 영역과 인간의 삶에 대한 본질적 상관관계에 있는 자연의 전체 영역을 다 포괄한다. 따라서 새로운 인간학의 철학적 방법론은 이중적이어야 하고, 동시에 상호 역방향이어야 했다. 이미 언급했듯이 그 한 방향이 인간학의 수평적 방향으로서 감각기관적인 길이고, 인간과 세계의 관계를 인간 행위에서 밝히는 길이며, 다른 한 방향은 인간학의 수직적인 방향으로서 인간 삶의 존재론적 길이고, 유기체의 단계로서 세계 내에 있는 인간의 위상에서 밝히는 길이다. 이런 이중적 길에서, 특히 인간생존의 전체 영역과 자연존재의 전체 영역이라는 이중성에서 우리는 스포츠 인간론의 성립 근거를 짚어 낼 수 있다. 더욱이 그가 제시하고 있는 인간학의 두 길의 방향에서도 우리는 스포츠 인간론을 위한 정초를 인간 생존의 인위성과 자연성이라는 양면성에서 찾는 계기가 되었다.

먼저 인간학의 수평적 연구방향인 감각기관적인 길에서 인간을 자연

의 주체와 객체로서, 그리고 문화의 주관과 객관으로서 파악하자는 것
이 플레스너의 철학적 방법론의 제1목적이었다. 이때 자신과 세계에
관계하는 인간존재는 자연에 묶여 있으면서도 자연에서 스스로를 자유
하는 경험을 할 수 있고, 이에 따라 그 자신이 근원적으로 자연적이면
서도 인위적이라는 이중성을 의식하게 된다. 이런 이중성의 관계를 그
는 칸트의 선험적 변증론으로 해석하고, 헤겔의 변증법으로 해석하면
서도 특히 없애높혀되가진다는 '지양'(Aufheben)의 개념을 결코 용납
하지 않고, 다만 자신의 '한 근본위상'(Eine Grundposition)[25]이라는
개념으로서 인간생존의 이중성을 수용한다.

그가 헤겔의 변증법적 지양의 논리를 따르지 않고, 순환론적 '하나'
의 논리를 따른 것은 인간의 정신을 감성화하고, 감성을 정신화함으로
써 신체적 내지 감성적인 극과 정신적인 극이라고 할 수 있는 인간의
양단적인 극을 인간생존 전체에서 나타나는 형태체계를 통해 '한 위
상'으로 볼 수 있고, 또 그 공존의 본질법칙도 인식할 수 있다고 믿었
기 때문이다. 그러나 인간의 양극을 설령 인간생존 전체에서 '한 위상'
으로 볼 수 있다고 해도, 그것이 스포츠철학을 위한 인간존재의 근거를
마련해 주거나 정당화할 수 없다면, 그런 논지 자체는 한 측면에 한정
될 뿐이다.

그렇지 않다고 해도 여기에서 중요한 것은 플레스너가 자신의 철학
적 방법론에서 이미 인간 자체를 생물학적 자연으로 본 동시에 자유하
는 인간으로 보고 있다는 사실과 이 양면성의 관계를 지양으로 보지 않
고, '한 위상'으로 봄으로써 그가 『감각의 통일』, 즉 『정신의 감각기관

25   H. Plessner: *Die Stufen des Organischen und der Mensch. Einleitung in die philosophische Anthropologie*. Berlin, 1965, S.32.

론』[26]을 염두에 두었다는 사실이다. 여기에서 그가 감성적 자연질료라는 기본적 차원과 정신적 의미소여라는 고차적 차원의 관계를 어떤 경험과학적으로 설명하기란 사실상 불가능하다. 왜냐하면 이는 생물학적으로 보면 자명한 것이나, 인간학적으로 보면 역설적이기 때문이다. 역설적이란 인간이 자신의 감각을 통하여 경험적인 것을 자신의 선험적인 것으로 수용하는 데에서 가능하고, 자명한 것은 정신이 신체를 통해서, 혹은 신체와 일치하는 감각적 질료를 통해서 표현되는 데에서 가능하다.

이로써 인간의 감각기관과 감각요소의 일치가 정신적 의미요소로서 수용될 때, 감성론적 비판이 설령 감각의 선험성이나 정신적 필연성을 '신체'(Leib)의 현상학적 현실로서 입증할 수 있다고 해도, 그런 신체의 현실을 두고 감각의 특성이라고는 할 수 없다. 왜냐하면 신체란 전체가 객관적인 것은 아니기 때문이다. 오히려 신체가 인간의 인격 내지 인간의 삶에 대해서는 상대적이지만 그 감각의 특성은 인간의 인격 내지 인간의 삶에 대해 상대적인 동시에 객관적이다. 사실 신체란 '육체'(Körper)와 같은 것이 아니다. 이런 인간학적 고찰방식에서 그가 정신적-육체적으로 완벽한 인간의 인격적 통일성을 생명체로서만 정당화하기에는 역부족했다.

이런 한계를 극복하는 새로운 방법론으로 플레스너는 인간학의 수직적 방향인 인간 삶의 존재론적 길을 택했다. 그러나 이때 존재론적 길이란 하이데거적인 현존재의 기초존재론적 의미[27]에서 스포츠 인간론을 정당화할 수 있는 근거로서의 존재론이 아니라, 인간의 생존방식에

---

26   H. Plessner: *Die Einheit der Sinne. Grundlinie einer Ästhesiologie des Geistes*. Bopnn, 1923, S.268-272; S.285-288.

27   M. Heidegger: 『존재와 시간』. 이기상 역. 서울: 까치글방, 1999, 30쪽 참조.

따른 현상적 의미의 존재론을 지목했을 뿐이다. 즉 인간론을 생철학적으로 정초하여 나가는 인간 삶의 존재론적 길이었다. 물론 이 방향의 기점은 인간의 체험과 직관, 그리고 감각 전반에서 비롯되나, 포괄적 의미로는 인간의 환경세계 영역이라고 할 수 있는 인간생존의 영역일 뿐이다. 이런 환경세계 영역은 인간의 정신적 의미소여와 감성적 특성 그 이상을 포괄함으로써 인간을 동물과 식물에 직결시키고, 생명체의 현존방식을 인간의 특수 생존방식과 연관시켜 생철학적 해석학을 철학적 인간론으로 재구성하는 '생명과학적 정초'[28]를 마련하는 데에는 성공적일 수 있다. 왜냐하면 여기에서는 추상적이라고도 할 수 있는 정신과학적 생철학의 요소와 가장 구체적인 현실로서의 생물학적 생명까지도 수용하기 때문이다. 그러나 이런 새로운 철학적 방법론의 구상이 인간이해를 위한 어떤 수단을 동원해서 '문화'의 주관과 객관인 인간과, '자연'의 주체와 객체인 인간에 대한 하나의 근본위상을 달성할 수 있다고 해도, 그것이 바로 스포츠 인간론을 위한 존재론적 관점의 근거가 될 수 있는 것은 아니다.

따라서 그에게는 어떤 길이든 '인간의 철학'[29]으로서만 가능해야 했다. 이것이 스포츠 존재론으로서는 역부족으로 실패했으나, 스포츠 인간론을 정립하는 데에는 성공적이었다. 이때 '인간철학'의 인간이란 생물학적 생의 의미에서 인간이고, 철학이란 정신과학적 해석학을 철학적 인간론으로 재구성한다는 의미에서 철학일 뿐이다. 따라서 '인간의 철학'은 해석학과 인간학을 전제로 하는 새로운 철학적 인간론의

---

28   H. Plessner: *Die Stufen des Organischen und der Mensch. Einleitung in die philosophische Anthropologie*. Berlin, 1965, S.37: "ein lebenswissenschaftliches Fundament."

29   H. Plessner: A. a. O., S.37: "die Philosophie des Menschen."

성립가능성이 된다. 다시 말하면 "인간의 철학 없이는 삶의 경험이론
이 불가능하고, 자연의 철학 없이는 인간의 철학이 불가능하다"고 하
는 하나의 통합이론이 가능했다는 말이다. 이 새로운 인간의 철학을 철
학적 인간론으로 정초하기 위해 플레스너는 철학적 방법론의 기점을
육체와 정신 내지 연장존재와 사유존재라는 이원론의 틀을 주장한 데
카르트의 철학에서 찾았다. 왜냐하면 그가 근대철학의 사유발단에 철
학적 탐구의 존재근거와 원리를 제공했기 때문이다. 이 밖에도 순수의
식의 본질을 직관해야 한다는 후설의 현상학이 상대적인 의미에서 데
카르트를 수용했고, 전통이론에 대한 비판이론을 들고 나온 호르크하
이머의 사회이론은 데카르트를 비판하고 나섰다.[30]

　이런 가운데 플레스너는 자신의 철학적 인간론을 구축하기 위한 상
대적 원리로서 데카르트의 심신이원론을 수용하여 비판하지 않을 수
없었다. 특히 그가 육체 내지 자연의 연장을 그 동일선상에 설정하려는
것이나, 사유존재의 존재론적 구상에서 방법론을 구성하려고 한 사실
이 그러했다. 따라서 그에게 새로운 철학적 방법론은 단순한 비판이론
이어서도 안 되고, 파행적 분석철학이어서도 안 된다. 그러나 대상이
문제에 연관될 때 비로소 그 윤곽을 드러내도록 해야 하는 것이었다.
그 해결의 실마리가 대상의 이중적 측면을 내적인 것과 외적인 것으로
나누면서 풀리기 시작했다. 내적인 것과 외적인 것의 통일이 지각대상
이라고 할 때, 그 대상의 통일에는 이미 이중적 측면이 함께 포함된다.
이런 지각대상의 현상방식 내에 이미 사물의 운동이 이중성으로 존재
하기 때문에, 그 하나는 '사물 속으로 들어가는' 방향이고, 다른 하나

30　M. Horkheimer: *Kritische Theorie II*. Frankfurt(M), 1968, S.137-200. cf. M. Horkheimer:『철학의 사회적 기능』. 조창섭 역. 서울: 전예원, 1983, 151-210쪽 참조.

는 '사물의 주위를 돌아가는' 방향이다.[31] 전자의 방향이 사물의 실체적 핵심을 목표로 하는 심층성에 있다면, 후자의 방향은 다른 사물의 외면을 목표로 하는 측면층에 있기 때문에 그 같은 이중적 고찰은 사물을 지각할 때, 현실적인 참된 상(像)을 획득할 수 있게 된다.

이러한 관점에서 '인간철학'의 논리적 이중구조를 통해 구체적인 스포츠 인간론의 성립 근거를 찾아볼 수 있다. 특히 인간의 육체와 신체라는 이중성에 대한 철학적 인간론의 근본적 입장이 이를 뒷받침해 준다. 이를 위해 우리는 우회의 길을 택하지 않을 수 없다. 참으로 사물의 대상에 대한 내적-외적이라는 이중적 측면의 고찰은 전통철학의 사변성이나 논리성 자체, 혹은 관념성으로부터 벗어나서 생동하는 생명체 자체를 가장 현실적으로 직시할 수 있는 가능성을 열어 놓는다. 더구나 플레스너는 생명체의 본질적 특성을 생물학적 범주로 설정하여 생물학적 인식을 가능하게 하는 범주들이 대상적 존재에서 직관적으로 획득할 수 있을 것이라고 단언한다. 여기에서 중요한 것은 범주라는 것이 관념적 개념이라기보다는 개념으로서 가능하도록 하는 잠재태라는 사실이다. 왜냐하면 이때의 범주들이란 그 자체로서 추리되는 것도 아니고, 논리적으로 증명되는 것도 아니며 오직 즉자 대자적으로 실현 불가능한 사태를 실현시키는 양식들이기 때문이다.

모든 유기체는 반듯이 생명체의 현존방식으로서 그 위상적 특성을 갖는다. 위상적 특성으로 인해 유기체와 무기체는 서로 구별된다. 살아있는 생명체로서의 유기체는 사물의 운동 방향이 이중성이었던 것과 같이 '자신을 넘어서 가고', 그와 동시에 '자신 속으로 들어오는' 이중

---

31   H. Plessner: *Die Stufen des Organischen und der Mensch. Einleitung in die philosophische Anthropologie*. Berlin, 1965, S.82f

적 측면성을 가지고 있다.[32] 이런 현존방식으로 스포츠 인간론에서도 핵심주제가 되는 육체는 그 자체로부터 제기되고, 동시에 그 자체에 관계하게 됨으로써 그 자체의 외부와 내부에 다 함께 존재한다. 그러나 이와는 달리 생명이 없는 물체로서의 무기체에서는 유기체와 같은 복합성이란 아무것도 없다. 물체는 있는 그대로 늘 존재하고, 언제 어디서나 물체가 사라지는 거기에서 그 존재도 함께 사라지게 된다. 유기체에서는 필수적이었던 유연성이나 생성은 말할 것도 없고, 한계라는 개념도 무기체에는 없다. 이는 스포츠 인간론의 성립이 그 자체로서는 정당성을 갖지만 동시에 그 자체로서는 물체가 사라질 때 그 존재도 사라지고, 유기체의 그 유연성도 함께 사라지는 것과 같다.

사실 유기체에는 생명이 있고, 생명은 운동이기 때문에 운동 없는 생명이란 존재하지 않는다. 따라서 유기체는 필수적으로 위상적 특성을 가지게 마련이나, 생성하는 과정 중에 있을 때에만 존재한다. 다시 말하면 위상적 특성은 유기체가 생성할 때만 존재하기 때문에 생성 그 자체도 존재의 방식을 띠게 된다. 엄밀하게는 본질적으로 이행 그 자체라 할 수 있다. 이행은 정지로서의 지속으로도 보이고, 지속으로서의 정지인 운동 내지 역동성으로도 보인다. 이렇게 존재하는 한계 개념이 바로 '생성'이다. 이때의 생성이란 하나의 이중적 방향으로 옮겨 가는 운동 개념으로서 유기체를 넘어서 가는 동시에 유기체 속으로 들어가는 이행 자체를 말한다. 이런 유기체의 현존방식을 공간성과 시간성에서 정위되는 전문 술어가 플레스너에게는 '위상성'(Positionalität)이다. 이 위상성의 개념은 어떠한 외적 강제성의 규칙성이나 조직성을 의미하지

---

32 H. Plessner: A. a. O., S.129: "Ausdrück: über es hinaus sein dund ihm entgegen, in es hinein sein." S.132: "das Ding über ihm hinaus ist in ihm hinein."

않고 일종의 법칙성을 말하나, 강제성을 띠지 않는 이법(理法)과 같은 법칙성으로서 '그 자체 내에서 중재된 존재'의 구조관계를 갖는다.

이런 위상성이 식물에 있어서는 개방적 형태를 띤 '영역'으로서 나타나고, 동물에게서는 폐쇄적 형태를 띤 '환경'으로서 나타나며, 인간에게는 탈중심적 형태를 띤 '세계'로서 나타난다. 따라서 위상성의 개념은 유기체와 무기체를 필수적으로 구별해 주는 생물학적 법칙성이고, 모든 유기체를 일종의 단계론으로 정위하는 우주론적 관점을 낳도록 한다. 여기서도 우리는 플레스너의 철학적 전체 논지를 따라야 하나, 우리의 궁극적 목적은 그의 위상성이론과 탈중심성이론을 스포츠 인간론의 정초로서 정당화해야 하는 데 있으므로 개방적 형태의 유기체에서 볼 수 있는 식물의 영역적 위상성보다는 폐쇄적 형태의 유기체라고 해도 동물의 환경적 위상성과 인간의 철학적 탈중심성에서 볼 수 있는 세계의 위상성에 무게를 두고자 한다. 이 양자 가운데에서도 스포츠 인간론의 내용 구성을 가능케 하는 후자인 인간의 철학적 위상성으로서 탈중심성에 초점을 맞추고자 한다. 왜냐하면 후자에서는 자연의 지평을 가지고 인간의 신체적 감성과 반성적 사고를 생물학적 인간 자체에다 설정하는 철학적 고찰이 있기 때문이다.

식물의 모든 개체는 형태의 내적 구성요소로서 현상하지 않고, 오직 형태의 외적 요소로서만 현상하기 때문에 외부로 향해서만이 성장한다. 따라서 결코 완결되지도 않고 장소이동 역시 불가능하여 동화작용을 통해 개방적 형태를 띨 수밖에 없다. 여기에서 우리에게 중요한 것은 식물의 개방적 형태에는 주관성이 결여되어 있고 지각과 행위가 서로 모순되며 또한 감정이입과 같은 것은 물론이고 충동이나 직관과 같은 것도 존재하지 않는다는 사실이다. 그러나 동물은 자기 스스로가 외부로 향하는 것이 아니고, 내부로 향하여 폐쇄적 형태를 띠면서 자신의 완결된 시점에 이르게 되어 동화 대신 분화한다. 동물의 폐쇄적 형태란 유기체의 환경에 그대로 맡겨져 있으면서도 주위환경과 끊임없는 중재를 통해서 스스로의 자립성을 유지하며, 결국 자신의 생존 토대를 자기중심으로 마련하는 형태를 갖는다. 중추기관이 결여되어 있는 식물과는 달리 동물은 모든 수단을 이용하고 수단을 만들어 나가며, 다시 수단을 형성하고, 또 그 수단을 이용함으로써 그 양자의 관계를 전체의 통일이라는 의미에서 하나의 중심성으로 수용한다.

이 중심성의 개념과 함께 동물의 위상성으로서 전면성의 개념 내용을 밝히는 것이 중요하나, 우리에게는 스포츠 인간론의 이론적 근거를 마련하는 것이 최우선이므로 폐쇄적 형태의 유기체적 조직이 어떤 형태로든 먼저 밝혀져야 한다. 동물의 폐쇄적 형태의 유기체적 조직은 통상 '육체'(Körper: 물체)와 '신체'(Leib: 몸)로 나뉜다. 우리말로 육체와 신체는 일차적 의미로 사람의 몸을 의미한다. 그러나 육체라고 하면 육체노동이나 육체미와 같이 육(肉)에 무게를 둠으로써 그 반대 내지 유사 개념을 정신노동이나 건강미라고 할 수 있다. 육과 신이라는 의미에서 '육신'(肉身)이라고 하지, '신육'이라고 하지는 않는다. 신검 혹은 신체검사, 심지어 사람이 불법으로 그 몸에 해를 입지 않을 권리를 신체권이라 하고, 법률에 따르지 않고는 체포·구금·심문·처벌 등을 받지 않을 자유를 신체의 자유라고 한다. 그렇다면 인간의 신체란 물질적인 육체와는 달리 추상적이고 사변적인 것이라고 할 수 있다. 다시 말하면 사람이 세상을 살아가기 위해 어떤 자리를 잡고 있는 최종의 끝자리라는 말이 된다. 이 세상 삶의 끝자리에 있는 것, 그것이 곧 신체라면 끝자리에 있는 신체란 사람이 세상 삶에서 사물에, 특히 자기 자신의 육체에 관계할 가능성의 조건이라고 할 수 있다.

신체의 내용적 의미는 가변적이고 역사적으로 규정되기 때문에 어떤 사람에게서 규정될 수 있고, 그 의미는 사람을 통해서 비로소 형성될 수 있다. 그러나 세상 삶의 끝자리에 처해 있는 신체가 이미 현실적으로 존재하고 있는 한, 더구나 사물로 처리되어 있는 한, 사람의 뜻대로 되는 것은 아니다. 일반적으로 독일어 Körper는 육체, 몸, 신체라는 의미로 쓰이나, 물리학에서는 물체로, 수학에서는 입체로, 그밖에는 주체 혹은 본체라는 의미로도 쓰인다. 그러나 일상적 의미로는 육체 또는 신체라는 의미로 쓰인다. Leib라는 말 역시 생명 내지 신체와 몸 또는 육체라는 의미로 쓰이기 때문에 Körper와 유사한 말이 되지만 심신(心身)을 독일어로 'Körper und Seele'라고 하지 않고 'Leib und Seele'라고 한다거나 '부부는 동체, 즉 한 몸이다'를 Mann und Weib ist ein Körper(육체).라고 하지 않고 'ein Leib'(신체: 몸)라 함으로써 Körper와 Leib가 전적으로 동일한 어휘가 아님을 알 수 있다. 요약하면 Körper를 보편적 의미로서는 '물체'로서 표기하고, 생물체와의 관계에서는 '육체'로서 표기하나, Leib는 '신체'로서 표기한다.

따라서 육체란 이미 언급했듯이 생물학적으로 유기체의 중추기관을 포함하고 있는 경우를 말하고, 신체는 유기체의 중추기관에 속해 있는 육체의 영역 전체를 지칭하는 경우를 말한다. 플레스너에게는 이 양자가 서로 엄격하게 구별되어 상호 중재할 수 있는 어떤 가능성도 위상적으로는 존재할 수 없다. 왜냐하면 육체와 신체의 이중적 측면은 중추기관을 함께 포함하고 있는 육체의 영역과 중추기관에 결부되어 있는 육체의 영역으로 양분되는 위상적 대립가치이기 때문이다. 이로써 육체와 신체는 위상적으로 상호 병존할 수밖에 없다. 그럼에도 우리는 유기체의 생존방식에서 먼저 자기 육체에 대한 거리와 자기 자신에 대한 거리, 그리고 자기존재에 대한 거리를 두고 있음을 알 수 있다. 즉 동물의 위상성으로서 육체 그 자체가 존재이고, 둘째 그것이 육체 속에 있는 존재이며, 그리고 셋째 그 전체가 하나의 존재라는 사실이다. 일상적 표현으로서 사람은 영과 육, 그리고 그 통일로 살아가기 때문에 삼중적이라고 할 수 있다.

여기서 우리는 육체와 신체, 그리고 자아라는 삼중적 개념을 발견하게 된다. 인간의 삼중성이란 여타의 생물체와 같이 인간 역시 외적인 육체(물체)라는 것이고, 그와 동시에 육체 속에 있는 자기로서의 내적 신체(몸: 생명)라는 것이며, 그리고 육체 밖에 존재하는 것으로서 이 양자의 대안점이라 할 수 있는 자아라는 것이다. 다시 말하면 자아란 순수한 공간적 중심이라 해도 자기 신체로서 육체를 소유하는 것이고, 신체는 육체에게 일종의 수단으로서 기여하는 것이다. 특히 이런 수단에 대해서는 구속적이면서도 독자적이고, 개방적이면서도 은폐된 하나의 중간층인 수단으로서 기여한다는 말이다.

이로 인해 신체는 환경에 대한 중재자가 되어 자기를 소유하면서 존재한다. 그러나 그런 의식을 동물의 본능은 담당하지 못한다. 다만 그런 의식을 형성할 수 있을 뿐이며, 형성한다 해도 의식을 담지할 수 있을 뿐이다. 따라서 동물은 부정성에 대한 의미를 알지도 못하고 개념을 형성할 수도 없으며, 이상화도 할 수가 없다. 오직 동물은 환경에 대한 태도만을 취할 뿐이다. 이로써 동물은 개개의 사실만을 경험할 수 있고, 보편적인 것은 경험할 수가 없다. 먹이를 위해 마구 달릴 수는 있어도 철학하는 스포츠는 할 수가 없다. 따라서 동물에게는 스포츠를 하는 능력이 없으나, 인간에게는 스포츠하는 능력뿐만 아니라, 자신을 실현할 수 있는 능력 자체를 스포츠철학으로 승화시킬 수도 있다. 왜냐하면 인간은 그 이상의 부정성 자체를 인식할 수 있는 능력을 가지고 있기 때문이다.

이런 실현능력 자체는 어디서 나오는 것일까? 그것은 인간의 삼중성이 위상적으로 특기되는 한, 인간으로서의 인격 내지 인품에서 나온다. 인간이야말로 외적세계와 내적세계, 그리고 공동세계라는 삼중적 자기 위상에 일치하는 하나의 현실세계를 가지고 있다. 이런 삼중적 현실세계에서 인간은 동물과 달리 스포츠를 즐길 수 있는 수단이나 단순한 육체적 쾌락의 유희에 얽매이는 것이 아니라, 자신의 인품과 인격을 공동세계에서 실현하는 스포츠에 대한 철학정신에 몰두하게 된다.

　이에 반해 동물은 오로지 자기로부터 그리고 자기를 중심으로 해서만 살아간다. 그들이 환경 속에서 자신의 것과 생소한 것 등을 경험하면서 자신의 신체를 지배할 수 있는 것은 자기 자신에게로 재귀하는 기관을 가지고 있기 때문이다. 그러나 자기 자신을 넘어서거나 되돌아보지는 못한다. 따라서 '중심으로서', 즉 자기주체로서는 살아가지 못하게 된다. '중심으로서 살아가지 못한다'는 말은 생존하기 위한 자기 위상성의 중심이 동물에게는 바로 자기 자신이 되고, 자신의 위상적 중심으로 되어 그 속에서만 생명을 영위하여 나간다는 말이다. 위상적 중심이란 어디에서나 늘 그대로 존재하는 것이 아니라, 오직 생성하는 가운데에서만 그때그때 존재한다. 그렇다면 살아 있는 생명을 전제로 해서만 동물의 위상적 중심이 가능하고, 그 의미는 살아가면서 경험하고 활동하는 생명과의 한 연관성 속에서 스스로를 생성하면서 자기 동일성으로서 지속해 가는 수행 과정 자체에 있다.

　그러나 인간만은 지금 여기의 중심으로 살아가면서 자기생존의 중심을 스스로 인식한다. 자기 자신을 소유하고 지각하며, 또한 의식함으로써 육체와 신체를 넘어서는 자아로서 인격을 가지고 인격성마저 가진다. 본질적으로 인간은 지금과 여기에 따르는 주위 환경의 사물로부터, 그리고 자기존재의 반응으로부터 수용됨으로써 자신에 대한 시각 없이도 체험할 수 있다. 더구나 인간이 자기 자신과 자신의 여러 체험들 간에 이루어지는 간격을 자기 자신으로부터 떼어 놓을 수도 있기 때문에 인간은 영과 육에 결부되어 있으면서도 그렇게 갈라진 간격의 이편과 저편에 존재하는 동시에 어떠한 곳에도 존재하지 않는다. 이런 특수한 위상성의 영역이 인간의 영역이고, 그 형태가 플레스너에게는 탈중심 적 위상성의 형태[33]이다. 바로 여기에 폐쇄적 위상성의 형태를 띠고 있 는 동물에게는 스포츠라는 것이 불가능하나, 인간에게만은 스포츠 내 지 스포츠철학, 더욱이 스포츠 인간론의 성립가능 근거가 자리하게 된 다. 이를 정당화하기 위한 인간의 탈중심적 위상성을 우리는 상세히 고 찰하지 않을 수 없다.

인간 역시 동물과 마찬가지로 자기생존의 중심에 자기 스스로를 설 정하고는 있다. 그러나 인간 자신은 중심을 지각하고 되돌아봄으로써 자기중심을 초월하면서 존재한다. 바로 여기에서 스포츠 인간론의 철 학적 근거가 마련된다. 인간만이 스포츠를 통해 절대적인 여기와 지금 에서 자기위상의 중심에 역행하는 자신의 신체와 환경의 총체적 결속 을 체험할 수 있기 때문이다. 따라서 인간이 오히려 그런 결속에 매여 있지 않는다면 역으로 인간은 자기행동의 직접적인 활동을 경험하고, 자신의 자극과 운동의 충동성을 체험하며, 또한 자유의지로 선택을 결 단함으로써 자신이 자유한다는 사실을 자각하게 된다. 자신에게 자유 가 있음에도 자신을 제약하는 생존에 또한 사로잡히지 않을 수 없고, 따라서 투쟁하지 않을 수 없게 된다. 즉, 요약하여 동물의 생존이 오직 자기중심적이라고 한다면, 인간의 삶도 자기중심적이지만 그럼에도 자 기중심을 넘어서 초월함으로써 동물과는 달리 위상적 탈중심성을 갖게

---

33   H. Plessner: *Die Stufen des Organischen und der Mensch. Einleitung in die philosophische Anthropologie.* Berlin, 1965, S.288-293: "Die Positionalität der exzentrischen Form. Das Ich und der Personcharakter."

된다. 이렇게 중심에서 '탈'(脫)한다는 것이 소박하게는 원초적인 생명운동이나 적극적으로는 자신을 개방하는 자기운동이고, 스포츠세계로 향해 가는 개방운동이다. 이런 '탈중심성'(Exzentrizität)을 플레스너는 주위 환경에 대립하는 인간의 전면적인 틀의 형태로서 인간에게만 해당되는 것이라고 하여 자신의 철학적 인간론을 정초하기 위한 기틀로 삼았다. 왜냐하면 인간의 이런 탈중심성을 통해서 자신의 독자적인 철학적 인간론의 근본법칙을 마련할 수 있었기 때문이다.

그러나 우리는 플레스너의 법칙적 탈중심성을 통해 동물에게는 불가능한 스포츠철학이, 더욱이 스포츠 인간론의 성립 근거가 인간의 철학에서는 어떻게 가능한가를 짚을 수 있는 계기를 갖게 된다. 특히 인간에 대한 근본 규정성이 위상적 탈중심성이고, 그런 탈중심성을 가지고 인간의 생물학적 본래성을 해명하고자 한 것이 그의 철학적 논지였다면, 인간이란 동물과는 달리 환경세계에만 매몰되어 있는 존재가 아니고, 세계에 대한 개방성과 자기 자신에 대한 개방성을 구가하는 존재이다. 이런 세계개방성과 자기개방성의 개념이 스포츠 인간론에서는 본질적 범주가 된다. 먼저 스포츠 인간론을 위한 자기개방성의 근거는 인간 자신이 지금 여기에만 존재하는 것이 아니라, 자기이면에도 존재함으로써 무(無)속에 존재하면서 무를 응시할 수 있으며, 인간 자신의 한계에도 불구하고 시간공간을 넘어 세계개방성에서 자기 자신을 체험할 수 있고, 그 체험을 다시 추체험할 수 있다는 데 있다.

이를 통틀어 우리가 자기 설정과 대상 설정 내에 존재하는 실재성을 관철시키면서도 지각토록 하는 그 실재성을 존재 형태로서 내적 혹은 내부세계라고 한다면, 외부세계란 인간의 신체로부터 벗어나 있는 주위환경과 연관된 전체를 말하게 된다. 소박하게 외부세계란 오직 세계로만 구성된 주위환경이나 세계에 속하는 주위환경인 환경세계를 말하

고, 내부세계는 인간의 신체와 연관되어 있는 내적세계를 말한다. 외부
세계의 탈중심성구조가 인간의 육체와 신체라는 이중성으로 표현된다
면, 내부세계의 탈중심성구조는 인간의 심령과 체험이라는 이중성으로
표현될 수 있다. 이에 따른 포괄적 의미는 인간생존의 이중성을 표현하
는 데 있다. 심령이 법칙적으로 전개되는 사전 성향의 현실이라면, 체
험은 지금 여기에서 자기 자신을 관철시켜 나가는 현실이라 할 수 있
다. 따라서 체험은 사람으로 하여금 어떤 인상을 가지도록 하고 흩트려
놓기도 한다. 물론 앞으로 이루어질 체험의 가능성도 열어 놓는다. 체
험의 바탕에는 언제나 심적인 것이 깔려 있음으로 심적인 것과 체험은
공속적이다.

　이러한 연관성에서 자신을 설정하는 가운데 동물은 전적으로 자기
자신으로만 그 속에서 생명을 영위해 나가지만 체험하면서 자신을 관
철시켜 나가는 인간은 자신의 생존에만 매몰하지 않는 탈중심성에서
생명을 이끌어 간다. 따라서 인간은 사상과 의지 또한 감정을 수행하는
가운데 자기 자신 속에서 자기 자신의 밖에 존재한다. 이처럼 현존하는
존재로서 인간은 탈중심성의 존재임으로 그에게 외부세계의 탈중심성
구조가 앞서 본 자연에 대한 '체험'을 바탕으로 하고, 내부세계의 탈중
심성 구조가 '심령'을 바탕으로 하고 있다면, 이 양자의 중심성에서 이
루어진 인간은 인격으로서의 개체적 자아와 보편적 자아라는 이중적인
면을 갖게 된다. 즉 나와 우리라는 위상의 이중적 측면을 갖게 된다는
말이다. 이로써 인간은 탈중심적 위상의 형태를 통해서 자기 자신에 대
한 개방성을 넘어 스포츠철학으로서의 스포츠 인간론을 위한 공동세계
의 실재성 근거를 획득하게 된다.

　공동세계란 스포츠 인간론의 차원에서 보면 일차적으로는 인간의 사
회적 연대성을 말하지만, 위상적으로는 인간이 타인의 영역으로서 이

해하고 있는 자기위상의 형태를 말한다. 이런 공동세계가 탈중심적 위상의 형태를 통해서 형성되기 때문에 공동세계의 실재성은 직접적이라기보다 간접적으로 보장된다. 다시 말하면 공동세계의 존재란 인간이 자기 위치에서 스스로를 그 공동세계의 일원으로서 인식할 수 있다는 가능성의 조건이라는 말이다. 그렇다고 공동세계 자체가 인격으로서의 인간을 완전히 둘러싸고 있다는 말이 아니고, 그 세계 안에서 인간을 실현시킨다는 말도 아니다. 그런데도 인간이 공동세계로 인해 담지되고 형성됨으로써 공동세계가 인격으로서의 인간을 담지한다는 사실은 아주 중요하다. 왜냐하면 그로 인해 나와 나 사이에, 그리고 나와 그 사이에 정신의 세계영역이 비로소 존재하기 때문이다.[34] 따라서 여기에서는 인격으로서 인간의 정신적 특성이 독자적인 자아의 '우리'라는 형태로 근거하고 있음을 밝히고 있고, 또한 탈중심성의 양상에 따른 독자적인 삶의 생존방식을 포괄하는 데 근거하고 있음을 말해 주고 있다.

이런 인격의 정신적 성격이 자아의 '우리'라는 형태로 존재하는 것이라면, 이때 정신은 심령이나 의식의 의미와는 다른 것이다. 심령은 인간의 인격 속에 살아 있는 어떤 실재적인 것이고, 의식은 대상을 인식하고 추리하는 심적 작용능력이라고 할 수 있는 반면, 정신은 생각하고 판단하는 사고능력으로서 창조적으로 존재하는 것이기 때문에 곧 실재하는 것이라고 할 수는 없어도 공동세계에서 실현될 수 있는 것임이 분명하다. 이 공동세계란 스포츠 인간론의 근본범주이기도 한 세계 개방성을 가능케 하는 탈중심적 위상의 형태로서 정신적 세계영역이 존재하는 곳이다. 이는 신체 내에 있는 세계인 내부세계와 세계에 속해

---

34   H. Plessner: *Die Stufen des Organischen und der Mensch. Einleitung in die philosophische Anthropologie.* Berlin, 1965, S.303.

있는 주위 환경인 외부세계를 모두 포괄하는 인격으로서 인간을 담지하는 '우리'의 세계개방적 정신세계를 말한다. 이때 우리는 어떤 단체나 공동체에 속해 있는 우리가 아니라, '우리'라는 영역 자체를 의미한다. 달리 말하면 '순수한 우리'라고 표현할 수 있고, 좀 더 적극적으로는 전통적 의미와는 다른 '정신'이라고도 할 수 있다. 그렇다면 어떻게 다를까?

정신이란 한편으로는 육체와 신체로 이루어진 외부세계의 자연과 다른 한편으로 심령과 체험으로 이루어진 내부세계의 인간을 위한 전제로서 일종의 우리의 인격을 말하지만 여기서는 '스포츠하는 인간'(homo sportivus)의 인품으로서의 정신이다. 플레스너 식으로 말하면 정신은 인간의 탈중심적 위상 형태로 소여되어 있는 것으로서 자신과 세계에 대립하는 주체로서 존재하면서도, 그와 동시에 주체 내의 대립 명제에서 벗어나 있는 것이다. 이런 양자의 대립 명제가 인간과 자기 자신에 대한 하나의 관계로서 탈중심성적이라고 하면, 탈중심성은 앞에서 언급한 것처럼 한편으로는 외부세계의 '신체'라고 할 수 있고, 다른 한편으로는 내부세계의 '심령'이라고 할 수 있다. 물론 인간과 인간 자신의 세계에 대한 관계로서 탈중심성도 가능하다면 그것은 인간이 환경세계를 벗어날 수 없을 뿐만 아니라, 자기 자신의 세계도 가진다는 사실을 의미한다. 따라서 플레스너의 철학 모듈을 바탕으로 하는 스포츠 인간론은 인간을 생물학의 대상으로만 삼지 않고 철학의 대상으로도 삼는다. 그러나 그는 철학적 관념론에 빠지지 않기 위해 인간을 철학적 생물학으로서 정초하고, 인간의 인격과 인품을 구가하기 위해 정신과학적 방법론을 택했다.

이의 실현을 위한 인간학적 범주는 무엇보다 자연을 떠나서는 성립이 불가능하다고 해도, 결코 자연에 매몰되지 않는 자연의 존재와 그 생성의 '문화'에서 가능하고, 동시에 자연에 역행하는 '역사'에서 가능하며, 그 모든 자연을 초월하는 '정신'에서 가능하다면, 인간은 어디에나 존재하면서 동시에 어디에도 존재하지 않는 탈중심성의 존재라고 할 수 있다. 이러한 탈중심성의 생물학적이고 인간학적인 근본법칙들이 자연성과 인위성의 법칙으로서 자연과 문화의 관계를 다루었고, 중재성과 직접성의 법칙으로서 자연과 역사의 관계를 다루었으며, 유토피아적 입지성의 법칙으로서 자연과 정신의 관계를 다루었다. 지적했듯이 스포츠 인간론의 성립가능성 근거는 자연과 역사의 관계에서보다는 자연과 문화의 관계에서 쉽게 찾을 수 있다. 소박하게 스포츠와 역사의 관계에서는 스포츠의 역사적 고찰 내지 회고에만 국한될 수밖에 없기 때문이다. 그러나 자연과 정신의 관계에서는 전자와는 또 달리 스포츠와 정신의 관계가 스포츠정신으로 이어질 수 있고, 따라서 스포츠가 한편으로는 스포츠맨십이 지향하는 지고의 목표이기 때문에 자체적으로 정당성을 확보할 수도 있다.

　그런데도 스포츠 인간론에서 궁극적으로 추구하는 것이 시합보다는 수련 그 자체에다 무게를 둔다거나 혹은 스포츠 경기보다 스포츠 자체에 무게를 둔다면, 그것은 또 다른 일종의 형이상학적 관념론에 빠지게 되거나, 잘해 봐야 승자와 패자의 의미보다는 자기 완성이나 인격수양에 그치고 만다. 물론 스포츠를 통해 자기수양이나 인격 완성을 달성할 수 있다면 스포츠로서의 그 효과는 최고라고 말할 수 있다. 그러나 우리에게는 스포츠의 주체로서 스포츠하는 인간의 생물학적 본래의 모습이 어떠한가가 최대의 관심사이다. 따라서 자연과 인간의 가장 현실적이고 직접적인 인간 문화의 탈중심성으로서 자연성과 인위성의 법칙을 최우선적으로 스포츠 인간론의 논리적 근거로 삼으려고 한다.

　철학적 인간론은 참으로 자연의 지평에서 인간의 신체적 감성과 반성적 사고를 생물학적 인간 자체에 설정하려는 탈중심적 고찰이었다. 다시 말하면 생철학과 해석학을, 일종의 현상적이고 실용적인 철학 내용인 현대의 생물학과 사회학과의 연관성에서 짚어 나간 철학이론이라는 것이다. 이때 인간이란 두 차원의 관계 개념에서 성립됐다. 먼저 그 하나가 먼저 인간은 자기 자신에 관계하는 개념, 즉 자기 신체에 관계하는 개념이었고, 다른 하나는 인간 자신을 둘러싸고 있는 세계에 관계하는 개념이었다. 이런 탈중심성의 개념은 사실상 존재론적 개념도 아니고, 형이상학적 개념도 아니다. 오히려 소박하게는 인간 자체에 대한 근본 태도이고, 그런 태도에 대한 하나의 범주였다. 범주란 인간의 모든 개별적 태도 양상을 일관되게 유지하면서 동시에 그러한 양상 속에서 그 스스로가 언제나 다시 새롭게 태어나는 태도를 말한다. 단적으로 말하면 탈중심성이란 한 관계를 의미하고, 그런 관계는 인간에게 속해 있는 어떤 것에 대한 인간의 관계를 말한 것이다. 관계 속의 인간이면서도 관계 속에서 인간을 드러내 보이지는 않는다. 이러한 관계는 그 자체로 같으면서도 다른 것으로서 일치성인 동시에 차이성이다. 이런 "자기 관점 내에서의 자기 밖의 관점"[35]이라는 것이 플레스너에게는 인간학적 범주의 한 양태로서 등장했으나, 우리의 관점에서는 스포츠 인간론의 철학적 범주의 내용으로서 나타난다.

문제는 탈중심적 위상이 어떻게 인간학적 범주로서 스포츠 인간론에서 수행되는가 하는 것이다. 이것은 스포츠에서 탈중심성의 수행문제이다. 우리에게는 철학적 개념으로서 탈중심성의 수행 결과들이 모두 중요하지만 그 가운데에서도 자연성과 인위성의 내용이 아주 중요하

---

35   H. Plessner:「Macht und menschliche Natur. Ein Versuch zur Anthropologie der geschichtlichen Weltansicht」. In: ders.: *Zwischen Philosophie und Gesellschaft*. Bern, 1953, S.308.

다. 왜냐하면 자연적 인위성의 개념이 철학적 인간론 전체에서도 스포츠 인간론의 핵심 내용을 가장 잘 드러내 주기 때문이다. 자연적 인위성이란 자연과 인간의 합성어로서 서로가 상반되는 내용의 개념이었다. 인간이 육체 혹은 신체로서 표현되건, 아니면 생명체로 표현되건 한 유기체적 자연임이 분명하다. 그렇다고 인간이 자연물로서만 존재하고 있는 것은 결코 아니다. 인간은 자연적 유기체로서 살아가고, 그렇게 살아가기 위해서는 적절한 도구를 만들어야 하며, 또한 그런 도구를 가지고 인위적인 목적을 달성해야 한다. 마치 스포츠를 통해 목적을 달성하려는 시도와도 같다. 자연으로서 살아가는 인간은 자연에 역행하는 인위적 활동가로서, 즉 문화생산자로서 살아가지 않을 수 없다. 이런 양자의 이중적인 내용을 하나로 묶어 '자연적 인위성'이라는 새로운 개념이 가능하게 되었다면, 스포츠 인간론에서도 스포츠와 인간의 이중관계를 탈중심성의 수행 방식에서 살펴볼 수 있는 것이다.

　이로써 우리는 먼저 탈중심성 일반의 수행 방식이 어떻게 인간의 자연성과 인위성의 대립적 관계에서 이루어지는가를 살펴보고자 한다. 동물은 오직 자기의 중심축으로서만 자신을 설정하고, 모든 것을 자기의 것으로만 판단하여 생존하기 때문에 스포츠로 건너뛸 수 없는 자기중심성의 존재이다. 이에 반해서 인간은 '이미 존재하는 자'로서 자기 자신을 새로 만들어 나가지 않으면 안 되는 생성의 존재이다. 이때 우리가 '이미 존재한다'는 말이 무엇을 의미하고, '새로 만들어 나간다'는 말이 무엇을 의미하는가를 되물어 봄으로써 인간이 동물과 어떻게 다른가를 더욱 확실히 알 수 있게 된다. 이렇게 다른 것이 동물이나 인간에게 원시적 놀이로서의 스포츠는 가능하다 해도, 스포츠철학으로서는 불가능한 기점이 된다. '이미 존재한다'는 말은 인간 역시 동물이나 다른 생명체와 마찬가지로 자연 그대로 있다는 말이나, '새로 만들어

나간다'는 말은 자기중심성에서 수동적으로 이루어지는 자연적인 것이 아니라, 살아서 생존하는 능동적 형태로서 인간 자신을 스스로 추출하게 하는 탈중심성의 방식을 실현시킨다는 말이다. 여기서 중요한 것은 인간만이 자신의 존재에서 이미 자신의 탈중심성을 알고 있다는 사실이고, 따라서 인간만이 동물과는 달리 자연적 인위성의 탈중심성에서 자기 스스로를 실현시킬 수 있다는 사실이다.

이런 자연적 인위성의 탈중심성이 인간의 삶을 순수 존재로부터 벗어나게 하여 자기 스스로 살아가도록 하고, 나아가 인간 자신으로서 존재하는 그 어떤 것으로, 여기서는 '스포츠하는 인간'(homo sportivus)이 되게 하기도 한다. 이런 탈중심적 위상성은 논리적으로만 보면 이율배반적이고, 현상적으로만 보면 모순적이다. 한편으로 인간은 이미 존재하는 자로서 자기 자신을 이끌어 가야 하고, 다른 한편으로는 아직 존재하지 않는 자기 자신을 언제나 새로 꾸려 나가야 한다. 본능에만 매몰되어 있는 동물은 자기 자신을 알지 못한 채 직접적으로 자기 생존만 영위해 감으로써 자신의 적나라한 모습을 알지 못한다. 그러나 인간은 자신의 적나라한 모습을 보고 스스로 부끄러워하면서 인위적인 어떤 것으로 자신을 가리기도 한다. 인간은 세계 내 존재하면서도 시공간을 넘어서 있는 무(無)에 존재한다. 스스로가 균형을 마련해야 하는 존재이고, 동시에 어떤 것으로 되어야 하는 존재가 바로 인간이다. 인간이란 자신의 삶을 영위하여 나갈 때만 살아 있는 존재이다. 인간의 생존은 언급한 대로 언제나 자연과 정신, 속박과 자유, 그리고 존재와 당위로 갈라지고, 그렇게 갈라진 틈에서 비로소 언제나 새로 가능하게 된다. 다시 말하면 자연법칙은 인간의 도덕법칙을 가능케 하고, 충돌은 생존의 중심축을 가능케 함으로써 인간은 자신이 존재하기 위해서 행동하지 않으면 안 된다는 말이다.

  여기에서 존재와 행동의 관계가 현실적으로 탈중심성의 인간에게 무
엇을 할 수 있고, 무엇을 기여할 수 있는가? 인간이란 단순한 생물체의
한 종이라기보다는 위상적 형태의 탈중심성 존재로서 욕구 자체를, 즉
스포츠 활동에 대한 인간의 근본적 충동으로서의 욕구 자체를 제기하
는 특수생명체이기 때문에 식물처럼 단순히 존재한다거나 동물처럼 본
능대로 살아가는 존재가 아니라, 무엇을 타당하도록 하고 또한 무엇으
로서 타당케 하는 존재이다. 이것을 플레스너는 인간이란 본성적으로
도덕적이고, 그런 도덕적 요구의 양상에 스스로를 묶어 순치하는 유기
체라고 했다. 그러나 우리는 이를 보다 적극적으로 스포츠와 스포츠윤
리, 나아가서는 스포츠철학의 내용 구성으로서 간주하고자 했다. 왜냐
하면 인간에게 윤리도덕이 없다면, 스포츠하는 참 인간이라고 할 수 없
으며 스포츠 인간론의 기본범주인 탈중심적 세계개방성이 불가능해지
기 때문이다. 이 밖에 전적으로 동물이 인간과 달리 인간론적 스포츠철
학을 수행할 수 없는 것도 그 자신이 무엇을 행하고 있는지 알지 못할
뿐만 아니라, 다만 기교적인 보조 수단에 의한 행동만을 기억하며 재생
산할 뿐, 자신의 행동으로 인해 발생하는 사태 관계를 알지 못하기 때
문이다. 그러므로 동물은 자신의 주위 환경만을 가지고 환경 속에 망아
적으로 몰입함으로써 가시적인 결과 속에 있는 가시 불가능한 사실이
지만 그 가능성은 알 수 없다.

  그러나 인간은 주어진 환경에 저항하는 중심체의 반중심체를 대상으
로 수용하여 그 대상의 존재를 자체적으로 포착할 수 있는 능력을 가진
다.[36] 이런 능력이 인간으로 하여금 스포츠철학을 가능하게 하고, 스포

---

36   cf.: M. Scheler:『인간의 지위』. 최재희 역. 서울: 박영사, 1976, 56쪽 이하: '새
원리, 즉 정신' 참조.

츠철학의 한축을 스포츠 인간론으로 정당케 한다. 이의 가능 근거는 인간이 자연에 역행하는 자로서 도구를 생산하는 자가 되고, 자연을 극복하여 자기 자신을 생산하는 자가 되는 데 있다. 그렇다고 인간의 도구나 자연에 대한 자신의 업적 등이 문화를 생산하는 기반이 아니라, 문화 그 자체가 인간의 탈중심적 위상성의 징조라는 사실이다. 인간은 한 행동으로 끝나고 마는 일회적인 존재가 아니라, 단절되지 않는 행위의 연속성으로 이어지는 생성적 존재이다. 스포츠에서는 시간이 필수적이지만 스포츠 인간론에서는 탈중심성의 인간이 필수적이고, 스포츠철학에서는 인간의 존재론적 필연성이 절대적이다. 단적으로 사람은 살기 위해서 행동하지 않으면 안 된다. 사람의 삶과 행동이 자기 자신을 긴장하도록 하고 균형을 유지하도록 하며, 또한 새로운 것을 찾도록 한다. 즉 새로운 것에 대한 동경이다. 이렇게 되는 철학적 근거는 유기체의 생명에 있지만 모든 유기체에 모두 해당되는 것이 아니라, 탈중심성의 생명체, 즉 인간의 생명에 한정된다.

그렇다면 인간도 자연 그 이상은 아니다. 자연으로서의 인간은 육체만 아니라 신체도 가진다. 그러면서도 인간만은 탈중심성의 존재로서 도구성을 마련하는 문화의 창조자이기도 하다. 그러나 동물은 결코 문화의 창조자가 될 수 없다. 왜냐하면 문화를 창조할 수 있는, 즉 스포츠철학을 할 수 있는 자기성찰과 세계개방성 등이 동물에게 결여되어 있기 때문이다. 어찌 엄격한 의미에서 동물이 스포츠를 즐길 수 있단 말인가! 여기에서도 여전히 중요한 것은 인간 자신이 자연으로서 존재하면서도 자기 자신을 뛰어넘음으로써, 즉 스포츠를 함으로써 인간에게는 탈중심적 인위성이 자신과 세계를 균형 잡도록 하는 수단을 마련한다는 사실이다. 이것은 자연으로서의 인간이 자연 속에서 그 자신에게 일치하는 세계를 구축하고 그렇게 구축된 세계가, 즉 인간에게 일치하는 세계가 스포츠 인간론의 세계이고, 인간존재의 문화세계라는 말이며, 또한 이런 문화의 세계가 우리에게는 궁극적으로 스포츠의 철학세계를 의미한다. 이러한 모든 논지 속에 스포츠하는 인간의 참 모습이 스포츠철학의 내용들을 근거로 하여 때로는 세계개방성으로서 혹은 인간실존의 탈존으로서, 그리고 이 모두를 포함하는 인간 현존재의 스포츠 존재론으로서 가능하도록 해야 한다.

5. 스포츠 인간론의 철학적 의미와 한계

플레스너가 마련한 자연적 인위성의 탈중심성을 '스포츠 인간론'(homo sportivus)으로 처음 정식화한 사람은 마인베르그(E. Meinberg)[37]이다. 그는 스포츠 인간론을 스포츠과학 내에 학적으로 정위하면서 그 이중적 위상을 짚었다. 그것이 한편으로는 스포츠과학의 근본학으로서 위상 설정과 다른 한편으로는 스포츠과학의 개별분과로서 위상 설정이다. 스포츠 인간론이 전자인 스포츠과학의 철학으로서 근본학이라는 주장에 대해서는 공감이 가지만, 후자인 스포츠과학의 개별분과로서 한 학문이라는 주장에는 납득이 가지 않는다. 왜냐하면 스포츠 인간론은 철학적 인간론을 이론적 기초로 하여 마련된 스포츠철학이기 때문이다. 우리는 처음부터 놀이와 게임, 그리고 경기를 구별했고, 경기와 스포츠를 구별했으며, 또한 스포츠와 스포츠과학, 그리고 스포츠철학을 단계적 개념으로 높이어 변별해 왔다. 스포츠를 고도의 기술적 합리

---

37   E. Meinberg: 「Sportanthropologie-Was könnte das sein? Versuch einer Ortsbestimmung」. In: Th. Alkemeyer u.a.(Hrsg.). *Aspekte einer zukünftigen Anthropologie des Sports*. dvs-protokolle Nr. 46.

성으로 수행케 하기 위해서는 스포츠를 과학화하지 않을 수 없고, 그렇다고 해도 스포츠과학의 한계는 물적 기술에 제한되어 있기 때문에, 이를 극복하기 위해서는 또한 스포츠철학이 필수적이었다. 그 이유는 스포츠철학은 사물이나 기술에 관계하지 않고, 궁극적으로는 인간에 관계해야 하기 때문이다. 따라서 스포츠철학을 스포츠과학의 하위 개념으로서가 아니라, 상위 개념으로서 설정하여 스포츠철학을 스포츠 인간론으로 정당화하는 데 플레스너의 인간철학을 적극적으로 수용했다.

이런 스포츠 인간론을 한국에 처음 소개한 이는 앞에서 언급한 송형석 교수이고,[38] 아직 그가 이 분야에 있어서는 독보적이다. 그는 철학적 인간론의 관점에서 '스포츠 인간론은 가능한가?' 라는 주제를 걸고 스포츠과학이 인간학을 필요로 하는 이유로부터 철학적 인간론의 과제와 방법, 그리고 스포츠 인간론의 과제와 방법까지 제시했다. 먼저 그가 스포츠과학과 인간학을 하나로 묶어 소주제로 삼은 것과 철학적 인간론의 양상과 내용을 짚고 나선 것은 아주 바람직한 구성 양식으로 여겨진다. 왜냐하면 이를 전제로 할 때 스포츠 인간론의 내용 구성에 대한 설명이 가능했기 때문이다. 그럼에도 아쉬운 것은 스포츠철학으로서의 스포츠 인간론을 위한 철학적 인간론의 내용이 충분히 서술되지 못한 상태에서 스포츠 인간론의 내용을 논리적으로나 체계적으로 짚어낼 수 없었다는 사실이다. 그럼에도 그는 스포츠 인간론에 대한 '몰역사성과 몰사회성' 그리고 '자연주의적 형이상학의 재현' 이라는 비판에 대해서만은 그 부당성을 지적하고 있다.

그러나 우리가 먼저 스포츠 인간론을 위한 철학적 인간론의 내용을

---

38 송형석:『스포츠와 인간. Homo Sportivus의 철학적 탐구』. 대구: 이문출판사, 2001 참조.

보다 적극적으로 보완함으로써 스포츠 인간론을 다소 철학적으로 정당
화할 수 있었다고 해도, 그러한 비판적 주장이 터무니없는 것으로 여겨
지지 않았다. 왜냐하면 스포츠라는 것이 본질적으로 사회성과 역사성
을 전제로 하고 있기 때문이다. 더구나 스포츠 인간론을 두고 '자연주
의적 형이상학의 재현'이라는 혹평도 사실 감내하지 않을 수가 없다.
그러나 우리는 그들의 관점과 상이하다.[39] 물론 우리는 스포츠 인간론
을 위한 논리적 이론 정립으로서 신체의 철학을 정식화한 메를로-퐁티
의 철학 내용을 일단 포괄적으로 짚은 후에 플레스너의 철학적 인간론
과의 차이점과 성과를 밝혀냈다. 그럼에도 플레스너의 인간철학에만
초점을 맞춘 것은 또한 다른 한계라 할 수 있을지언정 플레스너 이상의
인간철학을 전개한 학자가 존재하지 않는다는 사실에서 다소 위안을
갖게 된다.

어떻든 우리는 철학으로서의 스포츠 인간론을 통해 스포츠를 하는
주체로서 인간의 가장 적나라한 근원적 내용을 먼저 생물학적으로 짚
었고, 그것은 바로 동물과 인간의 유기체적 차별성으로서 인간학적 탈
중심성이었다. 이런 관점은 형이상학적이라기보다는 오히려 반형이상
학적이고, 사변적이라기보다는 비사변적인 생물학적 입장이었다. 그러
나 그들은 스포츠 인간론까지도 그것이 사회적이든 역사적이든 혹은
생물학적이든 관계없이 사회 현상적으로만 해석하여 비판하고 있다.
따라서 우리가 스포츠를 하는 주체로서 인간의 근원성을 먼저 생물학
적으로 고찰하고자 한 이유는 스포츠가 동물 세계에서 가능한 것이 아
니라, 인간세계에서만 가능하기 때문이다. 그것은 지금까지 첫 번째 인
간의 본질해석이 형이상학이었다면, 생물학적으로 새로 동물과 인간을

---

39   송형석: 상게서. 52쪽 이하: 독일 Leipzig대학의 A. Michlenz와 H. Pickert 등.

비교함으로써 인간존재의 위상성으로서 탈중심성을 철학적 스포츠 인간론으로서 밝히려고 했다는 사실 때문이고, 두 번째는 그런 스포츠 인간론의 존재근거를 철학적으로 정당화할 수 있는 이론 근거를 마련하고자 했다는 사실 때문이다. 물론 이때도 순수철학적 이론이 아니라, 다음 장에서 제시할, 즉 인간존재를 위한 존재론적이고 실존론적인 철학이어야 한다는 사실 때문이다.

이를 증명이라도 하듯이 플레스너는 스포츠를 문화적 사회현상으로만 보고, 스포츠를 통한 산업화 사회에서 인간의 모습을 그려 냈다. 자연스럽게 그에게는 농가에서 이루어지던 놀이가 도시에서 행해지는 스포츠와는 같을 수 없었다. 따라서 근원으로서의 놀이는 스포츠와 무관하게 되고, 스포츠의 의미 역시 도시화의 현상에서만 찾아야 했다. 사실 그는 먼저 산업화 과정에서 날마다 심화되어 가는 인간의 정신적 욕구와 육체적 생존 간의 불균형을 균형화하는 계기로 스포츠를 지목했다. 그렇다고 그는 스포츠를 통해 잘 갖추어진 신체의 아름다운 표현방법과 육체의 아름다운 미모를 표방하려고 하지도 않았다. 오히려 긴 세월동안 금기 사항이 되어 온 신체 경멸에 대한 새로운 안목만을 일깨우고자 했을 뿐이다. 스포츠야말로 인간의 생명력과 정신력을 가장 조화롭게 균형잡아 줄 수 있는 인간의 몸에 대한 가치를 극대화하는 것이었다.

두 번째로 인간은 대도시화가 진행될수록 자신들의 만족감을 상실하게 되고, 고도의 전문성으로 인해 비인간화가 되어 가다가, 결국에는 자신들의 고유한 인격성마저 무의미한 익명성으로 떨어지고 말게 된다. 이렇게 몰락하는 대중성에서 벗어나기 위해 오늘날의 인간은 스포츠를 통해 자신의 고유한 실현 공간을 찾게 되었다. 그리고 세 번째로 몰락하는 대중성 속에서 각자가 독자적 능력을 발휘하기 위해서는, 그리고 기본적으로 인간 자신의 육체적 힘과 숙련을 위해서는 신체적 경기를 통해서 이루어져야 한다. 소위 개방적 분화로서의 능력 발휘이다. 오늘날 현실세계에서는 치열한 경쟁이 가능한 자유로운 개방사회로 서로가 서로를 인정하되 한 사람이 다른 사람이 할 수 없는 것을 할 수 있을 때 그 자신의 능력을 인정받게 된 것이다.

참으로 그 당대에서도 자기 스스로 이해하려야 이해할 수 없는 극단적 주지주의와 같은 것에 대해서는 반발이 컸다. 사실 사람들은 자신들의 잠재능력을 새로운 방식으로 평가받기를 바라면서도 이미 현존하는 평가방식만 따르고 있었다. 이것은 인간 자신이 엇박자의 이중성 존재로서 한편으로는 전체적인 메커니즘에서 벗어나려 하면서도, 다른 한편으로는 그런 메커니즘에 또다시 예속되고 말기 때문이다. 따라서 인간은 원천적으로 통합을 원한다. 플레스너는 그런 통합의 기회를 마련하여 주는 것이 오직 '스포츠' 뿐이라고 보았다. 이에 스포츠를 하는 동기는 신체감각의 둔화와 대중성으로 인한 개인의 익명성에 대한 반발이고, 삶의 지성화로 인한 만인에 대한 만인의 소외에 대한 반발이었다. 인간의 모든 욕구, 그러니까 그것이 놀이든 경기이든, 자아실현이든 사회실현이든 혹은 개인숭배든 영웅숭배든 모든 욕구들은 스포츠를 통해 통합될 수 있고, 스포츠를 통해 다시 모든 욕구를 만끽할 수 있다. 이런 스포츠를 통한 욕구만족이 당대 인간의 모든 계층을 사로잡는 이유와 근거를 '타협의 반작용'(Ausgleichsreaktion)[40]이라고 한다면, 참으로 그의 분석은 스포츠의 사회현상학적 고찰일 수밖에 없다. 여기에서만 보면 그는 스포츠를 말하면서도 스포츠철학으로 넘어갈 수 있는

---

40   송형석·이재성 편역:『현대독일스포츠철학의 흐름』. 서울: 무지개사, 2004, 228쪽 참조.

어떠한 철학적 계기를 마련하지 못하고 말았다.

그러나 이런 사회화 과정에서도 스포츠에서만은 이상적 조화나 균형이 이루어지기도 한다. 그럼에도 그는 여전히 놀이와 스포츠가 하나로 일치한다고 보지 않았다. 왜냐하면 놀이와는 달리 스포츠 내지 스포츠 정신에는 규칙성이 최우선이면서 동시에 기록도 세워야 하기 때문이다. 물론 넓은 의미에서 스포츠라고 할 때는 놀이의 성격도 포함되지만, 놀이의 성격 자체가 이미 새로운 사회적 노동의 성격도 내포하고 있는 것이 걸림돌이었다. 이의 극대화가 일방적이기는 하지만, 스포츠 정신이야말로 지난 시대의 기사도정신과 일맥상통한다는 사실이다. 그러므로 현대사회에서도 스포츠정신이란 자신에게는 불리할 수 있고, 심지어 메달까지 놓칠 수 있는데도 상대방을 공정하게 대하고, 인성을 다하는 태도를 의미하게 되었다. 따라서 훌륭한 패자란 참 스포츠정신의 소유자가 된다. 그러므로 스포츠정신은 인간됨의 품성(Ethos)에서 가능하다. 스포츠가 최소한 인간의 육체와 정신을 동일하게 하는 발단의 계기를 제공함으로써 사회질서까지도 조화와 균형을 유지하도록 할 수 있어야 했다. 이런 관점에서 플레스너는 "스포츠란 사회질서에 상응하는 그림이며, 사회질서의 대립세계[41]라고까지 말한다. 여기에서도 여전히 전체적으로 이런 플레스너의 스포츠철학을 위한 철학적 인간론의 한계가 스포츠 인간론을 스포츠철학의 존재론으로서 극복해야 할 부분으로 여겨진다.

참으로 생물학적 인간학이 인간존재의 총체성 내지 근원성까지 밝혀주지 못했다면, 이런 철학적 인간론에만 집착할 수 없다. 신기록에만 열광하는 스포츠 자체에는 기록이 남고, 승자는 남을 것이지만 그 기록

---

41 송형석·이재성 편역: 상게서. 243쪽 이하 참조.

은 물론 그 사람마저 다 사라지고 말 것이기 때문이다. 기록보다는 인간이 우선이고, 인간보다는 '인간존재'가 우선일 것이라면, 인간존재가 스포츠 인간론을 통해서 궁극적으로 실현되어야 하는 참 근원이 될 수 있을 것이다. 이러한 문제를 다음의 스포츠철학과 철학적 존재론에서 고찰코자 한다.

IV
스포츠 존재론의
철학적 정초

1. 스포츠 존재론의 철학적 기초: 탈존 운동

스포츠는 인간만이 할 수 있는 게임이다. 여전히 여기서도 논리적으로는 스포츠가 우선이나, 내용적으로는 스포츠가 아니라 인간이 우선이다. 인간이 스포츠의 주체이기 때문이다. 그러므로 스포츠와 인간이 아니라 인간과 스포츠라는 말이 현실적으로는 옳다. 분명 형식적으로 보는 경우와 내용적으로 보는 경우에 따라 그 정도의 차이가 최소한 위와 같이 달라질 수 있다. 이를 극복하기 위해서는 어느 한편에서 출발하지 아니하고, 그 자체로부터 시작할 필요가 있다. 여기서 그 자체란 도대체 무엇인가? 그 자체란 그 스스로 있는 것, 그러니까 스스로 존재하는 것, 즉 순수존재이다. 순수 역시 존재에 뒤따르는 형용사에 불과하다면 궁극적인 것은 존재뿐이다. 그렇다면 결국 존재란 무엇인가, 즉 있음이란 무엇인가 하는 물음으로 되돌아오고 만다. 이런 물음은 고대의 플라톤이나 아리스토텔레스는 물론 근대의 헤겔에 와서까지도 심각하게 던 졌던 물음이다.

중요한 것은 이들 어느 누구도 이 존재 문제를 인간실존으로부터 해결하지 못했다는 사실이다. 왜냐하면 존재란 가장 보편적인 개념이고 가장 추상적인 개념이며, 또한 가장 자명한 개념이기 때문이다. 사실 '사람이 있다'거나 '집이 있다'와 같이 '있다'의 주어 내지 그 내용이 전제될 때 '있다'의 의미가 드러나게 되는 것이지, '있다'나 '있음' 그 자체만으로는 아무런 내용이 없는 공허한 추상 개념이 되고 만다. 그렇다고 그런 '있음' 자체가 없는 것은 아니다. 아니 그것이 바로 '있음'이기 때문에 '있음'일 수밖에 없다. 그것이 다만 현실적으로 인식할 수 있는 어떤 대상으로서는 존재하지 않는다는 말이다. 그래서 헤겔도 그런 '존재' 자체를 '없는 것'과 같은 '무'라고 하면서도 논리적으로 완벽성을 기하기 위해 '생성'까지 지목했다. 그러나 이와 달리 여기서 존재 자체를 묻고자 하는 것은 대상적으로 존재하는 모든 것들, 즉 모든 존재자들을 존재자로서 있게 하는 그 근거로서 존재가 무엇인가 하는 것에만 집중하기 위함이다.

이런 존재란 개념적으로나 현실적으로는 무규정적인 어떤 것으로서 '있음' 자체이지만, 그런 존재 자체는 어떤 대상으로서 사람이나 집 혹은 스포츠 등과 같이 모든 존재자의 존재이다. 다시 보겠지만 사람이라면 사람으로서, 스포츠라면 스포츠로서 있게 하는 그 근거로서 존재 자체라는 말이다. 그러나 존재 자체가 무엇인가 하는 물음은 현실적으로 주격이 없는 공허한 물음이기 때문에 아무런 소득을 얻지 못하고 만다. 그렇기 때문에 해결할 수 없는 존재 자체에만 매달리지 않고 우회의 길을 택해 그런 물음이 존재가 무엇인가를 묻고 있는 그 장본인임을 밝히기만 하면, 그를 통해 존재 자체가 무엇인가를 되물을 수 있다. 따라서 존재를 묻고 있는 인간존재의 문제도 해결될 수 있다. 궁극적으로 이런 해결책의 방식이 스포츠 존재론의 철학적 근거를 마련해 줄 수 있는 이론의 기초가 될 수 있을 것이라는 판단에서 이 물음은 시작한다.

이런 우회의 길을 걸었던 철학자가 바로 하이데거(M. Heidegger)이다. 그가 존재를 묻고 있는 현존하는 인간을 지목했지만 존재 자체만도, 인간 자체만도 아닌 그 모두를 통합한 인간존재를 '현존재'[1]라는 개념으로서 풀어 가고자 했다. 그러나 엄밀한 의미에서 인간존재로서의 현존재라기보다는 그런 인간 현존재를 통해서 존재 자체를 밝히고자 한 것이 그 자신의 궁극적 목적이었다.

이에 따라 우리는 스포츠하는 인간존재를 통해 스포츠 존재론의 정당성을 확보하고자 한다. 이런 인간존재의 문제가 헤겔 이후 현대철학의 태동과 함께 처음에는 생철학과 밀접한 관계에서 부각되기 시작했다. 그 이유는 생철학이 전통적 철학의 반열에 오를 수 없었던 인간의 삶을 철학의 제1대상으로 삼았기 때문이다. 이런 역발상에서 인간의 삶, 즉 생(生)을 철학의 궁극적인 대상으로 삼아 생 그 자체로부터 모든 것을 이해하고자 했다. 현실의 모순 앞에 인간이성이란 속수무책일 뿐이었기 때문이다. 따라서 생 자체야말로 인간의 모든 의식 활동을 가능하게 하는 모태이고, 새로운 철학적 인식을 가능케 한 바탕이 된 것이다. 그럼에도 생철학적 사고는 생이라는 그 자체에서 오는 주관성의 한계 때문에 절대화가 될 수 없었고 무제약성으로 될 수도 없었다. 따라서 생철학은 어떤 하나의 확고부동한 기점을 마련하지 못한 채 입장에 따라 다를 수 있다는 역사적 상대주의에 빠지고 말았다. 이런 생철학적 상대주의에서 벗어나기 위해 철학의 새로운 태동은 그 자체로서

1   M. Heidegger: 『존재와 시간』. 이기상 역. 서울: 까치글방. 1999. 22쪽 참조.

하나의 확고부동한 철학적 근거인 생 이면에 자리하고 있는 인간존재를 지목했다. 이것이 인간존재로서의 현존재이고, 그런 현존재가 이미 그 자신의 존재를 이해하고 있다면, 자신의 존재를 이해하고 있다는 그 자체가 바로 실존론적 현존재를 규정하는 하나의 틀이 될 수 있었다.

하이데거는 이런 인간 현존재의 철학을 존재론적으로 분석하고 실존론적으로 해석하는 데 주력을 다했다. 먼저 그는 존재 자체를 부각시키기 위해 존재자와 존재를 구별했다. 존재자를 존재자로서 가능하도록 하는 근거가 바로 그 '존재'이기 때문이다. 따라서 존재 자체는 어떤 형상으로서 드러날 수 있는 것이 아니고, 오직 가능성의 근거로서만 있을 뿐이다. 다시 말하면 존재자는 그 존재에 있어서만 규정될 수 있다는 말이고, 스포츠라는 존재자 역시 그 존재 자체에서만 밝혀질 수 있다는 말이다. 하이데거는 이런 대상적 존재자와 존재자의 근거로서 존재를 지목하면서도 언제나 그 의미를 묻는 인간존재에 초점을 둠으로써 실천적 행동철학의 가닥을 잡을 수 있었다.

그것도 인간행동 자체에서가 아닌 인간존재의 기틀에서 그 행동의 양상들을 짚고 나섰다. 다시 말하면 그에게는 존재를 이해하는 것이 결국 인간존재 자체의 본질을 구성하는 틀에 속하는 것이고, 그런 인간존재의 탐구대상은 실존이어야 하며, 그런 실존으로부터 본질도 유래되어 나와야 했다. 그래서 그는 자신 있게 "현존재의 본질은 그의 실존에 있다"[2]라고 할 수 있었다. 이때의 현존재란 어떤 대상을 말하는 것이 아니라, 거기에 있는 존재, 즉 인간존재를 말한다. 이런 존재에 대한 물음은 새로운 방식으로 되물어지게 된다. 소위 지금까지 물어 왔던 전통적인 본질철학에서 새로운 실존론적 존재론으로 되묻게 된다는 말이

---

2 M. Heidegger: 상게서. 67쪽.

다. 이는 그가 존재자를 존재자로 있게끔 하는 그 근거로서의 존재를 그 자신의 고유한 철학적 사유의 대상으로 삼았다는 말이다. 존재 자체는 공허하나, 그것이 인간의 존재일 때, 존재의 의미는 새롭게 마련된다.

이런 존재란 분명히 존재자와는 구별된다. 어렵기는 하지만 먼저 존재자는 사람이건 사물이건 간에 어떤 대상으로서 존재하는 것을 말한다. 앞에서 본 바와 같이 사람이나 집 혹은 스포츠 등을 통틀어 '존재자' 라고 한다면, 존재는 사람을 사람으로서 있게 하는, 더구나 그것이 무엇이든 그것으로서 있게 하는 공통의 근거를 말한다. 그러니까 존재자를 존재자로서 있도록 하는 근거가 '존재' 라는 말이고, 그렇다면 존재자 없는 존재란 없다는 말이 된다. 여기서는 존재자를 그 존재에서 규정하는 일이 중요하고, 그런 존재에 대한 핵심은 존재를 이해하는 것에서 비로소 가능하다. 이는 다시 존재의 의미를 되묻게 되는 것이고, 되묻는 물음의 답에서는 귀납적인 것은 물론이고 어떤 연역적인 것이 중요한 것이 아니라, 그 '근거' 를 제시하는 것만이 중요한 것이다.

이는 스포츠가 그 존재를 기반으로 해서 그때마다 스포츠로서 존재하는 것을 제시하고, 그 존재는 스포츠를 스포츠로서 드러나게 하는 바로 그 자체를 말한다. 그러므로 존재는 언제나 어떤 존재자의 존재이지, 존재자의 어떤 유적 개념으로서의 존재자는 아니다. 오히려 존재는 이 모든 존재자들을 초월하는 것이고, 심지어 초월 그 자체인 것이다. 이런 초월 자체를 우리는 스포츠 존재론의 원초적 운동 개념[3]의 계기로 수용하고자 한다. 이때 존재는 어디까지나 존재자를 존재자로서 존재토록 하는 근거인 동시에 운동의 계기이다. 즉 존재자가 존재를 바탕으로 하

3   Cf. Yong Il Kim : 「Existentielle Bewegung und existentielles Verstehe bei S. Kierkegaard.」 Tbingen 1991.

여 그때마다 이해하고 있는 바로 그것으로서의 존재라는 말이다. 그렇다면 존재야말로, 예를 들면 스포츠나 인간과도 전적으로 동일한 것이 아니고, 그와 동시에 전적으로 무관한 것도 아닌 존재가 된다. 이런 존재를 바로 이해하기 위해서는 존재가 무엇인가를 되물어야 하고, 이런 존재에 대한 되물음에서 존재가 존재자의 존재를 의미한다면, "존재이해란 결국 현(인간)존재 자신의 본질구성 틀에 속하는 것"[4]이다.

　이 말은 인간존재를 본질적으로 구성하는 틀에서 인간 자신이 어떤 방식으로든 이미 그 자신의 존재를 이해하고 있다는 말이 된다. 참으로 인간만이 한편으로는 현상 그대로의 존재자일 뿐만 아니라, 그와 동시에 다른 한편으로는 존재자로서 또한 자기 자신을 이해하는 자이기도 하다. 이런 존재 이해가 인간이 모든 사물을, 즉 스포츠철학까지도 이해할 수 있는 궁극적인 근거가 된다. 그래서 그는 전반적으로 인간을 '존재의 집', '존재의 이웃' 혹은 '모범적 존재'라고 할 수 있었다. 참으로 인간만이 지금 여기에 있는 본래적인 '현-존재'(Da-Sein)이고, 이런 현존재에 대한 물음을 통해서 비로소 그와 깊은 관계를 맺고 있는 인간존재가 곧 '실존'이다. 그러므로 인간만이 '현존재'라 할 수 있었고, 인간만이 '실존'이라 할 수 있었다. 이러한 철학의 출발점은 바로 인간[5]이되, 인간존재로서의 현존재이다. 스포츠의 주체가 인간이라면, 스포츠하는 인간으로서가 아니라 인간존재로서의 현존재가 스포츠철학에서는 어떠한 양상으로 드러날 수 있을까? 혹은 스포츠하는 인간으로서의 존재자가 철학적 인간론에서는 적어도 육체성와 신체성의 관계로서 가시화될 수 있었다면, 존재론적으로는 어떻게 정위되고 규정될

4　M. Heidegger: 상게서. 23쪽.
5　cf.: M. Heidegger:『존재론』. 이기상·김재철 공역. 서울: 서광사, 2002, 49쪽 이하 참조.

수 있을까?

스포츠 인간론에서는 인간존재를 생물학적으로 보고, 그 근원을 생명운동에서 찾았던 반면, 스포츠 존재론에서는 인간존재를 철학함으로 보고 그 근원을 초월, 즉 탈존 운동으로 보려는 것이다. 우리는 이를 스포츠철학의 존재론적이고 실존론적인 기초로 삼기 위해 현존재의 근본 행동인 실천적 행위를 짚으려고 한다. 현존재의 근본 행위는 존재자를 존재케 하는 것이고, 존재자를 개방케 하는 운동이다. 존재자의 존재를 이해하는 것이 존재 이해이고, 존재 이해는 우리가 존재자 일반을 존재자로서 파악할 수 있도록 하는 존재 능력이었다. 그렇다면 존재 이해란 존재자를 존재자로서 존재의 측면에서 하이데거에게는 '말을 걸어옴(ansprechen)', 즉 로고스를 의미한다. 이런 로고스에는 이야기라는 말의 의미와 말하는 행동 자체라는 의미가 함께한다. 이 두 가지 의미 중 우리는 후자인 행동 자체의 의미에서 존재를 이해코자 한다. 따라서 존재이해란 존재자의 인식이 아니라, 기투(企投)의 내용 자체를 말한다. 인간학자들은 생명 자체를 다루지 않고, 생명을 가지고 있는 존재자로서 동물이나 인간, 혹은 이 양자의 차이점을 다루었다. 왜냐하면 그들에게는 생명이 이 모든 존재자들 속에 내재하기 때문이었다.

그러나 우리가 여기서 존재자의 존재라고 했을 때, 그 '존재'가 우리에게 어떤 형태로든 이미 이해되고는 있지만, 구체적인 개념으로는 파악되지 않는다. 존재란 탈은폐되는 것이지만, 현존재에서는 그때마다 은폐되어 있다. 따라서 우리는 존재자를 존재하게끔 하는, 즉 존재를 이해하도록 하는 근본행동을 그 존재 자체의 기투에서 파악하지 않을 수 없다. 한편으로 이런 기투에는 행동의 일반적 성격이 내포되어 있고, 동시에 다른 한편으로는 자신에게 머물러 있는 행동의 내용이 내포되어 있다. 이처럼 존재자의 존재에서와 같이 존재하게 하는 것은 존재

자와 맺는 모든 관계에서 가능하다. 이렇게 인간의 현존재가 존재와의
관계를 맺고 있는 것은 현존재가 현실적으로 실존하고 있기 때문이다.
다시 말하면 현존재가 존재자와 관계를 맺는다는 것은 현존재가 이미
자기 자신에게 주어진 존재를 이해하고 있기 때문이라는 말이다. 이는
존재의 기투가 현존재의 본질에 속하는 한, 존재는 이미 존재자를 넘어
선다는 말이고, 나아가 현존재의 근원에서 이런 운동이 일어나야 한다
는 말이다. 스포츠 존재론 자체가 실존론적이고 존재론적인 인간존재
의 본질이 되기 위해서는 스포츠하는 인간, 즉 스포츠 인간론과는 달리
인간 현존재의 근원에서 행해져야 한다는 말이기도 하다.

  존재가 존재자를 넘어선다는 말이 '초월'이라고 한다면 스포츠 존재
론은 생물학적 인간학을 초월한다는 말이고, 이런 초월로 인해 스포츠
존재론에서는 인간존재가 실존론적으로 자기 자신에 대해 근원적으로
탈존하게 된다는 말이다. 여기서 우리가 주시해야 하는 것은 인간존재
의 실존 속에서만 본질적으로 그런 탈존이 이루어진다는 사실이다. 이
는 스포츠의 존재론적 진리가 그 자체에서 존재의 기투로서 인간존재
를 넘어서서 초월함에 근거할 때, 스포츠의 존재론적 진리는 초월하는
행동 내에 존재하게 된다는 말이다. 바로 여기에서 우리에게는 초월함
자체에 속하는 모든 것이 이해된다는 사실과 그런 초월로 인해 소급되
는 모든 것이 초월론적 운동이라는 사실이다. 하이데거에게서 초월이
란 존재가 존재자를 넘어서는, 그러나 여전히 여기서는 존재론적이라
는 말이나, 칸트에게는 선험적 인식을 위한 부차적인 말로서 '저편으
로 날아간다'[6]는 의미였다. 다시 말하면 경험적 인식가능성을 넘어서

6 M. Heidegger: 『철학입문』. 이기상·김재철 공역. 서울: 까치글방, 2006, 211쪽
참조.

선험적으로 인식을 가능케 하는 개념이라는 말이다. 따라서 초월론적 인식이라고 해도 그에게는 근원성과는 무관함으로써 결국 인식론에 한정될 수밖에 없었다. 그러나 이런 것이 하이데거에게는 선험적 인식론이 아니라, 존재론적 인식으로 전향이 될 수 있었다.[7] 왜냐하면 그것이 주관과 객관 혹은 이 양자의 관계를 떠나 존재의 근원성을 그가 지목했기 때문이다. 소위 칸트의 선험적 인식론이 실존론적 존재론으로 전위된 것이다. 이런 존재론적 인식이 바로 초월론적 인식이라고 하는 것은 존재론이 근본적으로 초월함에서 이루어지기 때문이다.

따라서 이와 같은 전통적 선험 개념이나 초월 개념만을 가지고서는 스포츠철학의 존재론적 정초를 위한 인간존재의 행동 개념을 해석해 낼 수 없다. 전통적 초월 개념은 존재론적 근원의 개념보다는 인식론적 주체의 개념이었고, 주체가 객체로 넘어간다는 의미였다. 그러나 스포츠철학의 스포츠 존재론을 위한 초월 개념은 주체가 객체로 넘어간다는 것을 의미하지 않고, 근원적 운동으로서 그 자신인 존재자와 다른 모든 존재자에 이미 앞서 넘어가 있다는 것을 의미한다. 소위 인간존재에 대한 인식이 바로 존재론적 인식이고, 동시에 초월론적 인식이라는 말이다. 존재자에서 존재로 넘어감으로써 인간 현존재란 근원적으로 초월론적 행동자인 것이다. 현존재가 그 본질 근거에서 존재자를 넘어 초월할 때에만 존재론적 인식이 가능하고, 이에 따라 존재론적 진리 역시 현존재가 초월할 때에만 존재한다. 따라서 존재론적 진리마저 초월론적이 된다. 초월하는 가운데에서 존재를 이해하는 것이 존재론적 철학함이고, 그렇게 철학한다는 것은 인간 현존재가 초월하는 가운데에

7 M. Heidegger: 『칸트와 형이상학의 문제』. 이선일 옮김. 서울: 한길사 2003. 106쪽 이하: 「근원을 개현하는 방식」 참조.

서 존재의 근원으로 가는 운동을 말한다. 이에 하이데거는 초월함으로
서의 철학함이 인간 현존재의 본질에 속한다[8]고 할 수 있었다.

　이렇게 현존재의 본질로서의 철학함이란 단순한 철학적 사변이나 논
리적 구성이 아니라, 존재자를 그 자체에서 존재케 함을 말하고, 이렇
게 존재케 함이란 인간 현존재의 근본 행위로서 엄격한 운동을 말한다.
여기서 우리는 스포츠철학의 생물학적 기초로서 생명 운동을 지목했듯
이 스포츠철학의 존재론적 기초로서 이 초월 운동을 지목하는 계기를
마련하게 된다. 소위 존재자가 존재로 탈존, 즉 존재로 초월하는 운동
이고, 스포츠가 스포츠 그 자체로 탈스포츠하는 것을 말한다. 다시 말
하면 스포츠를 스포츠가 되게 하는 운동이고, 스포츠를 가능하게 하는
발판이 되며, 따라서 그것이 스포츠 존재론의 근거가 된다. 이런 것이
하이데거에게서는 존재론적 기투이고, 초월함에서 존재자를 존재케 함
이나, 스포츠철학에서는 존재론적 탈존이고, 탈존함에서 스포츠를 스포
츠가 되게 하는 운동이다. 이를 극단적으로 말하면 한편으로는 전통적
의미에서 '형이상학적 무관심'이라고 할 수 있고, 다른 한편으로 하이데
거적 표현으로서는 존재자 그 자체로 '그냥 내맡겨 둠'(Gelassenheit)[9]
이라고 할 수 있다. 전자의 무관심에서보다는 후자의 그냥 내맡겨 둠에
서 우리는 존재론적 근본행위라는 운동의 의미를 상정할 수 있게 된다.

　이런 근본적 행동으로서의 스포츠 자체란 어디에도 구애받지 않는
'자유존재'(Freisein)[10]이고, 그 자체로 개방존재임으로 존재론적 기투
로서, 즉 초월함으로서의 자유로운 행위인 운동을 가능케 한다. 자유로
운 행동으로서 운동한다는 것은 인간 현존재 자체의 자유공간을 열어

8　M. Heidegger: 『철학입문』. 이기상 · 김재철 공역. 서울: 까치글방, 2006, 217쪽.

9　M. Heidegger: *Gelassenheit*. Pfullingen, 1959.

10　Yu-Taek Lee: *Vom Seinkönnen zum Seinlassen*. Würzburg, 2000, S.187ff.

준다는 말이다. 즉 초월하는 자유 행동으로서의 운동은 인간 현존재의 근거에서만 가능하고, 그런 현존재의 근거에서 비로소 인간은 본래적으로 실존하게 된다. 이런 인간 현존재가 본래적으로 실존한다는 것은 스포츠하는 인간존재에 있어서도 철학함을 말하고, 그렇게 철학한다는 것은 스포츠 그 자체가 근원적으로 이해되어야 하는 것을 말한다. 근원적으로 이해되어야 한다는 것은 스포츠철학의 내적 가능성에서 존재 자체를 이해해야 하는 것을 말한다. 이런 존재이해란 스포츠하는 인간 존재 자체의 존재론적-실존론적 기투를 가능케 한다. 왜냐하면 스포츠 활동 자체에는 이미 인간 존재의 탈존적 구성 틀이 내재하고 있기 때문이다. 특히 스포츠 활동을 통해서 존재의 의미를 묻고 나서자는 것은 존재를 어떤 연역적 근거에서나, 존재물음에 대한 응답의 순환논리에서 근거를 찾자는 것이 아니다. 오직 스포츠하는 인간존재의 근거, 즉 존재자를 그 존재의 근본구성 틀[11]에서 재해석해 내자는 것이다.

2. 스포츠 존재론의 철학적-해석학적 논리

스포츠철학의 존재론적 과제는 스포츠하는 인간을 드러내는 가운데 존재 자체를 해명하는 일이다. 이런 스포츠에 대한 존재론적 해명은 스스로를 되묻게 하는 스포츠 자체의 필연성과 그 스포츠가 요구하는 양식들에서 드러난다. 스포츠 자체에 대한 근본적인 문제제기는 스포츠하는 인간과 그 존재의미에 대한 물음에서 비롯되었다. 이런 인간과 존재에 대한 물음을 묻는 양식은 일차적으로는 현상학적 해석학이었으나,

11   M. Heidegger: 『존재와 시간』. 이기상 역. 서울: 까치글방, 1999, 26쪽 참조.

궁극적으로는 철학적이고 해석학적이어야 한다. 그 이유는 이때 스포츠가 인간의 철학에만 머물지 않고, 존재의 철학으로까지 초월할 수 있어야 하기 때문이고, 심지어 우리가 의도하고 있는 스포츠철학의 존재론에까지 이를 수 있어야 하기 때문이다. 인간존재가 이해를 통해서 자신의 존재를 스포츠에 기획 투사할 수 있다면, 스스로를 기획 투사할 수 있는 인간존재는 이해로부터 가능하고, 이해는 전통적으로 세계이해와 인간 삶의 이해에 대한 해석 그 이상의 존재론에서 가능해야 한다. 따라서 해석을 가능케 하는 이해는 인간 자신을 이해의 전체성에 설정해야 했으나, 일회적인 단초에서가 아니라 먼저 한걸음씩 새로 해석해 나가는 가운데 혹은 비판적으로 재검토를 해 나가는 가운데 모든 개별적인 지식을 그때그때 확정해 나가야 한다. 사실 우리가 무엇을 이해하기 위해서는 이미 우리가 어떤 방식으로든 그때마다 대상을 먼저 선이해하고 있어야 한다면, '이해' 란 처음부터 그 자체로서 수정의 필연성을 전제로 하지만, 궁극적으로는 인간존재에 대한 이해에까지 이르러야 한다.

이해의 그리스 신 헤르메스(Hermes)는 제우스(Zeus)의 아들로 산 골동굴에서 태어났다. 그가 세상에 태어나자마자 산이 무너지듯 격동하여 그의 탄생을 알렸고, 그 역시 자기요람에서 당장 일어나서 산에 오르는 거북이를 잡아 그 등을 가지고 육현금을 만들었는가 하면, 아폴로(Apollo) 신의 소유 양 50마리를 훔쳐 그중 두 마리를 신에게 바치고 48마리를 감추어 버렸다. 이 사실을 아폴로가 알고 요람 속에 다시 들어간 헤르메스를 꺼내자 제우스가 헤르메스에게 훔친 양을 그에게 돌려주라고 명했다. 이에 용서를 빌기 위해 헤르메스가 피리를 불자 아폴로는 용서의 뜻으로 그에게 목축을 맡겼고, 헤르메스는 아폴로에게 거북이의 등으로 만든 육현금을 선물로 주었다. 이런 신화와 함께 헤르메스가 눈에 보이지 않는 암흑의 세계와 꿈의 세계, 그리고 죽은 망자의 세계에까지 길을 인도하는 신으로서 등장한다는 사실이 우리에게는 더욱 중요하다. 예를 들면 그리스의 신화 중 최고의 시인이자 음악가인 오르페우스(Orpheus)는 너무나 훌륭한 음악가여서 그가 노래를 부르고 비파를 뜯으면 산천의 짐승들이 넋을 잃고 귀 기울여 그를 뒤따라왔다고 하며, 심지어 나무와 돌까지도 그의 음악을 듣기 위해 모여들 정도였다고 한다.

그러나 그의 아내 에우리디케(Eurydike)가 산책 도중에 목부(牧夫)인 아리스타이우스에게 쫓기다가 독사에게 물려 죽자 사랑하는 아내를 되찾아 오기 위해 저승으로 내려가서 그가 감동적으로 노래를 불러 지옥을 지키는 케르베루스를 비롯하여 지옥에 있는 모든 사람들을 매료시켰다. 그러자 지옥의 신 하데스와 그의 아내 페르세포네는 세상 밖으로 나갈 때까지 절대로 에우리디케의 얼굴을 봐서는 안 된다는 조건으로 그녀가 지옥으로 내려가는 것을 허락했다. 그러나 너무나 기뻐하며 아내를 데리고 지상을 향해 서둘러 올라가던 오르페우스가 마지막 한 걸음을 남겨 두고 유혹에 못 이겨 그만 뒤를 돌아보자마자 에우리디케는 다시 저승으로 떨어지고 말았다. 아내를 너무나 그리워한 오르페우스는 그 뒤 모든 여자들의 구애를 계속 거절하다가 트라키아 여자들에게 원한을 사게 되어 8갈래로 찢겨 헤브루스 강에 내던져졌다.

이 신화에서 오르페우스는 자신의 안내 에우리디케를 찾아 하데스(Hades)로 가는데 그때 안내자 역할을 한 신이 헤르메스였다.[12] 이 헤르메스는 망자의 세계뿐만 아니라, 지하의 생물까지도 주관하는 신이고, 신과 인간의 세계를 매개하는 사자로서 이승과 저승을 오가는 경계

---

[12]   Cf. Jacques Offenbach: *Orphee aux enfers (Orpheus in der Unterwelt)*. Operette in zwei Akten. Text von Hector Cremieux, Paris, 21. Sep. 1858.

신이었다. 즉 죽은 사람의 영혼을 염라대왕에게 인도하거나 알리는 신이었다는 말이다.

그렇다고 이 헤르메스의 인도나 알림은 단순한 전달이나 전령의 역할이 아니라, 신의 명령을 망자에게 '이해'가 되도록 말하는 것이고 설명하는 것이며, 또한 통역해 주는 것이었다. 여기서는 언어와 문자는 물론이고 이해가 무엇보다 중요하다. 언어와 문자가 없다면 설명은 말할 것도 없고 전달까지도 사실상 불가능하며, 설령 전달을 했다고 해도 그 전달 내용의 이해가 없다면, 언어와 문자는 있으나마나 마찬가지이다. 따라서 두 가지 전제인 외적인 언어와 내적인 이해란 헤르메스에게는 불수불가결한 것이다. 이 양자 가운데에서도 그에게 가장 중요한 것이 바로 '이해'였다. 이해의 문제란 사실의 내용을 알게 하고 납득시키며, 그런 납득을 매개하는 내용의 역동성을 말한다. 그러므로 해석학은 주어진 사실 속에 주어지기 이전의 요소가 이미 내재해 있다는 사실, 즉 주어진 사실은 경험적으로 주어진 사실 그 이상을 의미한다는 사실에 근거한다.

이런 이해의 문제가 철학적 해석학으로서 가장 두드러지게 나타난 세 영역[13]은 먼저 텍스트의 이해와 해석이었고, 둘째 인간의 행동과 작품의 이해였으며, 그리고 인간존재인 현존재에 대한 이해였다. 요약하면 텍스트와 인간, 그리고 존재인 것이다. 이 세 영역 모두는 예외 없이 인간의 삶으로부터 가능했다. 우리의 주된 관심은 현존재의 실존론적 존재론이나, 이의 선행작업으로서 슐라이어마허의 "이해술"(Kunst des Verstehens)[14]을 통한 '보편적 해석학'을 짚는 것이고, 딜타이(Dil-

13 H. Ineichen: 『철학적 해석학』, 문성화 역. 서울: 문예출판사, 1998, 24쪽 참조.
14 F.D.E. Schleiermacher: *Hermeneutik und Kritik*. Hrsg. von M. Frank. Frankfurt(M) 1977, S.75

they)의 정신과학적 해석학을 짚는 것이었다. 그러나 이런 정신과학의 근거는 이해의 구조와 삶의 구조, 그리고 그런 삶을 나타내는 표현의 구조에서 찾아야만 했고, 탐구방법은 선험적이거나 초월론적인 것이 되어서도 안 되며, 그렇다고 경험적인 것만이 되어서도 안 되었다. 이런 고찰을 시도한 것은 스포츠철학과 연관된 존재론에 대한 해석학적 함의를 찾아내기 위해서이다. 스포츠 존재론에 대한 해석은 순수존재나 해석학적 의미가 아니라, 스포츠 자체와 인간존재의 연관성이 중요하다. 즉 이는 스포츠하는 인간존재에 대한 이해이고 해석이다. 스포츠와 인간, 그리고 존재: 이 세 영역은 결코 분리될 수 없는 하나이다. 스포츠와 인간은 가시적이지만, 존재만은 자명해도 추상적이어서 무와 같다. 이를 해석해 내야 하지만 인간존재를 전제로 하는 이상 존재론적으로 그리고 실존론적으로 해석해 내야 하기 때문에 우리는 존재론적 해석, 특히 하이데거의 존재론에 의거해서 스포츠 존재론을 정당화하고자 한다.

특히 인간의 '실존해명'[15]에만 몰두하여 철학적 해석학을 부정하고만 야스퍼스(K. Jaspers)와는 달리 하이데거는 이해와 해석의 문제를 인간 '존재'에다 설정함으로써 존재론적 해석학을 가능케 했다. 따라서 우리는 인간존재에 대한 새로운 해석을 가능하게 한 그에게서 스포츠의 존재론적 근거를 찾으려고 한다. 그는 딜타이의 인간 삶을 '존재'로 바꿨고 야스퍼스의 실존을 '존재'로 바꿨다. 그러나 존재 자체라기보다는 존재 의미에 대한 물음으로 우회했다. 이런 존재 의미에 대한 물음이 존재 해석이라고 할 수 있고, 존재 이해라 할 수 있다면, 존재의미

---

15 K. Jaspers: *Philosophie II. Existenzerhellung*. Berlin. Göttingen. Heidelberg 1956. S.201ff. 「Existenz als Unbedingtheit in Situation, Bewusstsein und Handlung」.

에 대한 물음을 제기하는 사람은 이미 존재를 이해하는 자로서 존재한다. 이때 이해란 무엇인가? 이해란 물음을 제기하는 자가 어떻게 존재하는가 하는 파악이다. 곧 묻는 자가 이미 존재를 이해하고 있으면서, 그와 동시에 존재에 대해서 묻는다는 말이었다.

이런 물음을 제기하는 자가 앞에서 본 '현존재' (Dasein)[16]이고, 이 현존재가 묻는 자로서 인간존재였다. 인간존재를 묻는 자의 존재를 분석하고 해석하는 인간 현존재가 철학함의 기초이고 존재론의 단초라면, 인간만이 자신의 존재에 대해 물을 수 있고, 인간만이 존재자에서 존재에로 탈존할 수 있다. 이러한 탈존이야말로 엄밀한 의미에서는 일종의 실존론적 운동이고, 존재론적 운동으로서 현존재의 근본 범주라고 할 수 있다. 왜냐하면 인간존재만이 존재자의 한계를 근원적으로 초월할 수 있기 때문이다. 따라서 인간존재는 존재자일 뿐만 아니라, 자기 자신을 탈존하는 존재자로서 스스로를 이해하는 존재이다. 이때 존재자는 존재 자체가 아니지만, 존재에 근거해서 비로소 존재하는 자이므로 존재자의 실존적 원형운동을 드러내 보인다. 즉 스포츠하는 인간이 자기 존재에 대한 근본 태도로서 여기에서 실존운동을 가능케 한다. 스포츠를 한다는 말은 긴장과 초조의 어떤 정서 내지 기분을 가지고 현장에 임함을 의미한다.

이때의 기분이란 인식되는 것이 아니라, 오직 존재 자체로서 드러나는 것이다. 이것은 인식론적 설명을 통해서가 아니라 존재론적 이해를 통해서 해명된다는 말이다. 더욱 적극적으로는 이해란 언제나 존재론적으로 기분에 사로잡혀 있는 이해라는 말이고, 근원적으로 그 존재를 함께 구성한다는 말이다. 극언하면 이해란 존재의 한 다른 방식인 것이

---

16   M. Heidegger: 『존재와 시간』. 이기상 역. 서울: 까치글방, 1999, 27쪽 참조.

다. 달리 표현하면 인간존재란 어떤 경우에 있어서도 현존재의 개시로
서 이해의 권역을 벗어나지 못한다는 말이다. 스포츠 경기에서 참 승리
의 관건은 일차적으로 자기 자신을 가능성의 인간존재로서 이해하는
데 있고, 이때 이해는 보편의 철학범주로서가 아니라, 인간존재의 실존
범주로서 열어 밝혀져 있음을 말한다. 이런 실존범주로서의 이해란 선
수가 어떤 스포츠를 잘할 수 있다거나 혹은 스포츠 경기에서 승리할 수
있다는 것이 아니라, 그가 근원적으로 실존함으로써 비로소 그의 존재
함이 운동으로서 드러난다는 것이다. 따라서 이해에서는 인간존재가
실존론적으로 스포츠를 할 수 있다는 해석가능성을 열어 놓게 된다. 해
석은 실존론적으로 이해에서 비롯되지만 이해가 해석에서 가능한 것은
아니다. 해석은 이해된 사실을 아는 것이 아니라 이해에서 투사된 가능
성들을 드러내 보이는 것이다. 이에 해석으로부터 이해하는 것은 자신
이 이해한 것을 이해하면서 자기 것으로 삼는 것을 말한다.[17] 단적으로
는 그것 자체, 즉 존재 자체가 되는 것이다. 여기에서 비로소 인간 현존
재의 기초분석으로서 해석학의 존재론적 전환이 가능하게 된다.

3. 스포츠하는 현존재의 실존론적 내용 구성

여기서 우리는 스포츠철학의 존재론적 정당성을 확보하기 위해 현존재
로서의 인간존재가 어떤 방식으로 존재하고, 어떤 양상으로 개시되어
나타나며, 또한 궁극적으로는 도대체 그런 인간존재가 어디에 근거하
고 있는가를 밝혀내려고 한다. 이런 스포츠 존재론의 당위성은 지난 과

---

17   M. Heidegger: 『존재와 시간』. 이기상 역. 서울: 까치글방, 1999, 206쪽 참조.

거의 역사적 사실로부터 보장받아야 하는 것도 아니고, 그렇다고 아직 오지 않은 미래의 예언적 평가로부터 보장받아야 하는 것도 아니다. 오직 지금과 여기라는 적나라한 현재의 인간존재로부터 보장받아야 하는 데에 있다. 이 같은 지금과 여기라는 현재의 인간존재를 하이데거는 '현존재' 라 했고, 그런 현존재를 시간성으로 해석하여 시간을 존재에 대한 물음의 초월론적 지평에서 밝혀 나갔다. 스포츠 인간론에서는 인간을 생물학의 지평에서 밝히려 했다면, 이제 스포츠 존재론에서는 인간을 존재론의 지평에서 운동하는 존재로 밝히려 하는 것이다.

따라서 그는 인간존재로서의 현존재를 지금까지의 인간학이나 심리학, 생물학이나 역사학과도 구별하여 존재론적이면서도 실존론적으로 분석코자 했다. 이런 분석에 앞서 그는 존재에 대한 질적 차이로서 먼저 자연과학의 대상이 되는 객관적 개개의 사물존재 전체를 '존재적인 것' 이라 하여 앞의 인간학이나 심리학, 또한 물리학이나 생물학, 심지어 역사적 정신과학 등의 모든 학문들을 대상학문으로 간주하여 그 내용의 한계를 분명히 짚고자 했다. 그 다음은 모든 개개사물의 기초가 되고, 그런 사물들의 존재를 가능케 하는 본질적이고 실존적인 구조 근거를 '존재론적인 것' 이라 하여 대상 학문의 영역을 넘어서는 전통적 형이상학을 지목했다. 그러나 여기에서도 존재론적으로는 그 정당성을 확보할 수 있어도 인간존재의 실존론적 해명까지는 불가능했다. 따라서 그는 존재 자체가 존재자로부터 초월하여 본래적 존재에 이르게 하는 탈존적 자기존재와 자기존재를 기초적 존재론으로서 이해하는 실존론적 인간의 현존재 전체를 통틀어 명제적으로 '기초존재론' [18]이라고

18 cf. 김재철:「하이데거의 기초인간학」. 대한철학회 철학연구 제106집. 별책 참조. 2008. 5., 14쪽: "기초존재론과 기초인간학은 상동관계(Homologie)에 있다."

했었다. 이 기초존재론이 그에게는 인간 현존재의 존재론적이고 실존
론적인 분석론이다.

이런 하이데거의 사전 정지작업이 스포츠 존재론을 가능케 한 논리
적 근거가 바로 적극적으로는 스포츠와 스포츠과학, 그리고 스포츠철
학으로 이어져 서술될 수 있었다는 사실이고, 소극적으로는 놀이와 경
기, 그리고 스포츠로 이어져 서술될 수 있었다는 사실이다. 먼저 소극
적인 의미에서의 놀이가 아무런 전제 조건 없이 그저 즐겁게 노는 것이
그 전부라면 그것은 '존재적'이라 할 수 있고, 경기가 단순한 놀이에서
부터 양편으로 편을 짜서 조직화하고 규칙화하여 승패를 목표로 하게
된다면, 그것은 '존재론적'이라 할 수 있을 것이며, 나아가 스포츠가
놀이와 경기의 연장선에서 유희성과 규칙성, 조직성과 경쟁성의 요소
를 가지면서도 자기 자신들의 운동기량을 통해 자신의 인격과 품성을
다하는 것이라면 그것이 곧 하이데거적인 '기초존재론'에 해당한다고
할 수 있다.

이에 적극적인 의미의 스포츠가 소극적인 의미의 놀이에서와 같이
게임 규칙에 따라 상대방과의 경쟁에서 행해지는 인간의 신체적 활동
이라고 하면 그것은 '존재적'인 것에 해당될 것이고, 스포츠과학이 스
포츠 활동을 최대한 효율적으로 실현하기 위해 가시적 수단으로서 운
동기술의 학습 방법이나 연습 방법을 극대화하는 처방이라 하면 그것
은 '존재론적'이라고 할 수 있을 것이다. 그러나 그런 스포츠과학적 예
측과 판단 그 이상까지를 짚어 내야 하는 스포츠 본래의 모습을 인간존
재 능력에서 이끌어 내는 스포츠철학은 '기초존재론'에 해당한다고 할
수 있다. 이를 계층별로 나누어 설명할 수 있다면 자연과학적 대상이
되는 많은 개개의 사물들을 포함하는 것이 '존재적인 것'의 계층이고,
그런 개개의 사물들을 가능하게 하는 구조나 질서를 마련하는 것은

'존재론적인 것'의 계층이며, 그러고 나서 그 자체가 존재론의 기초가 되는 최후의 근본적인 것이 '기초존재론'의 계층이라고 할 수 있다.

이런 정지 작업에 따른 그의 첫 번째 물음이 인간으로서의 현존재가 어떤 방식으로 존재하는가이다. 인간존재는 두 가지의 방식으로서 존재한다: 그 하나는 '세계 내 존재한다'는 사실이고, 다른 하나는 '함께 존재한다'(공동 존재)는 사실이다. 여기에 또 하나가 추가될 수 있다면, 그냥 세상 사람(일상인)으로서 존재한다는 것이다. 좀 더 구체적으로 그것은 3인칭의 부정대명사로서 오직 단수 1격에만 쓰이는 '그 누가' 혹은 '어떤 사람이'라는 말로 쓰이는 독일어 das man이다. 먼저 인간으로서의 현존재가 '세계 내 존재'라는 것은 현실적으로 나야말로 이미 언제나 필연적으로 세계 내에 피투되어 존재한다는 사실을 말한다.

이렇게 존재하는 가운데 사람이 세계를 접하고 살아가게 됨으로써, 심지어 사람이 스포츠를 하게 되는 것 또한 다른 의미에서는 그가 '세계 내 존재'이기 때문이라고 할 수 있다. 참으로 사람이 살면서 처음 세계를 접하게 되는 것도 어떤 이념이나 이성을 통해서가 아니라, 자신의 실존적 관심을 통해서, 더욱 구체적으로는 자신의 활동이나 행동, 혹은 스포츠 활동 등을 통해 어떤 도구를 취급함으로써 이루어지게 된다. 따라서 세계[19]는 인간으로부터 이해되어야 하는 것이고, 인간은 어떤 물적 객관성의 척도에서가 아니라, 인간내면성의 척도, 즉 현존재의 실존 범주에서 이해되어야 하는 것이다. 실존 범주란 본질철학의 범주에 대립하는 주체적 범주들이고 마음의 척도들이다. 인간과 세계는 언

---

19   김형찬: 『하이데거의 세계개념에 대한 해석학적 연구』. 계명대학교 대학원 박사학위 논문, 2006.

제나 동시에 존재함으로써 결코 분리될 수 없다. 바로 여기에 스포츠철학의 실존론적-존재론적 성립가능성이 근거한다.

하이데거는 이런 인간을 근원적으로 염려하는 실존론적 존재로서 해석한 후 먼저 사물에 대한 인간의 관계를 '배려'(Besorge)라고 말한다. 이처럼 배려된 것은 '도구'로서 나타나고, 이때의 도구는 어떤 한 사물을 지칭하는 도구를 의미하지 않는다. 오히려 한 사물은 언제나 또 다른 도구를 이어 지칭하게 된다. 펜대는 책상 위에 있고, 책상은 방안에 있으며, 방은 집에 있고, 집은 서울에 있으며, 서울은 한국에 있고, 한국은 세계 속에 있다면, 결국 한 사물이란 그 '도구 전체'를 지시하고, 그런 도구 전체를 지시하는 최첨단이 바로 인간이다. 이런 인간이 하이데거에게는 스포츠 인간론에서의 '인간'이 아니라, 현존재로서의 인간존재이고, 궁극적으로는 '존재' 자체이다. 결국 세계란 그 자체로서 어떤 독자적인 존재가 아니어서 독자적인 가치도 갖지 못하며 오직 인간과의 관계성 속에서만 존재한다. 올림픽을 할 수 있는 경기장이나 경기기구는 해당국과 스포츠하는 사람들에 관계되고, 그 승패 역시 선수와 주최 측, 그리고 관객들에 관계되며, 이 모두는 세계인 전체의 스포츠 올림픽에 관계된다.

우리의 경험 하나에서만 봐도 2010년 남아공월드컵 경기에서 한국은 대한민국의 축구스포츠를 새로운 세계의 반열에 올려놓는 결과를 낳았고, 세계인들에게 한국의 존재와 한국인의 존재를 고스란히 드러내 보였다. 이런 올림픽경기 전체를 지시하는 최고의 정점이 인간이고, 이런 인간존재가 바로 전 세계를 지시하는 중심점이 된다는 말이다. 오늘날까지도 세계가 한 자연물로서만 간주되었다면, 하이데거는 이 세계를 인간과의 관계로서 보고 인간이 사라질 때 세계도 사라진다는 주장을 편다. 이로써 세계란 그 자체 혹은 물적인 것으로는 어떤 독자성을 갖지 못하지만 오직 인간으로부터는 그 전체로서 이해가 될 수 있는 것이다. 이것은 마치 월드컵경기와 같은 세계 올림픽 경기를 통해 세계 인들이 지역과 인종을 떠나 하나의 '존재'가 될 수 있는 것과 같다. 이를 실현하기 위해서는 오늘날 인간세계에 객관적 사실성의 범주가 아닌 인간 본래성의 실존 범주가 필요하다. 사람과 사람의 사이가 멀고 가깝다고 하는 것은 물적이고 물리적인 거리가 아니라 인간존재 자체의 실존함의 거리이다.

이런 인간과 세계의 관계만이 중요한 것이 아니라, 나와 함께하는 다른 사람도 중요하다. 전자가 세계와 더불어 실현되어야 하는 공간 문제라면, 후자는 다른 사람과 함께 실현해야 하는 인간 문제이고, 인간존재의 문제이다. 특히 스포츠에서 사람에게는 세계라는 공간뿐만 아니라, 함께 공존해야 하는 선수도 절대적이다. 그러나 이런 세계와 인간의 근거로서의 존재는 동일 근원적으로 필연적이다. 이같이 함께 실현되어야 하는 사람은 나와 함께 존재하는 '공동존재'로 나타난다. 이때 사람이란 우리가 배려해야 하는 물적 '도구'가 아니라, 우리가 '사람'의 마음을 써야하는 '심려'(Fürsorge)의 인간 현존재이다. 따라서 사람은 '배려'로서 세계 내에 존재할 뿐만 아니라, 다른 사람을 '심려'하면서 존재한다. 배려와 심려, 이 모두는 '염려'(Sorge)[20]에 해당하지만 배려는 도구에 관계하는 세계 내 존재의 관심에서 비롯되고, 심려는 자기 자신과 함께 존재하는 공동 인간에 관계되는 인간실존의 관심에서 비롯된다.

이런 염려는 인간의 모든 활동을 위한 근원적인 근거로서 자기유지

---

20 cf. 이재성: 『하이데거철학 삐딱하게 읽기』. 대구: 계명대학교 출판부, 2014, 130쪽 참조.

의 충동성을 의미하고, 동시에 그 이상을 의미한다. 그 이상을 의미한다는 것은 인간의 어떤 활동이나 행동이 그런 '염려'에서 이루어진다고 하면 보다 넓은 의미에서는 스포츠철학의 근원성을 지목해야 한다는 것을 말한다. 아니 이보다 더욱 직접적인 의미는 그런 염려에서 나온 배려나 심려들이 인간의 본래성과 실존성을 존재론적으로 다루고 있는 스포츠철학의 바탕이 될 수 있다는 사실이다. 왜냐하면 인간이나 스포츠 자체는 궁극적으로 공히 존재 자체에 근거하기 때문이다. 전통적으로 인간의 주체를 육체와 영혼의 통합으로서의 정신이라고 했다면, 이제는 그런 스포츠의 정신이 아니라 인간존재의 자각적인 실존과 존재 자체에 근거하는 새로운 차원의 존재론적 스포츠정신이라고 할 수 있다.

　그렇다면 이렇게 실존하는 인간은 어떤 양상으로 개시되어 나타나는가? 먼저 존재란 전통철학에서는 본질에 대한 인식으로서만 나타났으나, 이제 존재는 더 이상 철학적 본질에서가 아니라 실존하는 사람의 느낌이나 기분에서 드러나게 된다. 사람은 언제 어디서나 혹은 어떤 상황에서나 스포츠를 하면서도 어떤 기분에 처해 있다. 사실 우리가 들떠 있는 경기장에서의 기분이 아니라, 자기 본래성의 기분에 차분히 귀를 기울일 때, 그런 기분은 자기 자신의 존재를 탈은폐시켜 줄 뿐만 아니라, 자기 자신이 존재해야 한다는 사실도 드러내 준다. 그러면서도 다른 한편으로는 실존론적으로 어떠한 기분도 느끼지 못하는 '무기분성' 자체를 본래적인 기분으로 갖기도 한다. 이런 기분에 '처해 있다'고 하여 이 하이데거의 'Befindlichkeit'를 '처해 있음'이라고만 번역해 놓으면 그것이 존재론적인 구조의 틀을 구축하는 데에는 성공적일 수 있으나, 인간의 존재 능력을 발휘하는 데에서는 치명적일 수밖에 없다. 따라서 '처해 있음'을 정상성(情狀性), 즉 어떤 상황 속에서 어떤 기분을 가지고 있는 것으로 이해할 때, 그 내적 의미전달이 오히려 더욱 용이하게 된다. 우리말의 번역이 어떠하든 이 개념의 의미 지향점은 인간의 심리적인 것에 있지 않고 존재론적인 것에 있다.

어떻든 이런 존재론적인 기분에 귀 기울인다면 이는 인간이 존재한다는 사실 뿐만 아니라 존재해야 한다는 사실을 알게 된다. 그러나 여기서 한 가지 분명한 것은 인간 현존재라는 것이 필연적으로 존재하는 자가 아니라, 극히 일시적이고 우연적으로 존재하는 자임을 스스로가 존재의 근원이 아니라는 데에서 알고 있다는 사실이다. 인간 현존재가 세계 속으로 던져져 있다는 의미에서 인간은 '피투성'(Geworfenheit, 被投性)의 존재이다. 그러나 여전히 여기에는 인간존재는 물론이고 심지어 스포츠가 어디에서 와서 어디로 가는가 하는 물음에 대해서는 은폐되어 있어 인간존재야말로 우연한 것으로서, 이와 더불어 허무한 것으로서 탈은폐되기도 한다. 이에 따라 하이데거는 인간존재야말로 '피투성'[21]으로 존재한다고 할 수 있었다. 그러나 인간존재를 드러내 주는 '정상성'(情狀性)의 존재론적 의미가 우리의 스포츠 존재론을 정당화하기에는 역부족한 것으로 간주된다.

이에 '정상성'(情狀性)이 인간존재를 세상에 피투된 것으로서 개시해 주었다면, 이에 따른 '이해'는 피투된 인간존재의 본래 모습을 보여주는 계기가 된다. 이런 이해가 하이데거에게는 심리학에서 말하는 어떤 대상에 대한 이해를 의미하지 않고, 오히려 '앞서 있음'(Vorstehen)을 의미한다. 먼저 앞서 있지 않고는 이해라는 것이 불가능하기 때문이다. 따라서 자기존재의 가능성을 기투할 수 있는 사람만이 이해할 수 있다. 이렇게 이해할 수 있는 능력이 인간의 실존 능력이고 존재 능력

---

21   M. Heidegger: 『존재와 시간』. 이기상 역. 서울: 까치글방, 1999, 188쪽 참조.

이다. 인간은 자신의 능력으로 자유롭게 기투할 수 있고, 그런 기투란
미래로 지향하는 것이기 때문에 인간은 이미 언제나 앞서 존재하면서
실존한다. 바로 여기에서 인간은 존재로서의 스포츠를 '이해'할 수 있
다고 해도, 그때마다 자신의 한계를 넘어서서 자기 스스로를 실현할 수
있는 기투로서 스포츠를 하기에는 한계에 부딪칠 수도 있다. 더구나 이
해와 한 연관성에서 '말'(Rede)을 통해 인간존재의 이해를 가능토록
한다고 해도, 그 한계는 극복되기는 어려워 보인다. 물론 이때 말이란
개념적 언어를 의미하지 않고 그런 개념적 언어에 선행하는, 그러면서
도 언어 전반을 가능케 하는 말의 존재근거를 의미한다고 해도 그러한
말 역시 스포츠 경기 중에서는 그 본래의 능력을 다할 수 없다.

　물론 전통적 의미에서 언어의 역할은 오성이 담당해 온 것이 사실이
지만, 오성이 철학을 개념으로서만 표현하는 데 급급했다면 그런 오성
을 넘어서는 시인의 말, 즉 시인의 언어가 본래의 존재를 더욱 잘 탈은
폐킬 수 있다. 이때는 인간존재의 본래 모습이 존재론적으로 적나라하
게 탈은폐되기도 하겠지만 여전히 여기에서도 인간과 존재가 양분되는
것이 아니라, 한 연관성 속에 있지 않으면 안 된다. 그 이유는 인간은
유한하고, 존재는 무한하기 때문이다. 이렇게 '말'이 학문적 언어 이전
에 이미 존재로서 언어 전반을 가능토록 한 근원이라면, 언어의 실존론
적–존재론적 기초가 될 수는 있을지언정 바로 그것이 스포츠 존재론의
기틀이 될 수 있는 것은 아니다. 그렇다면 이 '말'과 함께 앞서 살펴본
'정상성'과 '이해'가 그 자체들로서는 실존론적으로 동일 근원적이라
고 할 수는 있어도,[22] 이 모두가 스포츠 존재론을 구성하는 직접적인
계기일 수는 없다. 더구나 말이 '정상성'과 '이해'로부터 떨어져 나와

22　M. Heidegger: 상게서, 221쪽.

밖으로 말해짐으로써 마침내 개념적 '언어'(Sprache)로서 나타나게 된다. 따라서 이런 언어가 우리의 눈앞에 있는 단어라는 사물적인 것으로 나타날 때, 즉 스포츠 활동에 있어서 승패에만 매달린 언어는 이미 내용 없는 '공담'으로 떨어지고 만다. 내용 없는 공담은 말의 무근거성으로 인하여 '호기심'을 낳게 마련이고, 호기심은 센세이션을 일으켜 사람들에게 흥미진진한 소문에 소문을 퍼뜨리게 된다. 결국 그런 호기심은 마침내 알다가도 모를 '애매성'을 낳고 만다. 애매한 것에는 참도 없고 거짓도 없다. 아니 참도 거짓이 되고, 거짓도 참이 되게 하는 것이 애매함이다. 이처럼 스포츠계의 유모어는 이런 농담과 호기심, 또한 애매성 이상으로 센세이셔널하기 일쑤이다.

결국 '정상성'(情狀性)이 인간존재를 '피투성'으로 나타나게 하고, '이해'가 인간존재를 '기투성'(企投性)으로 실현하도록 하며, 이어 '말'이 인간존재에 선행하는 생기(生起)의 현실을 표현할 수 있는 능력을 드러나게 한다. 그러나 이 모두가 스포츠 존재론을 가능토록 하는 직접적인 계기일 수는 없다. 그러나 이 인간존재의 세 계기가 인간존재의 양식들과 인간존재의 근거를 이어 주는 중요한 계기들은 될 수 있다. 이에 따른 인간존재의 근거는 무엇이고, 어디에 있는가를 존재론적-실존론적으로 계속해서 살펴보려고 한다.

4. '존재의 철학'으로서 스포츠 존재론

여기서 문제가 되는 것이 인간존재 자체의 존재근거는 무엇이고, 그런 존재근거는 스포츠와 어떤 존재론적 연관성을 가지는가 하는 물음이다. 존재 자체는 어떠한 매개도 용납하지 않기 때문에 그 자체로서는 공허하고 무력한 개념이었지만, 인간존재나 스포츠존재라고 하면 인간을 통해서 그 존재가 드러나게 되고, 스포츠를 통해서도 그 존재가 드러나게 된다. 인간과 스포츠는 각기 다른 대상들이지만 이들 대상을 있게 하는 공동근거는 존재 자체이다. 지금까지 인간존재의 양식으로서 세계 내 존재와 공동존재를 먼저 살펴보았고, 이어 인간존재가 어떻게 개시되는가를 정상성(처해 있음)과 '이해', 그리고 '말'을 통해 알아보았다. 그러나 이것들만을 가지고서 스포츠 존재론을 정당화하기에는 부족했다. 그럼에도 인간존재를 스포츠와 연관시켜 세계 내에 존재하면서, 또한 서로가 함께 스포츠하는 존재의 양식으로 있다는 사실에 대해서는 아주 긍정적이었다. 그러나 정상성(처해 있음)이나 '이해', 그리고 '말' 같은 것은 그것들이 설령 인간존재 자체를 개시하고 드러내는 데에는 존재론적으로 설득력을 가질 수 있다고 해도 스포츠하는 인간존재를 직접 드러내 주기에는 너무나 소극적이었다.

따라서 이제 우리는 불안으로부터 인간의 죽음까지를 포함하는 인간존재의 근거를 스포츠와의 한 연관성에서 짚어 보려고 한다. 아무리 젊고 패기에 찬 만능의 스포츠인이라고 해도 그 자신이 인간인 한, 실존론적 불안이나 양심, 심지어 죽음에 대한 생각을 하지 않을 수 없다. 왜냐하면 인간존재가 궁극적으로 실존론적 시간성과 유한성을 떠나서는 존재할 수 없기 때문이다. 다시 말하면 이 모든 것은 존재 자체가 아니라, 실존하는 인간존재, 즉 인간의 실존론적 유한성 때문이다. 따라서 스포츠 존재론의 인간존재도 인간인 한, 유한성에서는 벗어날 수가 없다. 참으로 인간존재가 세계 내 '피투'(被投)되어 있다는 사실이 이미 인간의 유한성을 의미하고, 그런 유한성에서 불안이 생기지만 그런 가운데에서도 함께한다는 공동존재라는 사실이 이미 앞서 존재하는 '기투'(企投)를 가능케 한다. 일상의 사람 치고 앞을 내다보지 않는 사람이 어디 있으며, 그때마다 자신의 한계를 넘어서지 않으려는 사람이 어디 있겠는가! 하물며 스포츠하는 사람이야 더 말할 나위가 없을 것이다. 참으로 인간존재의 기투가 자신의 자유를 가능케 하고, 그런 자유가 인간존재를 본래적으로 실존케 한다면, 실존하는 인간존재는 단적으로 초월하는[23] 사람이고, 그런 초월하는 사람의 탈존운동이 바로 스포츠 존재론의 근거가 되었다.

따라서 스포츠하는 인간존재의 불안 역시 인간 자신이 처음부터 존재론적으로 세계 내 유한성의 존재라는 사실에서 비롯하는 것이지, 대상적 스포츠 활동에 대한 공포, 특히 불안에서 비롯하는 것은 아니다. 사실 불안에 대한 지금까지의 인식은 인간의 미성숙성에서 오는 하잘 것 없는 것이었고, 불완전한 인간의 인격에서 오는 것으로만 여겨졌다. 이를 극복하기 위해 사람에게는 온당한 수양이 필요하며 과감한 교육이 필수적이라고 생각했다. 이런 생각의 이면에는 불안이 여전히 어떤 대상적인 것으로서만, 혹은 어떤 심리적인 것으로서만 간주되어 왔다. 그러나 이러한 불안을 가장 근원적으로 내밀하게 인간 본래의 실존론적인 존재 자체로 정당화하고 나선 사람들이 실존하는 철학자들이었다. 이들의 철학적 인식이 스포츠 존재론에서도 정당화될 수 있는 이유는 불안이 자체적으로 대상적 공포와는 구별되는 인간존재로부터 유래하기 때문이다. 불안의 본질은 무엇보다 불안과 유사한 현상으로서 나타나는 공포와 구별된다. 공포는 반드시 어떤 객관적인 대상을 동반한다. 전쟁에 대한 공포, 살인에 대한 공포 혹은 인생 실패에 대한 공포, 스포츠 활동에 대한 공포 등이다. 그러나 불안에는 그런 특정한 대상들이 없다. 온 사방을 아무리 둘러보아도 부족한 것은 아무것도 없다. 스

---

23   M. Heidegger: 상게서, 61쪽.

포츠를 하기에도 모든 것이 완벽하다. 모든 것이 정상이고 다 갖추어져 있다. 그런데도 나는 왜 근본적으로 안절부절하고 있는가! 이렇게 초조하고 마음 졸이는 느낌, 심지어는 절망의 기분까지도 다 불안에 해당 된다면, 이런 불안을 철학적 존재론으로 보듬어 안은 실존적 사유는 분명히 지금까지와는 달리 비체계적이고 반이론적이며, 초논리적일 수밖에 없다.

따라서 이런 새로운 논리와 체계, 즉 근원적인 발상의 역설적 논리와 철학적 사유가 존재의 철학으로서 스포츠 존재론에는 필수적이 된다. 이에 인간 감정의 어두운 그늘에만 있던 불안의 철학이 근원적인 인간 존재의 본래적 실존을 가장 적나라하게 개시하는 새로운 철학의 전제 조건으로 될 수 있어야 했다. 이것은 인간존재 자체가 이미 세계 내 유한성의 존재이고, 결국 죽음에 이르는 존재라는 데에서 오는 철학의 존재론적 불안 때문이다. 그렇다고 이런 불안이 공포와 전적으로 다른 것은 아니다. 특히 불안의 구체적인 현상들이 바로 공포라고 하면 더더욱 그렇다. 그러나 여전히 불안이 무엇인가 하고 되물으면 당장 답을 할 수가 없다. 왜냐하면 불안이란 어떤 대상적인 것과 '함께'(mit: with) 생기기는 해도, 그렇다고 해서 그것이 곧 대상으로 '부터'(aus: from) 나오는 것은 아니기 때문이다.[24] 다시 말하면 인간존재 속에 있는 가장 적극적인 무로서의 불안이기 때문이다. 불안은 그저 아무것도 없는 무인 것이다. 아무것도 없는 그러한 무가 사실은 아무것도 없는 것이 아니라는 데에서 불안이 생긴다. 불안의 대상이 무라면, 불안과 무는 처음부터 서로 함께 했던 것이다. 이처럼 스포츠 존재론에 있어서도 인간

---

24 I. Kant:『순수이성비판』. 최재희 역. 서울: 박영사 2002, 55쪽: 칸트의「순수인 식과 경험적 인식의 구별」참조.

존재의 불안은 어떤 대상적인 것이거나 심리적인 불안이 아니라, 철학
적이고 존재론적인 불안이다. 이를 하이데거는 존재론적-실존론적으
로 불안이 "현존재로서의 인간존재를 무의 심연 앞으로 내세운다"라고
하고, "존재를 무화(無化)하는 데에서 불안이 생긴다"라고 하는가 하
면, 더욱 적극적으로는 "불안이 무를 드러낸다"라고도 하고, "불안은
무 앞에 서 있는 근본 심정성이다."라고도 했다.

　사실 불안이 인간존재의 가장 고유한 존재 자체이고, 인간존재의 가
장 내밀한 무 자체이기도 하다면, 인간존재의 불안은 무 자체를 드러내
보이면서도 곧 스포츠존재 자체를 드러내 보이기 때문에 무 자체란 불
안과 서로 다르지 않는 존재 자체였고, 그래서 그것은 전적인 무가 아
닌 스포츠 자체인 것이다. 이때 무는 가장 근원적인 존재로서 있는 것,
즉 세계 내 존재에 근거한다. 세계 내 존재는 인간의 존재론적 양상으
로서 세계 내 현존하는 인간실존이다. 따라서 인간실존의 불안은 자신
의 스포츠 활동을 통해서도 세계를 인간의 세계로서 열어 밝히고, 인간
실존을 가능성의 존재로서, 그것도 그 자체로부터 인간실존으로서 존
재할 수 있는 가능성의 존재로서 열어 밝힌다.[25] 이로써 아무것도 아닌
무로서의 불안은 인간실존 안에서 가장 고유한 존재가능성으로서의 새
로운 존재, 즉 스포츠존재를 개시한다. 이렇게 불안과 무는 처음부터
내적으로 공속되어 있기 때문에 불안에서는 모든 삶의 안정성이 뒤흔
들리게 된다. 이런 불안 속에서도 자기존재를 직시하고 탈존하여 스포
츠하는 사람은 자기 자신의 가장 내적인 존재, 즉 자신의 존재론적 실
존을 획득하게 된다. 여기에서 왜 인간존재의 불안이 우리로 하여금 존
재와 무, 그리고 이 양자의 길을 오가면서 씨실로 천을 짜는 베틀 북의

---

25   M. Heidegger: 『존재와 시간』. 이기상 역. 서울: 까치글방, 1999, 255쪽 이하 참조.

역할을 하는지를 스포츠 존재론으로 진지하게 되돌아보게 된다.

이런 전체적 현상은 인간존재의 '권태' (Langweile)[26]에서도 아주 잘 나타난다. 인간존재의 권태는 세 가지 유형의 권태로서 나타난다: 권태의 첫 번째는 어떤 것에 '의해서' (von) 나타나는 권태이고, 권태의 두 번째는 어떤 것 '곁에서' (bei), 즉 함께하는 데에서 나타나는 권태이며, 그리고 권태의 세 번째는 '아무튼 그냥 지루해' (es ist einem langweilig)로서의 권태이다. 앞의 두 권태는 타의에 의한 권태이지만 이 세 번째의 권태란 한 사람이나 한 가정 혹은 특정한 다른 어떤 것이나 상황에서 나오는 지루함이 아니라, 인간존재 자체가 지루한 것이다. 이 것은 피하려 해도 피할 수 없는 본래적인 지루함이다. 끝없는 존재의 심연 속으로 안개가 가득 차 있는 것과 같다. 그래서 오히려 보통 사람은 세상 일에 몰입하거나 일상인이 되고, 스포츠 활동 역시 일상적 축구나 야구 혹은 어떤 연주라는 소위 자신의 취미 활동으로 전락하고 만다. 이런 권태를 인간존재 자체는 실존함의 근본 기분으로 일깨워야 하며, 본래적인 자기실존으로 되돌아오게 해야 한다.

이런 권태뿐만 아니라 '우울증' (Schwermut) 역시 비본래적인 인간의 삶을 본래적 실존으로 각하도록 한다. 본래 우울증이란 인간존재의 유한성에 대한 공허함과 허무함에서 비롯되는 일종의 무기분성이다. 이런 우울증이 거듭 쌓이면 '절망' (Verzweiflung)이 된다. 절망이란 단순한 의심이나 회의에서 유래하는 것이 아니라, 인간 자체와 인격 전체를 송두리째 뒤흔들어 존재와의 연관성을 단절하여 버린다. 더욱 극단적으로 절망은 존재에 대한 신뢰를 파탄시키고 모든 희망마저 차단하

---

26   M. Heidegger: 『형이상학의 근본개념들: 세계, 유한성, 고독』. 이기상·강태성 공역. 서울: 까치글방, 2001, 134-284쪽 참조.

여 버린다. 이것은 눈앞의 사실을 보여 주고자 하는 것이 아니라 잠자고 있는 일상인을 깨어나게 하는 것이다. 이런 일깨움이란 인간을 인간의 존재로서, 혹은 스포츠를 스포츠의 존재로서 존재론화하고 실존론화하는 것이다. 존재론화 한다는 것은 가시적인 것이거나 현상적인 것, 혹은 그 어떠한 대상적인 것에도 휘둘리지 않는다는 말이고, 실존론화한다는 것은 본래적이고 근원적으로, 또한 처음의 자신으로 된다는 말이다. 이것은 절망으로 몰락하는 것이 아니라 오히려 절망을 통해 인간존재의 본래적 실존을 되찾는다는 말이다. 그런데 어떻게 이런 본래적실존함에서 스포츠 활동이 존재론적으로는 물론이고 실존론적으로도 세상사의 문제가 될 수 있겠는가! 모든 비본래적인 것은 사라지고 오직 본질적인 것만이 남게 된다면 소위 철학적 스포츠 존재론이 가능하게 된다.

특히 존재론적 양심 문제는 실존론적 불안과 더불어 인간존재를 그 전체성에서 내재적으로 드러내 준다 해도 여기에서 양심이란 심리적이거나 도덕적인 가치판단을 말하는 인간본성에 대한 경고는 물론 종교적 가치판단에 따른 신의 음성과 같은 경고가 아니다. 오히려 이런 모든 가시적인 양심에 선행하면서도 가장 근원적인 양심을 가능케 하는 존재론적이고 실존론적인 양심이다. 그럼에도 이런 양심의 문제가 그 자체로서는 인간존재를 통해서, 즉 스포츠의 존재를 통해서 비로소 드러나게 되는 것이라고 해도, 한마디로 인간의 존재에 근거하는 소리이라고 해도, 스포츠 존재론을 구성하는 데에는 앞서 고찰한 불안의 개념에 비하면 소극적이라고 할 수 있다. 왜냐하면 양심이 우리로 하여금 그때마다 일상성에서 우리 자신의 본래성으로 되돌아오게 할 뿐, 스포츠 활동에는 적극적으로 대처하지 못하기 때문이다. 물론 양심의 소리를 내는 사람이나, 그런 소리를 듣는 사람은 모두 존재론적 양심의 음성으로만 보면 동일하다.

따라서 양심은 인간의 가장 내면적인 자기 자신을 어떠한 거역도 용납하지 않는 절대적인 안정감에 이르게 한다. 그렇다면 왜 이런 존재론적 양심의 소리가 우리에게는 생소하게만 들리는가? 그것은 우리가 일상적인 일에만 빠져 자기 없는 자기로서 매일을 살아가기 때문이고, 어떤 수단을 써서라도 스포츠 경기에서는 이겨야 하고 챔피언이 되어야 한다는 강박감에 사로잡혀 있기 때문이다. 그렇다고 양심의 소리가 우리에게 결코 선하기만을, 혹은 선과 악을 가리기만을 요구하지는 않는다. 그 이유는 그런 것이 가상적인 신성을 요구하기 때문이다. 그보다 인간의 양심이 존재론적이고 실존론적이기를 바라는 것은 우리 자신이 스포츠 경기에서의 승패와 같은 일상성에만 빠지고 마는 몰락성에 대한 경고를 해서라도, 우리 자신으로 하여금 존재론적 본래성으로 되돌아오게 하기 위해서이다.

이렇게 존재론적 본래성으로 되돌아온 스포츠하는 사람은 인간존재의 음성을 그대로 듣는다. 그것은 그가 인간존재의 양심을 본래 그대로 가지고 있기 때문이다. 그는 주변의 일상성에 대해서는 모험하는 사람이지만, 그 실은 모든 것으로부터 자유로운 사람이고, 실존하는 사람으로서 참 본래성으로 스포츠하는 사람이다. 그럼에도 그는 그런 존재론적 양심 때문에 자기 자신의 죄책을 스스로 짊어져야 하는 사람이다. 이때 죄책이란 사회적 범법이라는 의미에서는 물론이고 역사적인 의미에서의 죄책이 아니며, 신학적 의미에서의 원죄와 같은 죄책도 아니다. 모든 죄책에 선행하면서도 그런 죄책을 비로소 가능케 하는 존재론적 근원이라는 의미에서의 죄책이다. 이런 근원적 죄책이란 인간존재 자체가 죄책이라는 말이다. 인간 자신이 세계 내 존재 속으로 피투되어 있어 자기가 스스로를 선택할 수가 없는 것이 바로 죄책이다. 인간의 의지가 아니라, 인간존재의 의지 때문이다. 이런 존재 내에서 인간의 근원적 죄책은 실존론적으로 존재한다. 참으로 실존론적 양심이 인간 존재를 인간답게 하고, 스포츠를 스포츠답게 한다. 이처럼 존재의 양심이 인간으로 하여금 그때마다 실존론적으로 결단성을 내리도록 한다면 스포츠 활동에 있어서 결단 역시 어떠한 심각한 상황 속에서도, 심지어 인간의 죄책으로 덮여 씌워져 있다고 해도 존재론적으로든 실존론적으로든 그렇게 있는 그대로 있을 수밖에 없고, 달리 어떻게 할 수가 없다. 죽음이 닥쳐와도 그대로 감당할 수밖에 없기 때문에 실존의 존재론적 결단성은 인간존재 전체를 수용할 수밖에 없고, 최후의 것으로서 내보일 수밖에 없다.

이런 존재론적 불안이나 양심과 더불어 인간의 마지막 존재근거가 죽음이고, 이런 죽음을 통해서 인간의 존재가 또한 방식으로 탈은폐하게 된다. 죽음이란 무엇인가?[27] 죽음이란 소박하게는 그 수명을 다하고 없어지는 생물학적 현상이고, 의학적으로는 소생할 수 없는 생의 영원한 종말이다. 죽음이란 그것이 임상학적 죽음이든 생물학적 죽음이든 분명히 인간의 육체적인 소멸임이 분명하다. 그런데도 죽음을 실존론적으로 보면 내 자신에 의해서만 죽음이 이루어지기 때문에, 내 죽음을 어느 누구도 대신할 수가 없다. 그래서 죽음을 인간존재의 모든 가능성들 중에서 '가장 본래적인 가능성'이라는 존재론적 주장이 정당성을 갖는다. 결국 죽음에 이르고 마는 존재가 바로 인간이라는 것이다. 이는 누구도 죽음을 뛰어넘을 수 없음을 말하고, 모든 다른 존재가능성들이 죽음과 함께 다 사라져 없어지고 만다는 사실을 말한다. 이런 죽음

27   계명대학교 목요철학원 편: 『삶과 죽음에 대한 철학적 성찰』. 대구: 계명대학교 출판부, 2016.

이 현실적으로는 삶 속에 있는 죽음이라면, 인간이 생존하고 있는 한, 인간이 겪지 않을 수 없는 하나의 삶 양식이 바로 죽음이다. 이런 죽음을 통해서 비로소 인간 자신이 매 순간 가장 내면적으로 자기 자신을 되돌아보고, 결국 실존론적으로 된다. 죽음에 대한 이러한 생물학적 관심의 바탕에는 인간존재에 대한 존재론적 해명이 뒤따라야 한다. 왜냐하면 인간존재 자체가 이미 존재함의 한 방식을 따르고 있기 때문이다. 하이데거 자신이 "사람은 생명을 가지고 태어남과 동시에 죽음을 함께 가지고 있다."[28]는 말을 인용하고 있다. 이에 죽음이 삶의 의미를 매 순간 일깨워 준다는 사실을 통해서, 심지어 자신의 죽음을 이미 알고 있으면서도 그런 죽음을 직시한다는 사실을 통해서 인간존재는 비로소 자기 자신의 본래적 실존이 된다.

  이런 인간존재에 대한 실존론적-존재론적 해석은 인간의 생물학적 유한성을 철학적 존재의 보편성으로 승화시키는 결과를 낳는다. 스포츠하는 인간에게서 인간과 스포츠는 별개의 두 개념이나, 인간 그 자체와 스포츠 그 자체라고 할 때, 그 자체들은 존재자의 존재로서 동일하다. 물론 인간 그 자체에서는 인간이 우선이고, 스포츠 그 자체에서는 스포츠가 우선이다. 인간은 적어도 생물학적으로만 보면 대상적이고 가시적이나, 인간존재에 있어서의 그 자체란 어떤 대상적이 아니기 때문에 가시적일 수가 없다. 스포츠 역시 그것이 놀이이든 게임이든 혹은 어떤 종목의 운동형식이든, 그것은 대상적이고 가시적이기는 하지만, 스포츠 그 자체란 인간에게 있어서의 그 자체처럼 대상적인 것이 아니고, 따라서 가시적일 수도 없다. 그래서 그 자체로서는 해명될 수 없기 때문에 인간과 그 자체 내지 스포츠와 그 자체라는 철학적 존재론의 한

28　M. Heidegger: 『존재와 시간』. 이기상 역. 서울: 까치글방, 1999, 329쪽 참조.

연관성을 통해서 비로소 그 의미의 통로를 찾게 된다. 이런 존재론적 의미의 통로는 인간이 자기 자신을 되돌아보는 길에서 열리고, 그 길목의 한 가운데에서 자기 자신 그 자체가 드러나게 되며, 또한 스포츠 역시 그 자체를 되돌아보는 길에서 열리고, 그 자체도 그와 마찬가지로 드러나게 된다. 한마디로 인간존재 자체에 대한 일종의 자기성찰이다. 자기성찰이란 스스로가 스스로를 여과 없이 되돌아보는 총체적인 사유이고, 그런 사유는 사유 자체를 자기대상으로 삼는 철학에서만이 가능하다. 그 철학은 내가 나 자신을 향해 내가 누구인가하고 되묻는 철학이다. 이때도 다시금 철학 그 자체가 무엇이고, 그 철학 자체는 어떻게 존재하는가 하는 물음이 제기될 수 있다.

그러나 철학 그 자체란 스포츠와 마찬가지로 그 자체로서 존재하는 것이 아니라, 인간 자신이 철학을 할 때, 즉 스포츠를 할 때 비로소 그때 철학과 스포츠가 존재하게 되는 것이라면, 스포츠철학은 인간존재와 함께 비로소 실존론적으로 그리고 존재론적으로 존재하게 되는 것이다. 이때 스포츠철학이란 인간존재의 스포츠함과 철학함을 말함으로써 생물학이나 인간학에서처럼 어떤 대상학문으로서 존재하는 철학이 아니다. 그렇다고 그것이 논리학이나 인식론 혹은 윤리학이나 미학 등으로 존재하는 철학도 아니다. 그렇다고 어떤 특수한 철학적 지식인이나 총체성을 지칭하는 것은 더더욱 아니다. 다만 인간이 자기 자신으로서 존재하는 한, 이미 인간은 필연적으로 철학을 하고, 거기에서부터 탈존을 한다. 지금 여기에 있다는 그 자체가 철학한다는 사실을 말하고, 철학한다는 그 자체가 이미 인간이 탈존한다는 사실을 말한다. 인간존재가 바로 탈존함이라는 말이고, 탈존함이라는 말이 외연적 확대의 의미로서는 스포츠 활동, 직접적으로는 운동이라는 말이다. 여기서도 여전히 인간에 있어서건 스포츠에 있어서건 존재 자체가 근원이 된다. 이처럼 실존 없는 존재 자체나, 탈존 없는 실존 자체란 무일뿐이라면, 스포츠 자체 역시 그 자체로서는 무일 뿐이다. 이러한 존재론적이고 실존론적인 논지를 통해 한편으로는 스포츠철학을 철학적 인간론으로서 정당화함과 같이 다른 한편으로는 철학적 존재론으로서 그 정당성을 확보하려고 했다.

5. 스포츠 존재론의 철학적 의미와 한계

지금까지 '스포츠 존재론'의 정당성을 확보하기 위해 하이데거의 철학, 특히 그의『존재와 시간』을 중심으로 하고,『형이상학의 근본 개념들. 세계-유한성-고독』등을 보조수단으로 삼았다. 그리고 그 이전에 스포츠하는 주체로서 인간존재의 내용을 플레스너의 생물학적 위상성인 탈중심성에 근거하여 '스포츠 인간론'으로서 정당화했다. 이를 통해 스포츠가 동물세계에서는 불가능하나, 인간세계에서는 가능했고 또한 필수적이었다는 것이 밝혀졌다. 그러나 이에 대한 인간존재의 존재론적 정당성은 사르트르나 메를로-퐁티는 물론이고, 플레스너 자신도 철학적으로 확보할 수가 없었다. 확보했다고 해도, '인간존재' 전체의 '인간'에 해당하는 한 부분의 정당성만을 확보했을 뿐이다. 이의 나머지 한 부분인 존재론적이면서도 실존론적인 '스포츠 존재론'의 정당성을 우리는 하이데거의 현존재분석론인 기초존재론에서 확보하고자 했다.

　물론 하이데거 자신은 현존재의 실존론적 분석론으로서 기초존재론을 존재의 의미에 대한 물음으로서 현존재를 시간성으로 해석하고, 시간을 존재에 대한 물음의 초월론적 지평으로서 설명하기 위해 1편과 2

편으로 나누었다. 먼저 현존재에 대한 예비적 기초분석으로서 존재의
지평에서 인간을 밝혔고, 다음에는 현존재와 시간성을 설정하여 시간
성을 인간으로서 해석해 냈다. 그러고 나서 존재론사의 파괴를, 즉 시
간성의 문제를 다루고자 했으나 포기하고, 결국『칸트와 형이상학의
문제』를 단독 저서로 이후에 출판했다. 이런 난공불락의 요새와 같은
「기초존재론」의 내용 구성은 사실상 요약하기가 쉽지 않았지만, 이미
앞서 큰 틀에서 세 부분으로 나누어 고찰했다.

인간존재는 어떤 양식으로 존재하고, 어떤 형태로 개시되며, 궁극적
으로 그런 인간존재는 어디에 근거하는가였다. 그러나 이 가운데에서
도 새로운 실존범주인 '정상성'(처해 있음)과 '이해', 그리고 '말'을
통해 인간존재가 개시된다고 하지만 스포츠 존재론을 구성하는 데에는
자체적으로 한계를 갖는 것으로 보인다. 적어도 소극적으로 보이는 것
은 분명하다. 왜냐하면 무엇보다도 스포츠에서는 스포츠 주체에 대한
철학적 인식과 상호연관성의 내용이 짚어져야 하고, 궁극적으로는 그
런 스포츠주체의 존재근거가 짚어져야 하기 때문인데 그렇게 하기에는
역부족인 것으로 보였다. 그렇지만 새로운 '스포츠철학'의 전체구상에
서 왜 먼저 '스포츠 인간론'을 고찰해야 했고, 이를 철학적으로 정당화
하기 위해 '스포츠 존재론'을 고찰하게 되었는가를 알게 된다.

여기에서 새로운 스포츠철학을 위한 스포츠 존재론의 철학적 의미를
밝히기 위해 인간존재의 양식과 근거를 스포츠하는 인간존재의 입장에
서 짚으려고 한다. 먼저 인간이 실존적으로 존재하는 두 양식은 '세계
내 존재' 하면서도, 동시에 '공동존재'라는 것이다. 현존재로서 인간은
전통적 의미에서 인간의식이나 주관, 혹은 자아 등으로 존재하는 인간
이 아니라, 존재에 대한 관계를 통해서 실존론적으로 존재하는 인간이
다. 그렇다면 존재란 무엇인가? 존재란 누차 언급한 바와 같이 그 자체

로서는 밝혀지지 않는다. 수많은 대상적인 존재자들 가운데 자기 자신에 관계할 수 있는 것과 관계할 수 없는 것은 서로가 구별이 된다. 돌은 존재하나, 자기 자신과는 관계하지 못하고, 동물은 자기 자신과도 관계하나, 자기 세계를 갖지 못한다. 그러나 인간만은 존재할 뿐만 아니라, 자기 자신과도 관계하고, 다른 사람과도 관계하며, 나아가 세계까지도 형성하고 스포츠 활동을 통해서는 인간존재를 실현도 한다. 하이데거는 이런 관계를 돌은 세계 없음 속에 존재하고, 동물은 세계빈곤 속에 존재하며, 인간은 세계형성 속에 존재한다.[29]라고 했다. 이를 스포츠 존재론의 모듈에서 보면 돌에게는 자신의 세계가 없어 스포츠를 전혀 할 수 없고, 동물에게는 자신의 세계가 있어도 그 세계가 너무 빈곤하여 그런 빈곤함이 세계 개방 없이 지냄을 말한다면, 자신만의 아무런 세계 없이 그냥 생존할 수밖에 없기 때문에 스포츠가 아닌 싸움과 경쟁 혹은 쟁취로서만 생존할 수밖에 없다.

그러나 인간만은 세계를 형성하는 가운데 존재함으로써 싸움이나 쟁취보다는 세계개방성을 그 자체로 전체성에서 열어 가는 존재이다. 이는 세계를 형성하는 인간이 스포츠를 통해 세계를 개방하여 나감을 의미한다. 세계란 무엇이고, 현존재란 누구이며, 또한 내존재(內存在: In-sein)란 무엇인가? 이런 물음들에 대한 전체의 담지자는 인간이고 인간존재이다. 따라서 인간존재는 돌이나 동물처럼 단순히 존재하는 것이 아니라 실존적으로 실현되어야 하는 인간 현존재인 것이다. 자신의 세계가 없는 돌은 말할 것도 없고, 자신의 세계를 가지고 있다고 해도 자기 자신에 매몰되어 있기만 하는 동물과 달리 인간은 자기 자신의

---

29   M. Heidegger: 『형이상학의 근본개념들: 세계-유한성-고독』. 이기상·강태성 공역. 서울: 까치글방, 2001, 296-300쪽: "Weltlosigkeit, Weltarmut, Weltbildung" 참조.

존재에 관계하는 자이고, 또한 자신의 현존재를 실존으로서 탈바꿈하는 자이다. 따라서 실존은 그때그때의 인간존재로서 현존재 자체에 의해서만 이루어지고 현존재로서의 인간존재는 실존하는 가운데서만 나타나게 된다. 다시 말해 실존함에서 인간존재가 실현된다는 말이다. 이는 인간만이 스포츠를 할 수 있다는 말이고 스포츠를 해도 객관적 대회의 신기록 보다는 자신의 실존능력을 실현하는 세계 안에 있는 '내존재' 라는 말이다.

내존재란 현재까지는 사물적인 것이나 단순히 현존하는 것의 어떤 형상으로서 어디에 내포되어 있는 존재라는 전통적 의미, 즉 '어디에 있다' 고 하는 인간생존의 공간 개념이었다. 그러나 새로운 역발상으로 우리가 가시적인 대상이나 현실을 보다 근원적인 근거에 대해서 물음을 제기할 때, 그 근거가 직접 말하지 않으면서도 말해 주는 것은 이미 언제나 전제되어 있는 존재의 신뢰성이다. 이의 실현이 하이데거에게는 '동반존재' (Sein-bei)로서 표현되었고, 우리에게는 '스포츠존재' 로서 이해된다. 이는 세계 내 존재로서 인간 현존재가 이미 언제나 신뢰의 세계에 존재하고 있음과 같이 스포츠하는 인간은 이미 언제나 열려 있는 개방성의 세계를 인간존재의 실존범주로서 받아들이고 있음을 말한다. 이런 실존범주는 내가 신뢰하는 그곳에 언제나 내가 있음과 같이 인간존재에 대한 신뢰라는 의미에서의 실존 개념이다. 이로써 세계 내 존재로서의 인간 현존재는 언제나 신뢰의 세계에 존재함을 말하기 때문에 세계란 전통적 존재론의 표본으로서 데카르트식의 '연장물' (res extensa)인 세계 개념이 아니고, 인간 현존재 자체의 성격인 세계성에서 오는 실존 개념이다. 따라서 스포츠 존재론은 어떤 장소나 어떤 시설물과 같은 물적인 것에 관계하지 않고, 스포츠하는 인간 자신에 관계하고 인간존재에 관계한다. 따라서 스포츠의 공간성은 멀고 가까움의 물리적 거리를 측정하지 않고 오직 실존론적으로 거리감 자체를 사라지게 한다. 사라져서 무로 되는 것이 아니라, 존재로서 은폐되는 것이다. 높고 낮음 역시 사물과 사물 사이에 있는 거리인 자연적 범주가 아니라, 인간 현존재에 따라 실현되는 실존적 범주인 것이다.

이 전체를 요약하면 전통적 의미에서 인식과 인식의 대상이 서로 일치하지 않을 수 없듯이 인간 역시 스포츠를 전제로 할 때 필연적으로 세계 내 존재로서 존재할 수밖에 없다. 왜냐하면 스포츠하는 주체로서 인간은 이미 언제나 세계를 지시하지 않을 수 없기 때문이다. 세계 올림픽 경기나 월드컵 축구 경기, 혹은 유니버시아드 등도 세계를 지시하는 세계성의 성격을 띠어야 한다. 그런데도 예를 들어 2015년 광주 유니버시아드가 세계 143개국 1만 3000여 명이 화합과 우정으로 함께 참여한 젊은이들의 축제였고, 더욱 한국이 예상을 뒤엎고 금메달 47개로 메달 최종 순위 1위로 사상 최초의 기록을 냈다고 자만하면 스포츠 자체의 존재론적 의미는 어디에서도 찾아볼 수 없게 된다. 오히려 광주라는 경기장소가 얼마만큼이나 세계 각 곳으로부터 그 원근의 거리를 물리적이고 통계적으로가 아니라, 존재론적이고 실존론적으로 측정하는가에 따라 거리감이 결정된다. 물적 공간의 거리가 사라질 때 인간실존의 거리가 생성한다. 따라서 장소의 원근이 사물들에 있는 거리의 자연 범주라면, 인간의 존재는 본래적으로 세계 내에 있는 현존재의 실존 범주가 된다. 타향에 있는 자식은 아무리 멀리 떠나 있어도 언제나 어머니의 품속에 있다.

이렇듯 세계의 세계성에서는 유니버시아드에 참여한 선수들이나 관객들에게 객관적 사실의 순위나 결과 혹은 성과가 대단했다는 사실이 중요한 것이 아니라, 그런 결과나 성과 그 이상의 것 모든 전체를 지시하는 최고의 첨단이 존재이고, 그 첨단의 존재가 바로 인간 현존재임을 본래적으로 밝혀 주는 실존이 중요한 것이다. 그런 인간실존으로부터 세계는 마침내 존재 전체로 이해되어야 하는 것이다. 그렇다고 세계 스스로가 어떤 독자적인 입장이나 획기적인 가치를 가지는 것은 아니다. 이에 인간실존은 세계와 더불어 즉 2015년의 광주와 2016년의 리우라는 장소와 더불어 실현될 뿐만 아니라, 다른 사람들과 함께, 즉 1,3000여 명이라는 선수들은 물론이고 세계인들 모두와 함께, 비로소 존재론적으로 실현된다. 이 다른 사람들이 우리와 함께 현존함으로써 우리의 존재 모두는 '공동존재'로서 나타나게 된다. 선수들만이 아니라 세계인 모두가 하나의 존재로 이어지는 공동존재인 것이다. 이들은 '배려'의 대상인 도구나 사물이 아니라 우리가 마음을 써야 하는, 그러나 결코 심리적이 아닌 존재론적으로 무덤덤한 관심인 '심려'의 대상인 인간 현존재이다.

보다 적극적인 의미에서는 스포츠(유니버시아드)에 함께 동참한 1,3000여 명이라는 선수들이고, 이 선수들 간에 이루어지는 실존적 상호관계이며 상호소통이다. 스포츠가 놀이로부터 게임과 경기로 이어지면서 내내 단독존재로서가 아니라 서로 관계하면서 존재하는 실존적 공동존재, 즉 공동인간으로서 이루어졌던 것이다. 도대체 어떤 스포츠가 자기 자신의 명상으로만 가능하겠는가! 그렇다면 공동존재란 인간이 실존함으로서 함께하는 존재인 한, 그것은 인간실존의 필연적인 존재방식이 되지 않을 수 없다. 내가 나 자신을 함께 존재하는 공동인간으로서 해명될 수 있을 때, 비로소 나는 전체의 사람이 될 수 있다. 내가 다른 사람들에게 베풀면 베풀수록 나 자신은 공동의 사람이 될 수 있다는 말과도 통한다. 물론 스포츠라는 개념 자체 속에 이미 승패를 가늠하는 경기의 본성이 내재하지만, 이때도 승패라는 일시적인 사실의 결과보다는 이에 선행하는 서로의 본래적인 실존함의 관계가 존재론적으로 우선해야 한다. 이로써 공동의 인간이란 존재의 신뢰, 즉 인간존재의 신뢰가 비로소 실존론적으로 시공간의 한계를 넘어설 수 있게 된다. 이런 '공동존재'가 함께 스포츠하는 인간존재의 제2실존 범주라면, 제1실존 범주는 앞서 살펴본 '세계 내 존재'로서 이 양자는 스포츠 존재론을 위한 인간존재의 적극적이고 긍정적인 측면이라고 할 수 있다.

그렇다면 스포츠 존재론을 위한 인간존재의 소극적이고 부정적인 측면은 무엇일까? 인간존재의 근거는 도대체 무엇인가? 하이데거는 이를 불안과 양심, 그리고 죽음으로 지목했지만, 이 세 가지는 인간존재의 근본적 특성이기도 하다. 소위 자기 자신을 실현시킬 수 있는 존재능력으로서의 '실존성'과 자기 의지와는 무관하게 처음부터 세계 속의 던져진 피투성으로서의 '현사실성', 그리고 자기 자신이 존재하지 않을 수 있음을 스스로가 이해하는 자로서의 '몰락존재'이다. 이런 인간존재의 특성을 존재론적으로 풀어서 보면 '자신을 앞서 있는 존재'로서의 실존성이고, '이미 세계 내 있는 존재'로서의 현사실성이며, 그리고 끝으로 '이미 동반하고 있는 존재'로서의 몰락존재이다. 이 모두는 앞서 살펴본 피투된 '세계 내 존재'에서의 사물에 대한 '배려'와 기투된 '공동존재'에서의 사람에 대한 '심려'를 가능하게 한 '근심'에 근거한다. 따라서 이런 인간존재와 시간성의 삼중관계 불안과 양심, 그리고 죽음으로서 언급되었다. 그러나 우리에게 그의 '양심'은 모든 인간양심에 선행하면서도 그런 양심을 가능하게 하는 존재론적인 관점에서 인간의 타락성에 대한 경고로서 본래성을 지목한 것이었으나, 스포츠존재론을 정당화하는 운동의 계기로서는 그 진폭이 제한적인 것으로 판단되었다.

따라서 우리는 이보다 스포츠하는 인간에게 실존론적으로 직접 와

닿는 '세계 내 존재'와 '공동존재'가 세계개방성의 스포츠 활동과 인간존재의 신뢰라는 두 양식으로 지목되었다면, 이제는 존재론적으로 피해갈 수 없는 일종의 한계상황과 같은 것으로서 인간존재의 뿌리라고 할 수 있는 '불안'과 '죽음'을 지목하고자 하는 것이다. 불안이란 인간이 스포츠 경기에 임하기 전 이미 존재론적으로 인간 내에 존재하는 것이고, 죽음 역시 인간이 피해갈 수 없는 과거와 현재에서 미래로 가는 마지막 단계가 아니라 오히려 미래에서 현재와 과거로 이어지는 인간존재의 근거인 것이다. 왜냐하면 과거란 이미 '지나가 버리고'(Vergangenheit) 현재는 '없음'(Gehen)을 말하지만 '기재'(旣在: Gewesenheit)는 지나갔어도 현재의 흔적을 그대로 남겨 놓고 있는 '있음'(Sein)을 말하기 때문이다.

참으로 인간존재 자체가 세계 내에 피투되어 있다는 사실이 이미 불안이다. 사람이 스포츠 경기에 나선다고 해서 불안이 생기는 것일까? 이런 불안은 존재 자체로부터 오는 불안이 아니라 스포츠 경기의 메달에서 오는 불안이라면, 그것은 일종의 물적 공포라는 것이었다. 사실 공포란 불안과는 달리 그 대상이 있고, 따라서 거기에 대처하는 대안도 있으나, 불안에는 어떠한 대상이 없어 그 대처안도 없다. 굳이 표현하면 인간존재 자체에 대한 두려움이다. 이런 두려움은 현실적으로 그 대상이 있는 공포와는 다르게 불안에서 오는 것이라 존재론적으로는 두려운 것이 아니다. 이렇게 아무것도 아닌 것이나 없는 것이 아니고 있는 것이기 때문에, 불안은 인간존재를 무의 심연 앞으로 내세운다고 할 수 있다. 이것은 불안에서는 존재의 무화(無化)가 이루어진다는 말이다. 극단적으로 불안과 무는 내재적으로 공속되어 있다는 말이고, 이때의 무는 순수한 무위로서의 불안이다. 이런 무의 불안에서 인간존재가 냉랭함과 고독함 속으로 침잠하게 된다면, 일상인들은 스포츠 환상에

빠지게 되고 스포츠 광기에 눈과 귀가 멀게 되나 무의 불안 속에서 존
재론적으로 활동하는 스포츠인만은 자신이 가지고 있는 모든 외적인
것을 무로 간주해 버리고 말기 때문에 오히려 자신의 가장 내적인 실존
을 되갖게 된다.

　이런 존재론적 불안이 스포츠인으로 하여금 그 자신의 실존성을 되
가지게 한다면 존재론적 죽음은 스포츠하는 사람으로 하여금 인간존재
의 근거를 가장 긴박하게 탈은폐시킨다고 할 수 있다. 죽음은 누구도
대신할 수가 없다. 왜냐하면 죽음은 그 자신에 의하여 이루어지기 때문
이다. 언젠가 누구에게나 보편적으로 닥쳐올 역사적 사건으로서의 죽
음은 존재론적 죽음이 아니다. 죽음이란 분명 인간이 존재하는 한 방식
이기는 하나, 인간존재가 매 순간 바로 그 자신의 죽음을 통해서 비로
소 가장 본래적으로 된다면 스포츠하는 사람에게 죽음도 자신의 삶을
팀의 승리나 순간의 만족에 두지 않고 자기 삶의 전체성, 즉 자신의 존
재성에 설정하게 된다. 왜냐하면 죽음은 미래의 어느 한 시점에 있는
객관적 사실이 아니라 매 순간마다 그때그때 나의 죽음이기 때문이다.
따라서 인간존재의 근거로서 죽음 자체는 인간의 삶 전체를, 특히 그것
이 스포츠함의 경우에 있어서는 더욱 어느 한순간도 소홀히 하거나 방
심할 수 없어 일상적 삶의 의미 이상이 되게 존재론적으로 충만하도록
해야 한다. 이렇게 자신의 죽음을 눈으로 직시하듯이 스포츠 활동에 임
하는 사람이야말로 실존론적으로 자기 자신을 가장 근원적으로 각성하
는 사람이고 가장 본래적으로 존재하는 사람이다.

　이 전체를 다시 요약하면, 먼저 인간존재의 두 실존론적인 양상인
'세계 내 존재'와 '공동존재'를 스포츠 존재론에 대한 적극적인 내용
으로 정당화했다. 그리고 그다음은 인간존재의 두 존재론적인 근거인
'불안'과 '죽음'을 스포츠 존재론에 대한 소극적인 내용으로 정당화했

다. 이 양자 모두인 인간존재의 실존론적 양상과 인간존재의 존재론적 근거는 지금까지 우리가 추구해 온 새로운 스포츠철학의 스포츠 존재론을 위한 철학적 정초 작업이었다. 이에 대한 한계는 인간존재에 대한 존재론적 해명을 통해 존재 자체, 소위 스포츠의 존재 자체를 우회적으로 짚을 수 있었다고 해도, 기본적으로 사람 없는 스포츠 자체에 대한 정당성 확보는 온당할 수가 없어 추상적이었다고 할 수 있다. 따라서 다음 장에서 스포츠 인간론과 스포츠 존재론의 통합 이론으로서 실존론적 인간성 실현을 위한 '인간존재'의 스포츠철학 전반에 대해 짚으려고 한다.

V

'인간존재'의 스포츠철학과 인간성 실현

1. 인간과 존재의 통합론으로서 스포츠철학

지금까지 우리는 새로운 스포츠철학의 기틀을 마련하기 위해 스포츠의 단초라 할 수 있는 놀이와 게임, 그리고 경기를 바탕으로 하여 스포츠와 스포츠과학, 그리고 스포츠철학을 짚었다. 이상의 논의에서 알 수 있듯이 스포츠철학 이전의 놀이로부터 경기에 이르는 것은 물론 스포츠와 스포츠과학 모두 스포츠철학의 하부구조에 해당하고, 이를 기반으로 하고 있는 스포츠 인간론과 스포츠 존재론은 새로운 스포츠철학 구상의 상부구조에 해당한다. 여기에서 왜 스포츠 인간론이고, 스포츠 존재론인가에 대한 물음의 전제 조건은 스포츠철학을 위한 방법론이 대신했다. 기본적으로 스포츠 활동이란 크든 작든 하나의 행사로부터 시작되고, 그런 행사는 일종의 '사건'으로서 이어진다. 사건은 시공간의 연속성을 가지지만, 그 가시적인 주인공은 인간이다. 인간은 초시간적 무한존재가 아니라 시간적 유한존재이다.

그러나 여기서 인간존재라고 하면 그것은 유한과 무한을 전체로 아우르는 인간의 본질에 대한 규정, 즉 인간 자체에 대한 존재론적 규정을 의미한다. 따라서 새로운 스포츠철학을 가능케 하는 한 축이 인간이라면, 그런 인간을 근거지우는 다른 한 축은 그 존재가 된다. 다시 말하면 철학적 인간론의 한계를 극복하기 위해서는 그 논리적 근거로서 철학적 존재론의 기초가 필수적이고, 철학적 존재론의 한계를 극복하기 위해서는 그 현실적 실천으로서 철학적 인간론의 현상이 필수적이라는 말이다. 전자에서는 존재를 통한 탈존운동으로서 스포츠가 가능하게 되고, 후자에서는 인간을 통한 생명운동으로서 스포츠가 가능하게 됨으로써 이 양자의 통합이론으로서 '인간존재'의 스포츠철학이 성립한다. 이런 스포츠철학의 구성 내용을 짚어 가는 방법론은 해석학이었고, 이런 해석학적 방법론은 기본적으로 첫째, 텍스트나 사실에 대한 이해와 해석, 둘째, 사람에 대한 이해와 해석, 그리고 셋째, 인간존재에 대한 이해와 해석을 필요로 했다. 따라서 이를 전제로 한 새로운 스포츠철학을 위한 방법론은 먼저 인간학적 방법론이어야 했고, 이를 근거지워 주는 존재론적 방법론이어야 했다. 이 양자의 방법론이 인간과 존재를 함께 묶어 줌으로써 그 통합적인 의미에서 이 전체의 방법론을 우리는 '철학적 방법론'이라고 했다.

이를 전제로 하여 한편으로는 스포츠 인간론의 철학적 정초를 생물학적 생명운동에 두고 스포츠 인간론의 철학적 내용을 철학적-현상적 논리로 정당화하면서 '인간의 철학'으로서 스포츠 인간론을 정립하고자 했다. 그리고 다른 한편으로는 스포츠 존재론의 철학적 정초를 실존론적 탈존운동에다 두고, 스포츠 존재론의 철학적 내용을 철학적-해석학적 논리로 정당화하면서 '존재의 철학'으로서 스포츠 존재론을 마련하고자 했다. 그러나 이 양자의 한계는, 그것이 스포츠 인간론이든 혹은 스포츠 존재론이든, 어느 일자만으로는 인간존재를 위한 스포츠철학을 마련할 수가 없었다. 전자의 스포츠 인간론에서는 그 철학적 존재근거가 필요했고, 후자의 스포츠 존재론에서는 그 현실적 주체가 필요했다. 사실 스포츠 존재론을 통해 스포츠철학의 존재론적 근거는 마련할 수 있었다고 해도, '인간존재' 전체의 스포츠철학을 완성할 수는 없었다. 다만 그 '존재'에 해당하는 철학적-부분적 정당성을 확보했을 뿐이다. 왜냐하면 그것이 인간존재 자체나 스포츠존재 자체에 대해서는 정당화할 수 있었어도 스포츠 인간론의 생물학적 인간에 대해서는 속수무책이었기 때문이다. 그 역도 마찬가지였다. 다시 말하면 스포츠 인간론을 통해 스포츠철학의 인간학적 근거는 마련할 수 있었다고 해도, 그 존재근거에 대한 정당성은 확보할 수가 없었다.

사실 인간학이 인간에 관한 학적 지식 전체를 말하는 것이었고, 엄밀하게는 육체와 신체, 그리고 정신으로 이어지는 인간본성과 연관된 모든 것에 관한 연구를 지칭했다. 이런 인간학에 대한 많은 영역들 중 생물학은 그 으뜸 학문이라고 할 수 있었다. 왜냐하면 철학적 인간론마저 생물학적 기본 틀에 따라 식물과 동물, 그리고 인간을 철학적 범주론으로 규정하고 있기 때문이다. 이는 인간학이 민속학, 인체학, 인류학 등 너무나 많은 영역을 포괄함으로써 근원적인 방향성을 상실했음을 말하고, 철학적 인간론에 있어서도 개념 자체만을 정립하는 데 몰입하고 말았음을 의미한다. 이 결과 철학적 인간론의 이념을 가지고서는 본래적인 인간존재를 위한 근원의 철학이 되지 못했다. 철학적 인간론이야말로 인간에 관한 영역이론에 몰두하게 되었고, 존재자의 전체영역으로 분할되는 거기에만 매몰됨으로써 결코 철학의 중심에는, 즉 존재론의 내적 구조 근거에는 다가설 수 없었다. 물론 철학적 인간론 역시 철학의 목표나 그 철학의 출발점에서만 보면 철학적일 수는 있었다. 그러나 그 결과는 어떤 하나의 철학적 세계관에 빠질 수밖에 없었다. 따라서 철학적 인간론의 이념마저도 인간존재의 근거에 대한 철저한 존재론적 사유를 하지 못한 채 우주론적 관점에서 생명체의 영역들을 그 위상적 구조 틀에서만 대상적으로 고찰하기에 급급했다.

이런 한계 극복을 위해 우리에게는 인간의 본질이 무엇이고, 철학의 중심이 무엇이며, 또한 철학적 인간론이 어떤 능력과 해결책을 가지고 있는가에 대한 주체적이고 이성적인 해답이 중요하지 않았다. 다만 인간이 어떻게 근원적으로, 아니 실존론적-존재론적으로 되물어질 수 있는가가 중요했으며, 그 이상의 철학적 판단이 중요했다. 이러한 물음의 필연성 근거는 존재 자체에 대한 물음을 인간에게서 근원적으로 제기하는 데 있었고, 이어서 존재 그 자체의 물음이란 인간존재의 가장 내적인 본질에 해당하는 것이었다. 이런 존재에 대한 물음은 먼저 인간존재에 대한 이해가 되지 않을 수 없었다. 사실 존재 이해가 인간존재 자체에서 불가능하다면, 인간은 인간으로서 혹은 스포츠는 스포츠로서 존재할 수 없게 된다. 이런 인간의 존재양식이 인간실존이고, 이런 인간 실존은 존재이해를 근거로 해서만 가능했다.

이 결과로 인간존재는 생물학적 인간은 물론이고, 철학적 인간보다 더 근원적임이 드러났다. 생물학적 인간보다는 철학적 존재가 더욱 우선한다는 말이다. 이런 의미에서 철학적 인간론도 생물학적 인간보다 더 근원적인 철학적 존재에 대해 물을 수가 없었다. 역으로 보면 철학적 인간론은 인간을 이미 인간(학)으로 정립해 놓고서 인간을 묻고 있는 격이 되고 말았다는 말이다. 이로써 하이데거는 이해하기조차 어려운 "인간이란 무엇인가 하는 물음을 인간존재인 현존재의 형이상학이 떠맡아야 하고", 그런 "현존재의 형이상학은 현존재에 관한 형이상학

일 뿐 아니라, 현존재로서 필연적으로 생기하는 형이상학"이라 하게
되었다. 달리 인용하면 철학적 인간론 자체가 인간학이라는 단지 그 이
유만으로 철학에서의 근본 학문으로서 합당하게 자리매김할 수는 없
다. 도리어 철학적 인간론은 인간에 과한 물음을 형이상학의 정초작업
을 통해 물음을 던짐으로써 완성해야 한다는 필연성이 여전히 내재되
어 있는[1] 것이다.

 이처럼 그가 인간존재에 있어서도 인간보다는 존재를 지고의 철학적
목적으로 삼았기 때문에 스포츠철학을 위한 존재론적 근거지음으로써
는 바람직했으나, 스포츠철학의 현실적인 인간학적 성과를 전적으로
배제했다는 점에서는 또한 다른 한계라고 하지 않을 수가 없었다. 단적
으로 인간 없이 스포츠가 존재할 수 있는가! 인간 없는 스포츠는 공허
할 뿐이다. 이는 마치 인간 없는 인간성을 주장하고, 역사 없는 역사성
을 주장함과 같다. 그렇다면 새로운 스포츠철학을 위한 하이데거적 스
포츠 존재론 역시 반만의 성공이라 할 수밖에 없다. 설령 그가 존재 자
체가 아니라, 인간을 통해 존재의 의미를 되묻고 스포츠 존재론의 정당
성을 주장하고 나섰다 해도, 스포츠 존재론 자체만으로는 여전히 스포
츠의 근거는 될 수 있었을지언정 스포츠철학 전체를 정당화 할 수는 없
었다. 따라서 이들 양자인 인간 현존재의 존재론과 철학적 인간론의 통
합이론을 '인간존재' 의 새로운 스포츠철학으로서 정당화하고자 한다.
그렇다고 궁극적인 철학적 문제제기가 완결되는 것은 아니다. 왜냐하
면 이런 인간학적 문제제기나 존재론적 문제제기 이전에 더욱 치열한
철학적 논쟁이, 즉 본연지성(本然之性)인가, 혹은 기질지성(氣質之性)인

---

1 M. Heidegger: 『칸트와 형이상학의 문제』. 이선일 역. 서울: 한길사, 2003, 298쪽
참조.

가, 주리적 이기설(主理的 理氣說)인가, 혹은 이기호발설(理氣互發說)인
가, 아니면 이유체용설(理有體用說)인가, 등과 같은 주장들인 사단칠정
(四端七情)[2]의 논쟁이 우리에게도 있었기 때문이다.

2. 스포츠철학을 위한 서양철학적 논리성

먼저 '인간존재'의 새로운 스포츠철학의 논리적 전형을 위한 철학적이
고 현실적인 논리성은 헤겔철학의 논리학에서 찾아볼 수 있다. 그의 논
리학은 순수이성의 체계로서 이해된다. 이는 즉자대자(即自對自)적으
로 있는 존재와 무, 그리고 이 양자의 통일인 생성으로서의 진리이다.[3]
여기서 우리에게 철학적으로 중요한 것은 어떤 사실을 선취해 내는 것
이 아니라 적어도 사실에 대한 면밀한 고찰을 통하여 우리의 안목을 새
로 여는 것이다.

따라서 우리에게는 스포츠나 스포츠철학을 보편타당하게 이론적으
로 서술해 내는 것이 중요한 것이 아니라 스포츠철학의 내용 구성에 대
한 분석적이고 종합적인 논리 근거가 중요하다. 그렇지 않고서는 스포
츠철학의 내재적 진리를 놓칠 수 있기 때문이다. 철학이 지금까지 본질
적으로 생물학과 같은 대상적 개체 학문과는 달리 이성적 보편성을 추
구하여 온 것도 그것이 막무가내 공허한 것도 아니고 추상적인 것만도
아니었기 때문이다. 오히려 그것은 논리적으로 정당했을 뿐만 아니라

---

2   사람의 본성에서 우러나오는 네 가지의 마음씨와 일곱 가지의 감정인 仁義禮智의
惻隱之心, 羞惡之心, 辭讓之心, 是非之心과 喜怒哀樂愛惡欲을 말함.
3   G. Dellbrügger:『인식의 상처와 치유: 인간지성을 위한 헤겔의 투쟁』. 현욱 역.
서울: 서광사, 2012 참조.

존재론적으로도 실현가능한 것으로 논증될 수 있는 것이었다. 이처럼 개체인간이 아닌 스포츠 존재론의 보편성을 찾아 정당화하는 것이 개개 사실적인 스포츠 인간론에 대한 새로운 안목을 열어 주는 계기가 된 것이다. 왜냐하면 존재의 보편성란 오직 구체적인 현실 상황 속에서 그 본질성과 함께 생성의 요소로서 실현되는 것이기 때문이다.

칸트에 있어서 철학적 사유란 그 본래의 본성에 따라 대상을 규정함으로써 자연은 자연이고, 사유는 사유라고 하는 이원론적 입장을 취한다. 이를 극단화하면 인간은 인간이고, 스포츠는 스포츠라고 하는 스포츠이원론이다. 그러나 헤겔은 자연과 인간, 인간과 스포츠의 현실 영역 전체를 사유로 포착함으로써 일원론적 입장을 취한다. 스포츠와 인간을 이원론으로 보지 않고 일원론으로 봤다는 말이다. 이 모두를 그는 '사유'로서 논증코자 했고, 이에 그의 논리학은 관념적일 수밖에 없었다. 그렇다고 사유가 영구히 사유로서만 남는 것이 아니라, 외화하여 자연과 함께하는 개념적 사유 운동이 되는 것이다. 대상을 떠나 있는 사유는 현실적인 사유가 아니라는 것이다. 사람을 떠나 있는 스포츠는 현실적인 스포츠일 수가 없고, 오직 스포츠는 인간존재를 통해서만 스포츠의 본래 모습을 드러내게 된다. 따라서 사유는 현실적으로 자연을 통해서 그 모습을 드러내고, 자연은 사유를 통해서 비로소 논증된다고 할 수 있다. 나아가 자연을 구성하고 있는 개개의 사물들은 상호불가분의 내적 연관성 내에 존재하고, 이런 연관성 내의 모든 존재는 상호 생성함으로써 자기 스스로를 드러내게 된다. 이런 생성의 내적 원리가 그에게는 변증법이었고, 변증법은 실재 사물의 생명을 이끄는 사유 방법이며 자기운동으로서의 논리적인 것이다.

여기에서 논리적이란 헤겔에게는 현실을 떠나 있는 단순한 이론적 체계성이 아니라, 사유능력의 자기운동으로서 현실성이다. 이런 현실성의 논리적 사유를 그는 형태적으로 세 가지를 짚었다. 즉 오성적 사유 형태와 변증적 사유 형태, 그리고 이성적 사유 형태이다. 먼저 오성적 사유 형태란 "A는 A이고, B가 아니다."와 같은 동일률과 모순율, 그리고 배중률 등에 대한 형식적 판단논리이다. 예를 들면 "사랑을 한다"나 "스포츠를 한다"에서와 같이 한번 결심하고 결정한 사실은 보편타당한 것으로 간주되어 불변의 사실로 확정하는 사유판단이다. 이런 사유활동을 오성적 판단이라 한다. 이런 오성적 판단은 현재의 사실을 보편성의 형식으로서 지속 가능하도록 하는 사유 활동으로서 초지일관하는 사유 판단이고, 대자적으로만 존속하는 사유 판단이다. 여기에는 끼어들 수 있는 제3의 여지가 전혀 없어 대상에 대한 일관된 하나의 규정성만을 용납하고, 다른 규정성에 대한 구별은 용납하지 않는다. 그러므로 오성적 판단으로 하여금 스스로를 되돌아볼 수 있게 하는 사유논리가 변증논리이다.

이런 변증논리는 우리로 하여금 자신의 반성을 통해 오성적 판단으로 규정된 사실이 무한하지 않고 유한한 고유의 진리임을 알게 한다. 따라서 반성은 부동의 오성적 판단에서 벗어나게 하는 초월작용인 동시에 그런 판단을 상호관계적인 것으로 가능하게 하는 심화작용이다. 그러면서도 그런 오성적 판단을 지속적으로 타당하게 이행하도록 하는 능력도 가진다. 이런 자기 지양적 반성의 계기를 가지는 변증논리는 오성적 판단이 내리는 확정성과 규정성을 자기 스스로 지양하도록 하는 내재적 초월작용의 논리이기도 하다. 여기에서 우리는 스포츠가 스포츠만으로서 혹은 인간이 인간만으로서 가능한 것이 아니라, 스포츠와 인간, 그리고 그 존재와의 한 연관성 속에서 가능하게 됨을 알게 된다. 특히 스포츠가 스포츠 자체로부터 초월하여 인간과의 관계를 맺고, 인간이 인간으로부터 초탈하여 스포츠와의 관계를 맺으며, 나아가 스포츠와 인간 그 모두를 존재 자체의 근거에서 논리적으로 타당하게 해 주는 것이 바로 변증논리이다. 이로써 변증논리는 "스포츠를 한다."와 같은 오성적 판단을 부정하지 않으면서도 그런 판단의 확정성을 스스로 지양토록 함으로써 그 내적 연관성과 그 필연성으로서 이성적 사유를, 즉 우리에게는 근거에 대한 존재론적 사유를 가능하도록 한다. 소위 오성적 판단의 해체와 더불어 그로부터 이행하게 하는 것이 이성적 사유이다.

이런 이성적 사유가 아무리 추상적이라고 해도, 사유될 수 있다는 그 사실이 바로 구체적인 것이라고 할 수 있는 것은 이성적인 것이 공허한 어떤 형식적 논리로서 존재하는 것이 아니라, 모든 오성적 판단에 따른 규정성들을 하나로 묶어 주는 살아 있는 현실이기 때문이다. 따라서 변증적인 논리나 이성적인 논리를 배제하는 오성적 사유판단은 단순한 형식논리에 따라 대상의 구체적 사실을 일방적으로만 추상화하고 보편화하고 만다. 그런데도 오성적 사유가 필요한 것은 이성적 사유에 오성이 따르지 않는다면 당장의 어떠한 확실성이나 자명성도 확보할 수 없기 때문이다. 동일성에 근거하는 수학이 그렇고, 우리가 주목표로 삼고 있는 스포츠가 그렇다.

오성적 판단에서 보면 스포츠에 있어서 훈련이란 절체절명에 해당하는 하나의 본질적 요소이다. 그런데 이런 오성적 판단이 결여되면 될수록 필수불가결의 훈련은 불완전하게 된다. 이에 오성적 사유와 이성적 사유를 연결시켜 주는 변증적 논리가 절대적으로 필요한 것이다. 왜냐하면 변증논리라는 것이 매개적으로 "모든 운동, 모든 생명, 모든 현실에 있어서 실천의 원리임과 같이 진실로 과학적인 모든 인식작용의 영(靈)"(Enzy. §80.Zus.)이기 때문이다. 그런데도 이 변증논리란 오성적 사유 판단과 이성적 사유 판단을 연결시켜 주는 '지양'의 계기 내지 매개 역할에 그치고 말기 때문에 우리에게는 오성의 영역에 해당하는 가시적인 스포츠와 인간, 그리고 이성의 영역에 해당하는 이 양자의 불가시적 근거인 존재가 더욱 중요하게 된다.

헤겔에 있어서 논리적인 것의 세 가지 측면과 연관하여 그의 논리학 전체를 보면 그것은 존재론과 본질론, 그리고 개념론으로 구성되어 있다. 특히 그가 철학에서 다루고 있는 모든 개념은 사물의 현상을 설명하기 위한, 그러니까 자연이나 사물 등은 말할 것도 없고, 스포츠나 인간 혹은 존재나 사유까지 고정되어 있거나 확정되어 있는 것이 아니라, 살아서 생동하면서 진화하는 것이다. 개념의 내적 진지성이야말로 사실 자체의 심층까지 파고들게 하는 능력이기 때문에 "진리는 오직 개념을 통해서만 스스로 실존할 수 있는 요소를 지닌다."[4]라고 그는 말할 수 있었다. 진리는 개념으로서 드러나고, 그 참된 형태는 철학적 체계로서 존재한다. 이런 "개념에 내재하는 운동의 원리"[5]가 공개적으로 정과 반, 그리고 합이 되는 변증법이고, 이것이야말로 엄밀하게는 하나의 불완전한 사유 논리이다. 그 이유를 에둘러 표현하면 그것은 어떤 규정성이나 확정성에 대한 고유한 자기 지양 작용이고, 동시에 대립된 하나의 사실에서부터 다른 하나의 사실로 이행하도록 하는 작용이기 때문이라고 할 수 있다. 달리 표현하면 그런 변증적 사유라는 것이 논리적으로 아무리 능수능란한 운동원리라고 하더라도, 학적 개념으로서는 이것도 저것도 아직 아니라는 일종의 회의론에 빠지고 말기 때문이다. 사실 회의론이란 것이 변증논적 사유에서 보면 다만 부정성만을 용납하는 이론인 것이기도 하다.

---

4   G. W. F. Hegel: 『정신형상학』. 임석진 역. 왜관: 분도출판사, 1980, 61쪽 참조.
5   G. W. F. Hegel: 상게서, 115쪽. cf.: 김석수: 『요청과 지양: 칸트와 헤겔을 중심으로』. 서울: 울력, 2016 참조.

이런 개념론이 헤겔에게는 결국 자신의 존재론과 본질론, 그리고 이성과 현실인 이론과 실천 모두를 아우르는 이념론으로서 설정이 되었다. 특히 존재론의 질에서는 순수존재와 특정존재, 그리고 대자존재를 정반합으로 설정하여 이 대자존재를 양으로 이행할 수 있는 합의 계기로 보았다. 이런 논리는 순수존재에서도 그대로 반복이 된다. 이미 앞에서 언급한 대로 그 자체적으로 무규정성 속에 있는 이념을 개념적으로 '존재'라고들 하나, 이런 이념이란 현실적으로 존재하는 소나 말, 바위와 같은 대상적 '사물'이 아니므로 사실상 아무것도 없는 '무'이다. 그러나 그렇게 아무것도 없는 무라고 생각하는 사유 속에 있는 무란 또한 존재로서 사유됨으로써 그런 존재와 무를 넘어서는 '생성'이 합으로서 한 형상의 모습을 띠게 된다. 이의 생성은 정과 반으로서의 존재와 무를 자체 내에 내포하나, 그의 변증적 사유 논리에서는 "순수한 존재와 순수한 무는 동일한 것"이었다. 헤겔의 절대정신철학에 대해서 하이데거는 반기를 들었으나, 그의 철학적 사유 논리에 따른 위의 명제에 대해서만은 그 자신도 극구 찬성하여 그를 따랐다. 마침내 그는 헤겔의 '절대정신'을 자신의 '현존재의 해석학'[6]으로 탈바꿈시켰고, 마침내 자신의 새로운 기초존재론의 철학을 인간존재의 철학으로서 정초했던 것이다.

3. 스포츠철학을 위한 동양철학적 정당성

인간존재의 스포츠철학을 위한 동양철학적 계기는 가장 보편적으로 알

---

6   M. Heidegger: 『존재와 시간』. 이기상 역. 서울: 까치글방, 1999, 62쪽 참조.

려진 태극의 음양론이나, 오행론 혹은 역(易)론에서도 찾아볼 수 있다. 그러나 우리는 성리학의 본체론에 해당하는 도의 체용론(體用論)에서 간략히 살펴보려고 한다. 일반적으로 형이상학과 형이하학이 존재론의 두 측면에서 세계 존재를 양분한 것이라면, 체와 용은 실천론의 두 측면에서 세계양상을 본체과 현상으로 양분한 것이다. 다시 말하면 사물의 두 측면을 체와 용으로 나누어 그 의미와 내용을 이해하고자 하는 논리이다. 체는 사물의 본질 내지 본체로서 근본적인 원형의 틀을 구성하고, 용은 사물의 작용 내지 현상, 즉 체에서 파생된 현실 내용을 이룬다.

이 체용론의 기원에 대해서는 시대에 따라 각각 다르게 해석되어 왔으나, 스포츠철학의 내용적 구성 틀에서 보면 당장 그런 해석의 차이는 크게 중요치 않다. 다만 체론(體論)은 넓은 의미에서 우리에게는 스포츠 존재론에 해당하고, 용론(用論)은 스포츠 인간론에 해당한다고 할 수 있다. 그럼에도 불구하고 역사적으로는 송대 이전 왕필이 "만물은 비록 귀하지만 무를 용으로 하니, 무를 버리고서는 체라고 할 수 없다."고 한 것을 몽배원(蒙培元)이 "체는 현상 배후의 본질 존재로서 무형이지만, 존재의 전체를 가리키는 것이고, 용은 본질이 표현하는 작용이며, 유형의 형상세계이다."라고 해석했다. 이에 한걸음 더 나아가 "체는 보편적 실체성의 존재로서 스스로가 근원이 되는 것이지, 그것의 바깥에 따라 근원이 있는 것이 아니다. 다만 이것은 반드시 잠재에서 실현으로, 보편에서 구체로, 절대에서 상대로 드러나게 되는데, 이것이 바로 용의 문제이다. 용은 비록 본체의 기능이자 작용이지만, 또한 활발한 현실적 감성의 존재이며, 생동적이고 구체적인 과정을 표현하는 것이다. 이것이 성리학자들이 사용한 체용 개념의 공통적 출발점"[7]이

___
7   蒙培元: 『성리학의 개념들』. 홍원식·황지원·이기훈·이상호 공역. 서울: 예문서

라고 했다.

특히 북송 시대의 이정이 체와 용의 관계를 헤겔보다 훨씬 이전에 변증법적으로 전개하고 있음을 정이(程頤)에서도 확인할 수 있고,[8] 남송 시대의 주자는 "원래 존재하는 것은 바로 체이고, 이후에 생한 것은 용이다."하여 먼저 체가 있었고, 그 후에 용이 있었다고 하여 체가 일차적인 존재이고, 용은 체에서 파생된 것으로 간주했다. 다음으로 우리가 짚을 이(理)와 기(氣)의 관계 역시 주자에서는 체용의 관계로 보고, 본체와 작용의 관계로 본다. 그러나 특이하게 기와 사물의 관계는 생성의 관계로 보고, 체용의 관계로는 보지 않는다. 그 이유는 생성의 관계란 형이하자 내지 형상계이기 때문이다. 그러니까 그에게는 형이상학의 이만이 본체론적 존재가 된다. 뿐만 아니라 그에게 체용의 관계는 본체론적 관계인 동시에 논리적인 관계이기도 하다. 이미 앞에서 체가 먼저 있고, 후에 용이 있다고 했다. 다시 말하면 용이 체로부터 발한다는 말이다. 현실적으로 용이 없으면 체가 없고, 체가 없으면 용도 없음과 같이 체가 있으면 반드시 용이 있고, 용이 있으면 반드시 체가 있다. 그러나 그에게는 용이 아닌 체만이 만물의 근원이고, 만물의 근원이 바로 체임으로 그 체가 태극의 본체라는 것이다. 이때 본체란 결코 어떤 사물이 아니라 일종의 도체(道體)이다. 본체로서의 도체는 가시적으로 존재하는 사물이 아니라, 침잠하여 존재하는 생성의 근원이다. 이 근원이 능동적으로 발동할 때 현실적인 존재가 된다.

여기에서 동서양의 철학적 문제 해결 방식들 중 하나의 중요한 시사점을 발견할 수 있다. 주자는 자신의 철학적 사유한계를 넘나들기는 했

원, 2008, 298-300쪽 참조.

8   程頤:『伊川易傳』. 體用一源 顯微無間. 상게서, 306쪽.

지만, 동양철학 전반을 통해서 보면 형이상학적 문제를 본체론적 입장
에서만 해결하고자 했다. 그러나 서양철학에서는 인간존재의 계기에
서, 그것도 더욱 실천적으로, 특히 지금까지 고찰해 온 하이데거의 스
포츠 존재론에서는 본체론적 의미의 형이상학을 인간 현존재의 기초존
재론적 입장에서만 해석학적으로 해결하고자 했다. 다시 말하면 순수
한 형이상학적 존재 문제를 인간존재에서 그 해결책의 실마리를 찾고
자 했던 것이다. 즉 자체적으로는 체(體)라고 해도 현실적으로는 공허
한 순수존재 대신 체와 용을 함께 겸비하고 있는 '인간존재'를 지목하
고, 이런 인간존재를 우리는 스포츠 존재론을 통해 존재의 본래 모습을
제시하고자 한 것이다.

　　이는 서양철학적 사유 전체에서 보면 일종의 역발상이었고, 이런 역
발상을 20세기에 와서 하이데거가 처음으로 시도하고 성공함으로써 자
신의 철학적 입지를 존재론적으로 굳힐 수 있었다. 그것이 바로 순수한
존재의 상자를 열 수 있는 열쇠의 고리를 바로 인간으로 보았던 이유이
고, 그런 인간만이 대상적인 존재자에서 존재에로 탈존하여 그 자신의
한계를 넘어설 수 있는 유일한 방책이었다. 따라서 인간은 존재자일 뿐
만 아니라, 존재자의 존재로서 마침내 자기 자신을 이해할 수 있는 존
재가 된 것이다. 이런 존재가 인간으로 하여금 모든 이해 가능한 사실
의 근거가 됨으로써 존재론이 모든 학문을 위한 기틀로 자리를 굳힐 수
있게 되었고, 결국 서양철학적 사유논리의 새로운 주축이 되었다. 이런
존재론적 사유논리에서 적어도 하이데거의 전기 사상에서는 인간존재
의 실존론적 본래모습이 스포츠 존재론을 통해 드러내 보였다면, 철학
적 인간론에서는 인간생존의 탈중심적 모습이 스포츠 인간론을 통해
드러내 보였던 것이다.

　　이를 동양철학적 체와 용의 관계론에서 보면 스포츠 존재론은 유·

불 · 도의 체에 해당하고, 스포츠 인간론은 그것의 용에 해당한다. 이는 다시 이중구조로서 스포츠 인간론에서의 인간은 체에 해당하고, 스포츠는 용에 해당하며, 스포츠 존재론에서의 존재는 체에 해당하고, 스포츠는 용에 해당한다. 물론 주희가 체와 용의 관계론에서 상대적 의미로 신체는 체이고, 눈 코 입, 그리고 손발을 움직이는 것은 용이라고 하고, 또는 하늘은 체이고, 만물은 그에 따른 용이라고 하며, 땅은 체이고, 만물은 이에 생하는 용이라고 했다면, 그는 형이하학자라고 말할 수도 있으나, 형이상자가 체이고, 형이하자는 용이라고 하는 것을 그가 고수하고 있다면, 그 자신은 결코 형이하자는 아니었다. "만약 형이상자로 말하자면 비어 아득한 것(沖漠者)이 물론 체가 되고, 그것이 사물 사이에서 발현하는 것은 용이다. 만약 형이하자로 말하자면 사물이 또한 체가 되고, 그 이(理)가 발현하는 것이 용이 된다. 형이상자가 도의 체가 되고, 천하의 달도(達道)가 도의 용이 된다고 개괄하여 말해서는 안 된다."[9] 고 함으로써 그는 동양적 형이상학의 사유에서 자유로울 수가 없었다. 이런 체와 용의 관계가 현실적으로는 서로 분리될 수 없다고 해도, 순수이론적으로 양립될 수 있다면, 이는 형이상학적이라고 할 수 있다. 특히 심성론에서 그는 마음을 체와 용으로 나누어 발(發)하기 이전을 마음의 체라고 하고, 이미 발한 것을 마음의 용이라고 했다면 더욱 그렇다. 따라서 우리는 마음의 미발(未發)을 가리키는 성(性)과 마음의 이발(已發)을 가리키는 정(情)이 체와 용의 관계임을 알 수 있다. 스포츠의 미발을 가리키는 스포츠 존재론과 스포츠의 이발을 가리키는 스포츠 인간론 역시 엄격하지는 않지만 체와 용의 관계라고 할 수도 있다.

---

9   蒙培元:『성리학의 개념들』, 홍원식 · 황지원 · 이기훈 · 이상호 공역. 서울: 예문서원, 2008, 314쪽;『朱子文集』,「答呂子約」참조.

특히 퇴계 이황(1501-1570)은 사단칠정논쟁(四端七情論爭)에서 사
단은 이의 발(發)이고, 칠정은 기의 발이라 하여 이기호발설(理氣互發
說)을 주장했다. 본래 성리학에서는 동정(動靜)하는 것은 기(氣)이고,
이(理)는 그 동정의 소이(所以)일 뿐, 그 자체가 동정하는 것은 아니다.
이에 정의(情意)와 조작(造作)은 없다고 할 수 있었다. 따라서 퇴계의
이발설(理發說)·이동설(理動說)·이자도설(理自到說)은 분명히 성리학
의 설명과는 달랐다. 퇴계는 무엇보다 먼저 자신의 철학논리를 "체와
용이라는 것은 두 가지가 있는데, 도리에 대하여 말한 것이 있으니 아
득하여 조짐이 없으나, 만상(萬象)이 빠짐없이 갖추어 있다는 것이 그
것이요, 사물에 나아가 말한 것이 있으니 배는 물에 다닐 수 있고, 수레
는 육지에 다닐 수 있다는 것과 실제 배와 수레가 물과 육지에 다니는
것과 같은 것이 그것이다"라는 체용론으로 설정했다. 이에 그는 이 자
체를 체와 용으로 하여 "대개 정의가 없다고 운운한 것은 본연의 체요,
발하고 생(生)할 수 있는 것은 지묘(至妙)한 용"이라 하고, 이에 정의와
조작이 없다는 것은 이의 체를 말하는 것이고, 이가 발동하고 생한다는
것은 이의 용이라고 할 수 있었다.

여기서 인간의 정감을 측은(惻隱), 수오(羞惡), 사양(辭讓), 시비(是
非): 이 4가지 단서(端緒)로 분류한 사단(四端)과 인간의 감정을 희
(喜), 노(怒), 애(哀), 구(懼), 애(愛), 오(惡), 욕(欲)의 일곱 가지 정으
로 나눈 칠정(七情)에 대한 논쟁으로 대두된 이(理)와 기(氣)의 이론[10]
을 스포츠 존재론과 스포츠 인간론의 이론적 관계성으로서 고찰해 보
고자 한다. 왜냐하면 사단과 칠정을 좁게는 스포츠 존재론에서의 스포
츠와 존재의 관계로, 그리고 스포츠 인간론에서의 스포츠와 인간의 관

---

10   尹絲淳: 『韓國儒學論究』. 서울: 현암사, 1980, 71-165쪽 참조.

계로, 넓게는 스포츠 존재론과 스포츠 인간론의 관계로 설정하여 고찰함으로써 인간존재에 대한 철학적 논쟁이야말로 시대나 지역을 넘어서 인간본연의 사유논리로 이어질 수 있음을 확인할 수 있기 때문이다.

퇴계와 함께 율곡(1536-1584)은 이미 400여 년 전에 스포츠 존재론과 스포츠 인간론의 철학적 모태라 할 수 있는 사단칠정론(四端七情論)의 이(理)와 기(氣)에 대한 논쟁을 현대의 플레스너와 같은 철학적 인간론자들이나 하이데거와 같은 실존론적 존재론자의 철학적 사유 이상으로 짚고 있었다는 사실이다. 퇴계는 기존의 이기이원론을 사단칠정론[11]으로 정립하면서 이와 기의 관계가 서로 떨어질 수 없는 것이라 해도, 사단은 그 본래가 마음속에 있는 본연지성이고, 칠정은 그 본래가 기질지성이라 했다. 또한 사단 역시 그 말의 주가 이에 있고, 칠정은 기에 있기 때문에 사단을 이지발(理之發)이라 할 수 있고, 칠정을 기지발(氣之發)이라 할 수 있다고 했다. 이에 사단은 이가 발함에 기가 따르는 것(理發氣隨)이고, 칠정은 기가 발함에 이가 타는 것(氣發理乘)이라는 자신의 독자적인 주장을 할 수 있었다.

이런 퇴계의 이기호발설(理氣互發說)은 자신의 이기이원론을 더욱 심화시켜 결국 이(理)와 기(氣)가 상호 구별되는 실재임을 보여 주었다. 그러면서도 그는 기뿐만 아니라, 이도 발한다는 이기호발설을 견지하여 '이발이기수지 기발이이승지(理發而氣隨之氣發而理乘之)'를 주장함으로써 사단칠정론에서도 순선(純善)인 사단(四端)은 이발(理發)의 결과이고, 유선악(有善惡)인 칠정(七情)은 기발(氣發)의 결과라고 했다.

---

11   홍원식: 「사단칠정논쟁, 한국주자학의 시대를 열다」. 대구: 목요철학인문포럼, 2015: 홍원식은 사단칠정 논쟁을 사단과 칠정의 관계, 천지지성과 기질지성의 관계, 이와 기의 관계, 이의 동정과 이기호발론으로 나누어 고찰한 후 율곡의 氣發一途說에 맞선 한주 이진상의 唯理論的 理發一途說을 지목했음.

이 때문에 결국 사단과 칠정도 그에게는 서로 구별되는 것이었다. 이런 퇴계의 사단칠정론과 이기이원론을 스포츠 존재론의 존재와 스포츠 혹은 존재자의 탈존관계로 본다면, 존재는 이(理)에 해당하고, 스포츠는 기(氣)에 해당하며, 존재는 이에 해당하고, 그 탈존은 기에 해당한다.

　이와 마찬가지로 스포츠 인간론에서도 인간은 이(理)에 해당하고, 스포츠는 기(氣)에 해당한다고 할 수 있다. 이 양자는 서로 떨어질 수 없는 이기의 관계이나,[12] 이가 발함에 기가 따르는 것(理發氣隨)이라고 하면, 사람이 운동을 함으로써 스포츠가 이루어진다는 것이고, 기가 발함에 이가 타는 것(氣發理乘)이라고 하면, 스포츠가 행해짐으로써 사람이 거기에 함께 한다는 주장이 된다. 앞에서와 같이 보다 넓은 의미에서도 스포츠 존재론이 '존재'에 근거하는 한, 이지발(理之發)이라 할 수 있고, 스포츠 인간론은 '인간'에 근거하는 한, 기지발(氣之發)이라 할 수 있다. 그렇다면 결국 퇴계는 사단(四端)과 칠정(七情)을 두 가지로 나누어 사단(四端)을 주리(主理)로, 칠정(七情)을 주기(主氣)로 보았고, 또한 사단(四端)을 이발이기수지(理發而氣隨之)라 하고, 칠정(七情)을 기발이이승지(氣發而理乘之)라 함으로써 이(理)와 기(氣)가 상호 구별되는 자신의 이기이원론을 이기호발설(理氣互發說)로서 마무리한 것이다. 이처럼 퇴계의 눈높이로만 보면 스포츠철학의 성립이 기지발의 스포츠 인간론과 이지발의 스포츠 존재론의 이원론적 통합 이론으로서 가능하다고 할 수 있다.

　이에 율곡은 사단(四端)과 칠정(七情)을 분리하지 않고 사단(四端)을 칠정(七情)에 포함시켜 사단과 칠정 모두를 기발이승(氣發理乘)라 하면서도 칠정(七情) 역시 주기(主氣)로서만 보지는 않았다. 오히려 그는

12　장윤수: 『경북 북부지역의 성리학』. 서울: 심산출판사, 2013, 41쪽 이하 참조.

이발(理發)을 부정하고, 발하는 것은 그 발하기 때문에 이미 기(氣)이며, 발하는 그 까닭이나 근거는 마침내 이(理)라고 하여 소위 기발이이승지(氣發而理乘之)만을 주장했다.[13] 이처럼 그의 눈높이에서 보면 스포츠 존재론이 이미 스포츠 인간론에 포함되어 있다는 칠정포사단(七情包四端)에 해당한다. 사단과 칠정 모두가 기발이승하는 것이기 때문에 사실상 이발(理發)을 부정하게 된다. 설령 사단을 주리(主理)라고는 할 수 있을지언정 칠정(七情)을 주기(主氣)라고만 할 수는 없다. 왜냐하면 사단은 칠정 중에서 선한 것만을 가려낸 것이고, 칠정은 사단을 포함하기 때문이라는 것이다. 따라서 이(理)를 앞세우는 퇴계와는 다른 기(氣)의 길을 율곡은 걷게 되었다. 스포츠 존재론과 스포츠 인간론 그 모두에서도 인간이 먼저 스포츠를 하기 때문에 그 스포츠에 존재론적 근거가, 즉 이가 따르는 것이지, 결코 스포츠 존재론이 먼저 발동하기 때문에 인간이 스포츠하는 것은 아니라는 말이다. 더욱 엄밀하게는 스포츠 존재론이 이에 해당된다고 해서 스포츠 인간론이 기라고만 할 수 없는 것도 인간 자신이 이미 스스로에게 물을 수 있고, 묻기 위해 스스로를 탈(脫)할 수 있기 때문이다.

따라서 율곡에게는 이와 기가 논리적으로는 구별 가능하지만, 현실적으로는 가능하지가 않다. 스포츠에 있어서 존재론과 인간론은 서로 분리될 수 있는 것이 아니기 때문에, 그에게 있어서 존재론은 인간론의 주개념의 역할을 하고, 인간론은 존재론의 빈개념의 역할을 한다는 사실이다. 그렇다고 이는 선후나 주종의 관계가 아니라 그 소임(所任)을 가리킬 뿐이다. 어떻든 율곡은 세상 만물이 이(理)와 기(氣)로 되어 있

---

13 尹絲淳: 『韓國儒學思想論』. 서울: 열음사, 1986, 97~116쪽: 「退溪의 性善觀: 그의 四七說을 중심으로」.

고, 이는 그 자체로 존재할 수 있는 이치이고 까닭이며, 기는 그 이치가
실현될 수 있는 현실이고 현상이다. 그래서 이와 기는 상호의존적이고
상호보완적이다. 달리 표현하면 이는 형이상자이고, 기는 형이하자이
다. 형이상자는 자연의 이(理)이고, 형이하자는 자연의 기(氣)이다. 무
형이고 무위하여 동정(動靜)하지 않는 것이 이(理)이고, 유형이고 유위
(有爲)하여 동정(動靜)하는 것은 기(氣)라는 것이다. 그렇다면 그는 스
포츠 존재론과 스포츠 인간론의 경우는 어떻게 보았을까? 분명 그는
이 양자 가운데에서 일자를 주장하지 않고, 양자를 다 수용하면서 '천
하에 존재(理) 밖의 인간(氣)이 있겠는가?' 라는 자명한 당위성을 내세
워 존재와 인간의 관계를 가리켜 '인간과 존재' 의 신묘한 관계(理氣之
妙)라고 했을 것이다. 이에 걸맞게 인간과 존재는 두 가지 물건(二物)도
아니고, 그렇다고 한 가지 물건(一物)도 아니라고 했을 것이고, 또한 한
가지가 아니기 때문에 하나이면서 둘(一而二)이고, 두 가지가 아니기
때문에 둘이면서 하나(二而一)이라고 했을 것이다. 인간과 존재가 하나
이면서 둘이고, 둘이면서 하나이기 때문에 그것이 이기의 묘합이고 이
기지묘(理氣之妙)가 되는 것이다.

　　여기서 눈여겨보아야 할 것은 율곡이 끝내 기리지묘(氣理之妙)라 하
지 않고, 이기지묘(理氣之妙)라 함으로써 그는 기를 주장하면서도 여전
히 이를 내세우는 성리학자였다는 사실이다. 이런 이기의 관계 역시 서
양철학에서도, 특히 하이데거에서도 기(氣), 즉 인간이 우선하고, 이
(理), 즉 존재가 그 근거가 되는 것이 '인간존재' 라고 해야 논리적으로
그 정당성을 확보하는 것이라고 보았다. '존재인간' 은 사실상 현실적
으로도 불가능하다. 물론 '존재하는 인간' 이라고는 할 수 있다. 이때
역시 '존재하는' 이란 '인간' 을 수식하는 형용사일 뿐이라면, 주어는
여전히 '인간' 인 것이다. 그러니까 이는 결국 '인간존재' 가 되는 것이

지, 결코 '존재인간'이 될 수 없다는 말이다. 결과적으로 인간이란 어떤 양태로든 나타나는 현상이고, 존재는 그런 인간을 근거지우는 혹은 근거가 되는 바탕인 것이다. 사실 율곡 자신은 이기(理氣)의 선후관계나 주종관계를 부인하고, 오직 그 소임(所任)만을 주장한다고는 하나, 현실적으로는 소임 이상의 선후나 주종의 관계를 지목했던 것이다. 오죽했으면 이기묘합(理氣妙合)이라 했겠는가!

　이러한 이유로 하이데거의 철학을 통상 '인간론'의 철학이라 하지 않고, '존재론'의 철학이라고 하지 않는가! 이에 따른 그의 철학적 글쓰기의 방식은 물론 사유하는 대상방식 역시 지금까지와는 완전히 다른 존재 자체에 대한 사유였고, 그런 존재사유를 인간을 통해 밝히려고 했으며, 마침내 자신의 독자적인 '기초존재론'을 마련했던 것이다. 이때 하이데거의 기초존재론이란 한편으로는 실존론적(인간)이고, 그리고 다른 한편으로는 존재론적(존재)으로 구성된 철학이었고, 플레스너의 탈중심성이론으로서 유토피아적 입지론 역시 한편으로는 자연성과 직접성으로, 그리고 다른 한편으로는 인위성과 매개성으로 구성된 철학이었다. 하이데거의 기초존재론에 있어서 존재론적 근거를 이(理)라하고, 실존론적 양상과 개시를 기(氣)하고 한다면, 플레스너의 철학적 인간론에 있어서 자연성과 직접성이란 이(理)에 해당하고, 인위성과 매개성은 기(氣)에 해당한다고 할 수 있다. 그러나 우리는 지금까지 이들 각자의 이론을 미시적인 관점에서 고찰하지 않고, 거시적인 관점에서 존재론과 인간론으로 고찰해 왔다. 즉 하이데거의 기초존재론을 이기이론의 이(理)에 해당하는 스포츠 존재론으로서 설정했다면, 플레스너의 철학적 인간론은 이기이론의 기(氣)에 해당하는 스포츠 인간론으로서 설정했던 것이다. 이런 논리 전개에 따라 앞에서와 같이 인간존재가 무난하지, 그 역은 사실상 불가능하다는 것을 알 수 있다.

　이러한 연관성에서 퇴계와 율곡의 이기(理氣)논쟁도 그 자체의 정당
성에서 찾기보다는 사실의 연관성에서 찾을 때 오히려 그 해결책의 실
마리를 쉽게 찾을 수 있다. 이는 결국 율곡의 기(氣)에 방점을 찍게 될
것으로 보이나, 그렇다고 인간의 삶이 결코 기(氣)만으로서도 이루어
지는 것이 아니라면, 인간 삶의 도리나 이치로서 퇴계의 이(理) 역시
필수요건이 되지 않을 수 없다. 사람이 '생각'(Denken: 이성)할 때는
이(理)가 앞서나, 사람이 '살아갈'(Leben: 감성) 때에는 기(氣)가 앞선
다면, 즉 사람이란 생각하면서 살아가야 할 존재라면, 혹은 그 역으로
사람은 살아가면서라도 생각을 해야 하는 존재라면, 아니 퇴계의 사단
론이 이가 발함에 기가 따르는 것(理發氣隨)이고, 칠정은 기가 발함에
이가 타는 것(氣發理乘)이라는 이기호발설(理氣互發說)은 그 자신의 이
기이원론이 결국 이(理)와 기(氣)로 구별됨을 보여 준다. 이러한 인간
존재의 이기(理氣)관계를 선후나 소임 혹은 그 차이로 해석하여 양자를
택일의 관계에서가 아니라, 양자의 한 연관성 자체 내에서 해결책을 찾
을 때, 이기이원론의 새로운 해법이 드러날 수도 있다. 이런 해법을 찾
기 위해 우리가 이기의 관계를 퇴율과는 달리, 혹은 이들의 입장을 넘
어서 이론적-실천적 '경첩'의 관계에서 풀어 간다면, 이기는 하나이면
서 둘이고, 둘이면서 하나임으로 그것이 이기의 묘합이 아니라고 할 수
있지 않겠는가!

　스포츠철학도 어디까지나 이론인 이상 스포츠 존재론이 스포츠 인간
론에 우선하나, 그 어느 일자 만으로는 성립이 불가능하다면, 이 양자
가 하나로서 통일되어 '인간존재'로 있을 때 이론으로서나 현실로서도
그 완성도를 비로소 더 높일 수 있다. 그러나 그렇다고 이로써 하나로
완성된 인간존재 그 자체로 스포츠철학이 끝나는 것은 아니다. 오히려
인간론과 존재론, 이 양자는 이기의 관계론에서와 같이 양자택이의 끊

임없는 긴장관계로서 이어질 것이고, 이런 긴장관계란 경첩의 어느 일자가 아닌 인간론과 존재론이라는 양극에서 이루어지는 관계인 것이다. 경첩의 관계에 따른 논리는 앞서 언급한 양자택일은 물론이고 종합으로서의 양자통합도 아닌 양자택이(兩者擇二)의 새로운 논리적 관계이어야 한다. 이런 양자택이의 경첩관계는 이와 기, 인간과 존재의 사람됨의 철학적 가치를 구현하기 위해 인간이성의 정당성에서 오는 이념뿐만이 아니라, 인간생명의 충동성에서 오는 광기도 함께 그대로 수용하자는 관계를 말한다.

따라서 우리는 자유, 평등, 평화, 정의 등에 대한 이념적 설정(이성)과 권력, 돈, 사랑, 섹스 등에 대한 일상적 욕구(감성), 이 양자를, 즉 이(理)와 기(氣), 이 모두를 살리는 양자택이의 경첩관계를 이 양자의 '긴장관계'로서 수용코자 한다. 왜냐하면 이 양자 간에는 서로의 대립과 갈등이 생길 것이기 때문이고, 이런 대립과 갈등은 서로 대적하면서도 서로를 감싸 안는 그때마다의 새로운 생성(사람됨)에서 긴장을 한층 더 새롭게 되가질 것이기 때문이다. 이런 생성의 긴장관계가 새로운 생명을 그 으뜸으로 되가지게 함으로써 생명은 한 자리에만 머물 수가 없다. 생명 자체란 기(氣)의 인간세계에서는 삶의 충동성과 경향성으로서 나타나고, 스포츠 인간론에서는 승부와 환호성, 나아가서는 자연적이고 감성적인 인간성 실현 운동으로도 나타난다. 그러나 궁극적으로 이(理)의 존재세계에서는 삶의 근원성과 본래성으로 나타나고, 스포츠 존재론에서는 공정성과 신뢰성, 나아가서는 정신적이고 이성적인 인간성 실현 운동으로도 나타난다.

이러한 양자의 인간성 실현 운동은 이기(理氣)의 경첩으로 하여금 그때마다 새로운 개방성의 세계인에 대한 아이콘(icon)으로서 본래적 인간존재의 진선미 가운데에서도 미(美)의 세상을 지목하게 한다. 미

의 세상은 하나의 스포츠가능성을 무한의 스포츠가능성으로서 바꿔 놓
을 뿐만 아니라, 그런 스포츠의 무한가능성을 스포츠하는 '인간존재'
의 현실태로서 바꿔놓기도 하는 신기루이기도 하다. 이것은 스포츠 인
간론과 스포츠 존재론의 개방성을 무한정하게 드러내 주는 상징성의
세상으로서 아직 실현되지 않은, 그러나 새로운 생산성으로서 실현되
어야 할 본래적 인간성 실현의 세계인 것이다.

4. 인간성 실현을 위한 '스포츠철학'

지금까지 우리는 인간존재를 위한 스포츠철학의 계기를 스포츠 인간론
과 스포츠 존재론의 통합론에서 찾았다. 이제 그 논리적인 전형을 먼저
서양철학에서는 헤겔의 철학체계[14]에서, 특히 그의 논리적 구성 틀에
서 살펴보고자 했고, 동양철학에서는 그런 논리적 구성 틀을 무엇보다
도(道)의 체(體)와 용(用)에서 뿐만 아니라, 태극의 이기론(理氣論)에서
도 찾아볼 수 있었으나, 후자에서만 우선 그 정당성을 확보하고자 했
다. 왜냐하면 도에 있어서 체와 용의 관계가 형이상학적 존재론만의 관
계로서 이해될 수 있다면, 이기(理氣)의 관계는 생물학적 인간론의 관
계로서 해석될 수 있고, 이때 이기의 관계는 스포츠철학에 있어서 인간
과 존재의 경첩을 가능케 함으로써 스포츠 활동의 정당성과 생동성을
더욱 적극적으로 제시해 줄 것으로 판단했기 때문이다. 이런 연관성에
서 스포츠의 다양한 특수 분야들, 즉 스포츠윤리학, 스포츠사회학, 스

---

14   D. Wandschneider:『변증법이론의 근본구조』. 이재성 역. 서울: 다산글방, 2002
참조.

포츠경영학, 스포츠미학, 스포츠심리학, 스포츠생리학, 스포츠교육학 등 스포츠 활동의 여러 영역들은 인간과 존재의 근거인 스포츠철학의 기틀로부터만 비로소 가능할 것으로 보았다. 그렇다면 왜 스포츠에는 여러 분야가 있고, 그런 분야들이 궁극적으로 무엇을 지향하는가라는 물음이 중요하게 된다. 플레스너와 같은 철학적 인간론자에게는 모든 살아 있는 생명체 가운데에서도 생물학적 '인간'이 중요했고, 하이데 거와 같은 철학적 존재론자에게는 지고의 정점으로서 현존하는 실존론 적 '존재'가 중요했다면, 우리에게는 이 양자의 통합론으로서 '인간존 재'였다.

인간 없는 스포츠란 사실상 불가능하고, 그런 인간을 근거지어 주는 존재가 없다면 스포츠철학도 불가능하게 된다. 따라서 인간존재가 현 실적으로 스포츠철학의 근거가 되고, 스포츠철학의 궁극적 목적은 스 포츠를 통한 인간존재의 인간성 실현이 된다. 인간성 실현[15]은 오늘날 지식 정보 사회가 아무리 첨단 정보를 순식간에 처리할 수 있고, 실질 적 인간 삶의 스포츠가치를 경험할 수 있는 사이버 공간까지 만들어 낸 다고 해도, 본연의 인간사회를 총체적 관리사회나 피로사회의 늪으로 빠지게 한다면, 더욱이 무한 테러나 폭력의 전제 조건을 낳게도 한다 면, 어떤 지고의 스포츠철학을 가지고서도 사실상 불가능하게 된다. 최 첨단의 인공지능이라고 해도 그 키는 기술에 있고, 기술의 키는 과학에 있으며, 그리고 과학의 키는 수학에 있다면, 수학은 무증명의 명제라고 하는 공리로부터 출발했다. 이런 수학적 명제를 철학에서는 선험적 감 성론으로 다루어 시공의 순수 직관 형식에 설정하여 정당화했다. 이처

---

15 문성학: 『도덕윤리교육의 철학적 기초』. 대구: 경북대학교 출판부, 2015, 222–241쪽 참조.

럼 인간존재의 스포츠철학 역시 그 키는 스포츠과학에서 찾을 수 있고, 스포츠과학의 키는 스포츠에서 찾을 수 있으며, 그리고 스포츠의 키는 경기와 게임에서 찾을 수 있었다면, 경기와 게임의 발단은 놀이로부터 나왔다. 이의 역 추리는 스포츠철학이 인간존재를 해명하기 위해 그 최초의 근원성에로 되돌아가는 데 있고, 궁극적으로는 스포츠철학의 이념이 아니라 스포츠하는 인간존재의 본래성을 실현시키는 데 있다.

이런 의미에서 스포츠철학의 근원은 놀이에 있었고, 그런 놀이에 대한 해석은 극단적으로 양분하면 그것을 호이징가는 '유희'로 보았고, 가다머는 '존재'로 보았다. 전자는 인식론적 입장에서 유희의 주체를 인간으로서 설정했고, 후자는 존재론적 입장에서 그 주체의 근거를 존재로서 설정했다. 이들에 반해 우리는 스포츠가 처음부터 놀이로부터 나왔다면 그것은 유희일 것이고, 유희의 주체는 놀이하는 인간이며, 그리고 놀이하는 인간의 근거는 존재라고 판단했다. 따라서 스포츠하는 인간에게 존재의 근거가 설정되어 있지 않으면 인간존재는 물론이고 스포츠철학도 곧 무너지고 만다. 이로써 우리가 이 처음의 놀이를 되돌아보고자 한 것은 그것이 스포츠철학의 시작이고 근원성이기 때문이며, 그런 근원성과 매 순간 그때마다 실존적으로 새로운 관계를 되가질 때, 스포츠 활동의 주체로서 인간과 인간을 지탱해 주는 근거로서의 존재가 인간과 통합되고, 그런 통합된 '인간존재'가 인간성 본연의 자기 실현을 가능하게 할 것이기 때문이다.

이러한 인간존재야말로 현실적으로는 육체를 가진 생물학적-신체적 유한성의 존재임이 틀림없다. 물질적 유한성의 존재란 아무리 많아도 그 한정이 있는 법이고, 돈은 아무리 많아도 모자라는 법이라면, 육체나 신체 역시 아무리 완벽하게 훈련되고 단련되었다고 해도 시공간의 제약을 받지 않을 수 없고, 그 한계마저 곧 드러내고 만다. 이런 육체적−신체적 제약성을 스포츠하는 사람이 자신의 스포츠정신으로 극복할 때 인간의 신체적 유한성은 자유로운 정신의 무한성으로 승화될 수는 있다. 이는 대상의식이 자기의식에서 극복될 수 있고, 자기의식은 절대정신에서 극복될 수 있다는 말이기도 하다. 그런데도 이런 신체적 유한성은 물론 정신적 무한성마저 생물학적 인간존재에서 벗어나 있지 않다면, 이 양자를 넘어서 있는 영혼의 영원성을 상정하지 않을 수 없다.

그러나 그러한 영원성이 스포츠하는 인간의 유한성을 초월하여 존재해 있기만 한다면, 영원성이란 적어도 스포츠하는 사람에게는 물론이고 사실상 어디에도 없는 것이고, 이와는 반대로 스포츠하는 사람이 직접 겪어야 하는 초긴장 속의 매 순간이라는 것도 사실상 돌이켜 보면 어디에도 존재하지 않는 것이다. 그렇다고 진정 순간도 없고 영원도 없는 것인가라고 반성적으로 되물어 보면 이 둘은 다 존재하는 것이다. 존재한다기보다 이 둘은 인간존재에게는 둘이 아니라 하나로 존재한다. 따라서 순간도 존재하지 않고 영원도 존재하지 않는다고 하거나, 역으로 순간도 존재하고 영원도 존재한다고 해도, 이 모두가 틀린 말이 아닌 것은 순간과 영원이 인간존재의 실존론적 경첩의 관계에 있기 때문이다. 이런 경첩의 관계는 스포츠함에 있어서 승자와 패자, 혹은 승패를 가르는 것이 아니라, 원초적인 놀이를 통해 '인간존재'의 근원적 양면성을 하나로서 드러내 보이는 것이고, 궁극적으로는 인간과 존재 그 양자를 '인간성 실현'으로서 나타내 보이는 것이다.

그렇다면 스포츠철학을 통한 인간존재의 인간성 실현이란 무엇인가? 인간성 내지 인성이란 모두 인문(人文)에서 나온 말이고, 인문은 자연에 새겨진 '인간의 무늬'로서 천문학(天文學)에 대비되는 말이다. 따라서 우리에게는 현실적으로 천문학보다 인문학이 우선하나, 천문학을 먼저 짚지 않을 수 없는 것은 천문학에 따라 인문학의 방향이 바뀌거나 그 내용이 조정될 수 있기 때문이다. '하늘의 무늬'로서 천문학이 일월성신과 같은 자연현상과 그 절대적 법칙성 전체를 말한다면, 지문학(地文學)은 '땅의 무늬'로서 인간 삶의 조건을 말하고 그 사회적 규범을 말한다. 이에 반해 인문학은 천문학의 절대성과 지문학의 상대성에 상응하는 본래성으로서 인간의 자유함에서 비롯한다. 천문학에는 천도(天道)로서 자연의 법칙이 있고, 지문학에는 지도(地道)로서 사회의 규범이 있다면, 인문학에는 인도(人道)로서 사람의 도리가 있다. 사람의 도리는 인간의 본래성으로서 인간의 인간성을 구현하고 실현하는 데에서 이루어진다.

이런 인간의 인간성을 구현하고 실현하고자 한 최초의 매체가 우리에게는 사무사(思無邪)의 놀이였고, 궁극적으로는 스포츠철학이었다. 그렇다면 스포츠철학을 통한 인간존재의 참된 인간다움의 실현은 무엇으로서 가능한가? 이러한 물음은 인간존재와 스포츠철학의 한 연관성 속에서만 가능함으로써 결국 다시 스포츠하는 인간으로 되돌아오고 만다. 일반적으로는 스포츠하는 인간에게도 먼저 인(仁)하고 의(義)를 행해야 하나, 인간존재의 진정한 인간다움을 구현하기 위해서는 먼저 의(義)를 행하고 인(仁)을 해야 한다. 왜냐하면 스포츠존재 자체의 본래성에 따라 의(義)를 먼저 행해야 옳고 바르게, 그리고 평등하게 비로소 스포츠 경기를 할 수 있기 때문이며, 이어 인(仁)을 펼쳐야 상대 선수를 사랑으로 감싸 안을 수 있고, 그 스스로는 선하고 착하게 스포츠를 할 수 있기 때문이다. 의(義)에는 이미 도(道)의 내용이 들어 있고, 인(仁)에는 이미 예(禮)의 내용이 들어 있다. 이에 공자는 혼탁한 사회에서 선(善)과 행(行)의 바탕이 되는 인(仁)을 으뜸으로 삼아 그것을 사람의 중심에 설정해야 했고, 그런 인(仁)과 의(義), 즉 인의(仁義)가 인간의 인간다움을 가장 적나라하게 드러내는 것으로 보았다.

그러나 우리에게는 인의(仁義)가 인간의 인간다움을 가장 이상적으로 드러내 주기는 하지만, 인간존재의 스포츠철학이 놀이에서 게임으로, 경기에서 스포츠로 이어진 한, 현실적으로 인(仁)으로서의 자애나 박애만을 먼저 내세울 수가 없다. 오히려 역으로 인(仁)보다는 의(義)가 으뜸이 되어야 하는 것은 승패의 대결에 선 상대선수와 맺게 되는 이중적 관계, 즉 적대적이면서도 동지적인 상호의 긴장 관계 때문이다. 따라서 적어도 우리의 스포츠철학에서는 인의(仁義)가 아니라 의인(義仁)이어야 하는 것은 인(仁)이 스포츠맨으로서 갖추어야 하는 지고의 덕(德)을 전제로 하고 있다면, 의(義)는 스포츠 경기 중 자신의 모든 생각과 투지, 즉 승패에 대한 사념의 단(斷)을 전제로 해야 하기 때문이다. 이렇게 전자가 정(靜)을 지향하고, 후자는 동(動)을 지향하지만 전자인 인(仁)에는 극기복례의 인륜적 덕으로서 예(禮)가 내재하고, 후자인 단(斷)에는 도리와 도의의 혈연적 덕으로서 이(理)가 내재한다. 이로써 동적인 단(斷)을 통한 참된 인간다움의 구현과 인간존재의 스포츠철학에서의 인간성 실현은 명실상부하게 된다. 그렇다고 스포츠철학을 통한 인간성 실현이 이루어지는 것은 아니다. 비록 의인(義仁)이 아니라 인의(仁義)가 스포츠철학에서 그 정당성을 확보한다고 해도, 그것이 인의(仁義)이든 의인(義仁)이든 이 모두는 사람의 마음에서 비롯되는 것일 뿐이라면, 현상적으로는 그것이 무위로 끝나 버리고 만다.

이에 인의(仁義)란 어떤 형태로든 스포츠철학의 가시적 문화 현상으로서 나타나야 하고, 그런 가시적 문화 형태로 나타나야 하는 것이 공자에게는 예(禮)였다. 이것이 그에게는 스포츠에서도 인(仁)하고 의(義)해야 하는 인의(仁義)로서 먼저 사람의 마음 바탕에 자리해야 하고, 그런 바탕에서 스포츠 활동의 양상들이 예(禮)로서 나타나야 하는 것이나, 우리에게는 그 역의 논리로서 먼저 의(義)하고 인(仁)해야 하는 의인(義仁)이어야 했다. 이를 이승한은 본래의 의미대로 내면의 바탕과 외면의 수식이 적절하게 조화를 이룬 상태라는 '문질빈빈'(文質彬彬)[16]으로 밝히고 있다. 이에 우리에게도 인간존재의 스포츠철학이 단적으로 인간성 실현으로서 예(禮)의 철학이라고 해도, 넓은 의미에서는 인(仁)으로서 대변되는 극기복례의 륜(倫)이고 인륜성(人倫性)이라 할 수 있다. 이로써 인간존재의 스포츠철학은 생물학적으로나 철학적으로 인간성 실현을 궁극적 목적으로 하지만, 궁극적 목적으로서의 인간성 실현은 의(義)를 통한 인(仁)으로서 예(禮: 예절과 예도와 경의)의 문화 형태로서 나타나야 한다. 이는 인간존재의 스포츠철학에서 인간성 실현이야말로 인(仁)으로서만이라기보다는 인의(仁義)로서, 인의(仁義)로서만이라기보다는 의인(義仁)으로서, 의인(義仁)으로서만이라기보다는 이 모두를 내포하는 예(禮)로서 우선함을 말한다. 이로써 인간존재의 스포츠철학에서 인간성 실현은 인간존재의 예(禮)철학에서 이루어져야 하고, 예(禮)철학으로서 인간존재에서 이루어져야 한다.

---

16   이승한: 「동양의 학문과 인문정신」. In: 한국학술협의회 편: 지식의 지평 2.: 『인문정신과 인문학』: 2007. 33쪽 참조.

| 참고문헌 |

강영안:『타인의 얼굴 : 레비나스의 철학』. 서울: 문학과 지성사, 2005.

금교영:『막스 쉘러의 가치철학』. 대구: 이문출판사, 1995.

김상환:「스포츠, 근대성 그리고 정치」. In: 철학문화연구소:『철학과 현실』: 2002
      년 여름호 통권 53호.

김석수:『요청과 지양: 칸트와 헤겔을 중심으로』. 서울: 울력, 2016.

김성환:「신화와 환각」. In:『문화와 철학』. 서울: 동녘, 1999.

김영환 외:『스포츠. 체육철학』. 서울: 연세대출판부, 2009.

김용일:「대중화시대의 인문학」. In: 계명대학교 인문과학연구소:『인문학의 전통
      과 새로운 지평』. 대구, 2004.

김재철:「하이데거의 기초인간학」. In: 대한철학회 철학연구 제106집. 별책 2008.
      5월.

김형찬:「하이데거의 세계개념에 대한 해석학적 연구」. 계명대학교 대학원 박사학
      위. 2006.

남중웅:『스포츠학개론』. 서울: 한올출판사, 2007.

백승균:『변증법적 비판이론』. 서울: 경문사, 1990.

백승균:『플레스너의 철학적 인간학』. 대구: 계명대학교 출판부, 2005.

백승균:『호스피스 철학』. 대구: 계명대학교 출판부, 2008.

류의근:『메를로-퐁티의 지각현상학 읽기』. 서울: 세창미디어, 2016.

蒙培元:『성리학의 개념들』. 홍원식, 황지원, 이기훈, 이상호 옮김. 서울: 예문서
　　원, 2008.

문성학:『도덕윤리교육의 철학적 기초』. 대구: 경북대학교 출판부, 2015.

성진혁: 조선일보. 2010.7.13.: '스포츠'.

송형석:『스포츠와 인간』. 대구: 이문출판사, 2001.

송형석. 이재성 편역:『현대독일스포츠철학의 흐름』. 서울: 무지개사, 2004.

엄정식:「스포츠철학과 가치론」. In: 철학문화연구소:『철학과 현실』: 2002년 여
　　름호 통권 53호.

윤사순:『동양사상과 한국사상』. 서울: 을유문화사, 1984.

윤사순:『한국유학사상론』. 서울: 열음사, 1986.

윤사순:『한국유학논구』. 서울: 현암사, 1980.

윤천근:『퇴계철학을 어떻게 볼 것인가』. 서울: 온누리, 1987.

이기상:『하이데거의 존재와 현상』. 서울: 문예출판사, 1992.

이명현:「스포츠는 우리에게 무엇인가?」. In: 철학문화연구소:『철학과 현실』:
　　2002년. 여름호 통권 53호.

이양호:『막스 셸러의 철학』. 대구: 이문출판사, 1996.

이세영 편:『생명산업시대』. 서울: 삼성미술문화재단, 1984.

이승한:「동양의 학문과 인문정신」. In: 한국학술협의회 편: 지식의 지평 2.:『인
　　문정신과 인문학』: 2007.

이을상:『생명과학의 철학』. 서울: 백산서당, 2014.

이재성:『열림과 소통의 문화생태학』. 대구: 계명대학교출판부, 2008.

이재성:『하이데거철학 삐딱하게 읽기』. 대구: 계명대학교출판부, 2014.

이학준:『장자와 하이데거, 스포츠를 말하다』. 서울: 북스힐, 2008.

임혜자 외:『댄스스포츠』. 서울: 한학문화, 1999.

장윤수:『경북 북부지역의 성리학』. 서울: 심산출판사, 2013.

정응근:「월드컵과 운동문화」. In: 철학문화연구소:『철학과 현실』: 2002년 여름호 통권 53호.

조선일보: 2014.10.10. A26. 제29163호.

진교훈:『철학적 인간학연구 (1)』. 서울: 경문사, 1990.

진교훈:『철학적 인간학연구 (2)』. 서울: 경문사, 1994.

진중언: 조선일보; 2010.6.14.; '스포츠'.

철학문화연구소:『철학과 현실』: 2002년 여름호 통권 53호. 특집/스포츠 철학.

홍원식:「사단칠정논쟁, 한국주자학의 시대를 열다」. 대구: 목요철학인문포럼, 2015.

한국철학사상연구회:『문화와 철학』. 서울: 동녘, 1999.

한국철학회 편:『생명사상 : 생명과 가치』. 서울: 철학과 현실사, 1995.

한국학술협의회:『지식의 지평 2』. 서울: 아카넷, 2007.

허재윤:『인간이란 무엇인가. 철학적 인간학에 대한 연구』. 대구: 이문출판사, 1986.

히꾸찌:『스포츠 미학』. 김창룡. 이광자 공역. 서울: 21세기교육사, 1991.

Agamben, G.: *Das Offene. Der Mensch und das Tier*. Frankfurt(M) 2003.

Albrecht, H.: *Deutsche Philosophie heute*. Bremen 1969.

Arendt, H.: *Vita Activa oder Vom tätigen Leben*. Mnchen 1959.

Biemel, W.:『하이데거의 철학이론』. 백승균 역. 서울: 박영사, 1980.

Bloch, E.: *Tübinger Einleitung in die Philosophie*. Frankfurt(M) 1970.

Bollonow, O.F.:『인식의 해석학. 인식의 철학 I』. 백승균 옮김. 서울: 서광사, 1993.

Bollonow, O.F.:『진리의 양면성. 인식의 철학 II』. 백승균 옮김. 서울: 서광사,

1994.

Coreth, E.: 『철학적 인간학』. 진교훈 옮김. 서울: 종로서적, 1986.

Dellbrgger, G.: 『인식의 상처와 치유: 인간지성을 위한 헤겔의 투쟁』. 현욱 옮김. 서울: 서광사 2012.

Diemer, A.: 『철학적 해석학』. 백승균 역. 서울: 경문사, 1985.

Dilthey, W.: *Die geistige Welt. Einleitung in die Philosophie des Lebens.* Stuttgart/Göttingen 1968.

Dilthey, W.: *Weltanschauungslehre. Abhandlungen zur Philosophie der Philosophie.*(VIII). Stuttgart und Göttingen 1968.

Fetscher, I. :「Ein Kampfer ohne Illsusion」. In: *Theodor W. Adorno zum Gedächtnis. Eine Sammlung.* Hrsg. von H. Schweppenhäuser. Frankfurt(M) 1971.

Feuerbach, L.:「Wider den Dualismus von Leib und Seele, Fleisch und Geist」. In: *Kritiken und Abhandlungen III. L. Feuerbach`s Werke in* 6Bden. Frankfurt(M) 1975.

Gadamer, H.G.: 『진리와 방법』. 이길우 이선관 임호일 한동원 옮김. 서울: 문학동네 2000.

Gehlen, A.: *Der Mensch. Seine Natur und seine Stellung in der Welt.* Frankfurt(M) 1971.

Gehlen, A.: *Urmensch und Spätkultur.* Wiesbaden 1986.

Gerhardt, V.: *Der Mensch wird geboren. Kleine Apologie der Humanität.* München 2001.

Guttmann, A.: 『근대 스포츠의 본질』. 송형석 옮김. 서울: 나남, 2008.

Haag(Hrsg), H.: *Sportphilosophie. Ein Handbuch.* Schorndorf 1996.

Habermas, J.: *Die Zukunft der menschlichen Natur. Auf dem Weg zu einer liberalen Eugenik?* . Frankfurt(M) 2001.

Hegel, G.W.F.:『정신형상학』. 임석진 옮김. 왜관: 분도출판사 1980.

Hegel, G.W.F.:『대논리학』. 임석진 옮김. 서울: 지학사 1983

Heidegger, M.: *Gelassenheit*. Pfullingen 1959.

Heidegger, M.: *Die Technik und die Kehre*. Pfullingen 1962.

Heidegger, M.:『존재론』. 이기상. 김재철 옮김. 서울: 서광사 2002.

Heidegger, M.:『존재와 시간』. 이기상 옮김. 서울: 까치글방 1999.

Heidegger, M.:『칸트와 형이상학의 문제』. 이선일 옮김. 서울: 한길사 2003.

Heidegger, M.:『철학입문』. 이기상. 김재철 옮김. 서울: 까치출판사, 2006.

Heidegger, M.:『형이상학의 근본개념들: 세계, 유한성, 고독』. 이기상, 강태성 옮
김. 서울: 까치글방 2001.

Hufnagel, E.:『해석학의 이해』. 강학순 옮김. 서울: 서광사, 1995.

Ineichen, H.:『철학적 해석학』. 문성화 옮김. 서울: 문예출판사 1998.

Horkheimer, M.: *Kritische Theorie II*. Frankfurt(M) 1968.

Horkheimer, M.:『철학의 사회적 기능』. 조창섭 옮김. 서울: 전예원 1983.

Husserl, E.:『엄밀한 학으로서의 철학』. 이영호 · 이종훈 옮김. 서울: 서광사
2001.

Jaspers, K.: *Philosophie II. Existenzerhellung*. Heidelberg. Göttingen. Berlin
1956.

Jonas, H.: *Das Prinzip Leben. Anstäze zu einer philosophischen Biologie*.
Frankfurt(M) 1994.

Kant, I.:『도덕형이상학을 위한 기초놓기』. 이원봉 옮김. 서울: 책세상 2009.

Kant, I.:『순수이성비판』. 최재희 옮김. 서울: 박영사 2002.

Kant, I.:『실용적 관점에서 본 인간학』. 이남원 옮김. 울산: 울산대학교출판부
1998.

Kim Yong Il: *Existentielle Bewegung und existentielles Verstehen bei S. Kierkegaard*. Tübingen 1991.

Lee Yu Taek: *Vom Seinkönnen zum Seinlassen*. Würzburg 2000.

Lorenz, K.: 『현대의 철학적 인간학』. 강학순 옮김. 서울: 서광사, 1997.

Meinberg, E.:「Sportanthropologie-Was könnte das sein?」Versuch einer Orts-bestimmung. In: Th. Alkemeyer u.a.(Hg.), *Aspekte einer zukünftigen Anthropologie des Sports*. dvsprotokolle Nr.46.」. Köln 1992.

Morris, P.S.: 『의식과 신체』. 박만준 옮김. 서울: 서광사 1993.

Offenbach, J.: Orphee aux enfers (Orpheus in der Unterwelt). Operette in zwei Akten. Text von Hector Cremieux, Paris, 21.Sep.1858.

Peter, A.: *Psychologie des Sports. Seine Konfrontierung mit Spiel und Kampf*. Leipzig 1927.

Plessner, H.:「Die Aufgabe der philosophischen Anthropologie」. In: ders. *Zwischen Philosophie und Gesellschaft*. Bern 1953.

Plessner, H.: *Die Einheit der Sinne. Grundlinie einer Ästhesiologie des Geistes*. Bonn 1923.

Plessner, H.:「Macht und menschliche Natur. Ein Versuch zur Anthropolo-gie der geschichtlichen Weltansicht」. In: ders.: *Zwischen Philosophie und Gesellschaft*. Bern 1953.

Plessner, H.: *Die Stufen des Organischen und der Mensch. Einleitung in die philosophische Anthropologie*. Berlin 1965.

Sartre, J.P.: 『존재와 무 I』. 손우성 역. 서울: 삼성출판사 1977.

Scheler, M.: 『인간의 지위』. 최재희 역. 서울: 박영사, 1976.

Scheler, M.: *Vom Ewigen im Menschen*. Bern und München, 1954.

Schleiermacher, F.D.E.: *Hermeneutik und Kritik*. Hrsg. von M. Frank.

Frankfurt(M) 1977.

Schrodinger, E.: *What is Life? The Physical Aspect of the Living Cell*. Cambridge 1944.

Schulz, W.:『달라진 세계와 철학: 정신화와 육체화의 동향』. 송기득 옮김. 서울: 현대사상사, 1984.

Sloterdijk, P.:『인간농장을 위한 규칙』. 이진우·박미애 옮김. 서울: 한길사, 2004.

van Peursen, C.A.:『몸 영혼 정신: 철학적 인간론입문』. 손봉호·강영안 옮김. 서울: 서광사 1985.

Waldenfels, B.: *Der Spielraum des Verhaltens*. Frankfurt(M) 1980.

Waldenfels, B.: *Maurice Merleau-Ponty: Inkarmierter Sinn*. In: ders. *Phänomenologie in Frankreich*. Frankfurt(M) 1983.

Waldenfels, B.: *Das leibliche Selbst. Vorlesungen zur Phänomenologie des Leibes*. Hrsg.v.R. Giuliani. Frankfurt(M) 2000.

Wandschneider, D.:『변증법이론의 근본구조』. 이재성 옮김. 서울: 다산글방 2002.

부록 1

인간존재와 禮의
스포츠철학*

1. 들어가는 말: 스포츠와 스포츠철학

우리의 주제는 '인간존재와 禮의 스포츠철학'이지만 그 내용상으로 보면 예(禮)를 실현하는 인간존재의 스포츠철학이다. 여기에서 주제어는 스포츠철학이고, 예를 실현하는 인간존재는 스포츠철학에 따르는 부제어지만, 부제어 내에서의 인간존재는 예의 실현에 선행하는 작은 주제어가 되고, 예의 실현은 이에 따른 작은 부제어가 된다. 이러한 예의 실현에서는 예가 목적격으로서 주어가 되고 실현은 예에 따르는 술어가 됨으로써 예가 의미상으로 우선하게 된다. 따라서 전체적으로 예를 실현하는 인간존재의 스포츠철학에서 보면 문법적으로는 스포츠철학이 으뜸 되는 주제어이지만, 내용적으로는 인간존재가 우선일 수밖에 없

* 백승균: 孔孟학회 게재 논문: 2016.12.27.

다. 왜냐하면 스포츠철학 없는 인간존재는 가능해도 인간존재 없는 스
포츠철학은 사실상 불가능하기 때문이다. 그러므로 스포츠철학의 전체
내용을 밝히기 위해서는 먼저 인간존재가 무엇인가를 짚어야 한다. 하
지만 이 역시 보다 엄밀하게는 우선적으로 인간이 무엇인가를 짚고 나
서 존재가 무엇인지를 되짚어야 인간존재가 어떻게 예를 실현해야 하
는가를 고찰할 수 있게 된다. 이러한 구성 틀의 내용을 전체적인 연관
성에서 짚어야 비로소 스포츠철학의 본래 모습이 드러나게 된다. 이러
한 논지 전개의 과정이 복잡하고 다양하기 때문에 주제어로 형식화한
다면 먼저 인간과 존재가 될 것이고, 그다음이 예의 내용이 될 것이며,
이러한 결과로서 스포츠철학이 밝혀지게 될 것이므로 우리는 이를 순
차적으로 풀어 가고자 한다.

스포츠는 사람의 놀이로부터 시작한다. 놀이에는 아직 미분화된 인
간의 순수한 욕망과 자율, 그리고 유희라는 쾌락과 만족 등이 내재한
다. 이러한 놀이가 자기 혼자가 아닌 사람들이 함께하는 놀이가 될 때
그것은 일종의 또래집단을 편 가르기 함으로써 사회적 조직으로 성립
하게 되고, 이에 게임과 경쟁이 필수적으로 뒤따르게 된다. 이때 게임
과 경쟁에서는 놀이 자체보다 놀이를 위한 규칙이 우선하고, 그러한 규
칙이 경기의 승패를 가리기 위한 기준이 된다. 놀이에서 오는 쾌감이
인간의 오관을 통해서 감성으로부터 오는 자연적 즐거움이라면, 조직
화된 게임과 경쟁적 경기의 기쁨은 인간이성으로부터 오는 고도의 인
위적 즐거움이라 할 수 있다. 놀이에서는 사무사(思無邪)의 무계획이
우선이지만, 게임이나 경기에서는 철저한 계획이 우선한다. 그러나 놀
이에서는 물론 게임과 경기에서도 승패는 최우선의 과제가 된다. 여기
서 중요한 것은 승자와 패자 모두가 인간본래의 품성(Ethos)을 잃지 않

는 것이다. 이를 위한 경기가 바로 스포츠로의 승화이지만, 이런 스포츠에도 놀이나 게임, 그리고 경기의 잔영들이 그대로 남아 있다. 왜냐하면 아무리 지고의 스포츠라고 해도 인간본래의 원초적 기쁨을 제공하는 놀이의 요소조차 없다면, 당장에는 스포츠의 기반이 무너질 것이고, 궁극적으로는 인간존재의 원초적인 생명운동까지 부정하게 되기 때문이다.

따라서 스포츠는 스포츠 자체를 훼손하지 않고 본연 그대로 존재케 하기 위해 스포츠하는 사람으로 하여금 먼저 스포츠의 규칙을 지키는 가운데 경쟁적 의식의 스포츠현상에서 초연할 수 있는 창의력과 인간애의 가치를 갖게 해야 하며, 나아가 스포츠 활동의 결과보다는 스포츠 자체에서 오는 일탈성의 흥미와 본래성의 의미를 갖게 해야 한다. 이에 스포츠를 일상생활과 다른 의미의 연관성을 갖는 특수한 정황 속에서 (유희성) 인위적인 규칙아래(조직성) 타인과의 경쟁이나 자연과의 대결을 포함한(경쟁성) 신체적 활동(신체성)이라고 정의한 것은 옳다. 그러나 이것이 일상생활 속에서 이루어지는 스포츠 일반에 대한 정의라고 하면, 이보다 더욱 합리적이고 체계적인 스포츠를 운영하여 그 승패까지도 좌우할 수 있는 기술의 스포츠과학이 필요하고, 나아가 스포츠과학 그 이상까지 짚어 내는 스포츠의 본래 모습으로서 인간존재의 스포츠철학이 필요하다.

여기에서도 우리가 주목해야 할 것은 스포츠가 놀이에서 게임으로, 게임에서 경기로, 그리고 스포츠에까지 이르는 일련의 상승적 발전 방향으로 향하는 것이 아니라, 오히려 인간존재의 근원성으로 향해야 한다는 사실이다. 왜냐하면 스포츠이념이나 스포츠맨십도 인간존재의 본래성으로부터만 가능하기 때문이다. 고대 그리스의 올림픽 기본정신이

2016년 리우올림픽에서도 달라진 것이 없다면, 그때의 올림픽정신으로 되돌아가자는 것이고 인간의 본래 모습으로 돌아가자는 것이다. 물론 스포츠의 양식이나 방식은 시대에 따라 달랐고 달라질 수 있는 것이다.

　그러나 올림픽 정신이나 이념만은 현대에서도 불변적인 항수로 남는다. 이번 2016년 리우올림픽에 5000m 여자 육상에서 두 선수는 시공과 인종을 넘어선 인간애의 참 가치를 유감없이 드러내 보여 줬다. 400m트랙 열두 바퀴 반을 돌아야 5000m가 되는 장거리 경기에서 결승선을 네 바퀴를 앞둔 그때 뉴질랜드 선수 니키 햄블린과 미국 선수 애비 다고스티노가 부딪쳐 햄블린이 넘어졌다. 이때 미국 선수 다고스티노는 혼자 달려 나가지 않고 햄블린에게 다가가 "일어나 결승점까지 달려가자. 이건 올림픽이잖아."라고 말하면서 일면식도 없는 동료 선수를 일으켜 함께 뛰기 시작했다. 이미 다른 선수들은 앞다투어 달려 나간 상황에서 이게 웬일인가! 이번엔 미국의 다고스티노가 느닷없이 주저앉았다. 그러자 햄블린이 "괜찮니? 뛸 수 있겠어?"라고 물으면서 다고스티노의 두 팔을 잡아 끌어당겼다. 일어선 다고스티노와 햄블린 두 선수는 이미 많이 뒤졌지만 함께 달렸다. 다고스티노는 자신을 뒤돌아보는 햄블린에게 "계속 뛰어"라고 외쳤다. 결국 햄블린은 16분 43초 61, 다고스티노는 17분 10초 02로 결승선에 들어섰다. 먼저 골인한 햄블린은 나중에 도착한 다고스티노를 꼭 끌어안고 눈물을 쏟아 냈다. 이들은 예선 탈락이었지만 관중들은 이들에게 전례 없는 기립박수를 보냈다고 한 기자(이순홍)가 보도했다. 경기 후 햄블린은 "한 번도 본 적 없는 나에게 손을 내민 다고스티노에게 고마울 뿐"이라며 "모두가 메달을 원하지만, 이기는 것보다 더 소중한 것이 있어. 내 인생이 끝날 때까지 오늘을 절대 잊지 못할 것"이라고 말했으며 다고스티노는 걷기조차 어려워 휠체어를 타고 경기장을 빠져나갔다. 이 모두를 관망한 대회 경기 감독은 두 선수 모두 예선 탈락을 시키지 않고 5000m 결선 경기에 뛸 수 있도록 조치를 취했고, 그 후 운영위원회에서는 이들에게 올림픽 페어플레이어상을 수여했다는 미담이다.

우리가 여기서 눈여겨봐야 할 것은 이 두 선수는 물론이고 이들 선수들의 행동 하나하나를 놓치지 않고 예의주시한 수만의 관중들과 전 세계인들, 그리고 올림픽위원회 경기 감독관의 결단력 있는 조치이다. 한 사람의 감독관과 경기를 하는 두 선수, 그리고 관중 전체(세계인)의 공감대: 이것이 인류 전체를 위한 진정한 스포츠맨십으로서 보편적 올림픽정신이 아니고 무엇이겠는가! 그렇다면 이번 2016년 리우올림픽 최고 최후의 하이라이트는 어느 국가, 어느 선수가 금메달을 획득한 것보다 5천 미터 여자 육상 경기에서 탈락한 두 선수가 스포츠를 통한 참 인류애를 만방에 적나라하게 보여 줬다는 사실이다. 참으로 스포츠를 통해서만은 올림픽의 오륜기가 보여 주듯 전 세계인들을 하나로 묶어 낼 수 있다는 가능성을 보여 준 한 사례라고 할 수 있다. 이는 금메달이라는 물질의 유한성이 인류애라는 정신의 무한성에서 지양되고, 정신의 무한성 역시 영혼의 영원성에서 지양됨을 말한다. 그렇다면 영혼의 영원성이 무한히 그대로만 존재하는 것이 아니라 인간의 시간성으로 되살아나야 한다. 참으로 영원성이 시간을 초월하여 존재하는 것이라고만 하면 유한한 인간에게는 포착될 수 없는 무일 것이지만, 현실적으로는 우리의 의식 속에 존재하는 것이 영원성이기도 하다. 순간 역시한 찰나로서 인간에게는 포착될 수 없는 무이지만 현실적으로는 엄연히 존재하는 것이다. 영원이 존재하지만 잡히지 않아 무이고, 순간 역시 존재하지만 잡히지 않아 무인 것이라면, 무와 유는 서로가 달라서 다르지 않은 것이다. 그래서 "순수한 무는 순수한 유와 같다."라는 헤겔의 논리학적 명제가 현대의 하이데거에게도 그대로 유효하다. 영원과 순간은 절대적인 양극이나 역설적으로 이 양자는 하나로서 존재한다. 이는 철학적이지만 가장 현실적이다.

스포츠에 대한 철학적 고찰은 스포츠의 주체가 인간이기 때문에 먼저 인간이 무엇인가를 묻는 데서 비롯해야 하고, 다음에는 인간의 존재의 근거가 무엇인가를 묻는 데서 비롯해야 한다. 다시 말하면 인간과 인간을 근거지울 수 있는 존재, 즉 인간의 생물학적 근거와 인간의 존재론적 근거에 대한 고찰을 해야 한다는 말이다. 따라서 우리에게는 스포츠철학을 위한 이 양자의 측면을 밝히는 일이 최우선의 과제가 되고, 이에 따른 새로운 통합이론으로서 스포츠철학의 내용을 인간성 실현으로 심화 확대하는 일이 되어야 한다. 이로써 스포츠의 주체로서 인간과 그 근거로서 존재가 하나로 통합될 때 스포츠철학은 비로소 인간과 존재를, 즉 '인간존재'를 동시에 실현할 수 있게 된다. 이를 위해 우리는 인간존재 전체를 실현하는 스포츠철학을 인간론적 근거와 존재론적 근거에서 마련코자하고, 그 철학적 내용을 인간성 실현으로서의 예(禮)에 설정코자한다.

2. 스포츠 인간론의 생물학적−철학적 내용

먼저 스포츠철학의 인간론적 근거는 인간의 생명으로부터 비롯된다. 생명의 속성은 살아 있음이고, 살아 있음은 전진하는 운동으로서 원초

적 스포츠의 근원이 된다. 인간의 생명은 남성의 '정자'로부터 시작한
다. 남성의 정액 1cc에 약 7000만 마리의 정자가 있다고 하면 건장한 남
성이 한번 사정하는 정액 3cc 내지 5cc 속에는, 2억~3억 마리의 정자가
있다. 그러나 2010년 덴마크의 18세~25세 젊은 남성 5명 가운데 1명은
아기를 갖기에 정자 수가 턱없이 부족하다는 연구 결과가 코펜하겐 대
학교 니엘스 스카케벡 교수에 의해 발표되면서 1940년대 남성의 정액
1mL 당 정자 수가 1억1300만 마리였던 것에 비해 1990년대는 6600만
마리로 줄었다고 보고되었다.

　많은 정자들 가운데서 사정 후 30여분 만에 단 한 마리의 정자만이
여성의 난자와 수정하고, 나머지 모든 정자들은 중도에 다 사멸하고 만
다. 수정이 되는 난관팽대부에서 살아서 전진 운동하는 정자의 수는 전
체 150만분의 1로 실제 100 내지 200 마리의 정자들이 쉼 없이 달려 수
정 부위에 이르게 된다. 생물학적으로 우리에게 최초의 운동이 무엇보
다 중요한 것은 원초적인 스포츠의 아르키타이프(Archetypus) 때문이
다. 이 운동은 운동이라고 하기에는 민망스러울 만큼 치열한 경쟁을 이
겨 낸, 그렇다고 상대를 저주하거나 방해하지 않는 자연적 역량의 질서
에 따라 일구어 내는 운동이다. 그렇게 많은 정자들이 자신들의 목숨을
네 번씩이나 내놓으면서 오직 한 마리의 정자만이 난자와 결합함으로
써 새 생명으로 탄생된다는 것이 참으로 놀랍다. 60마이크론 정도의 크
기를 가진 한 정자가 여성의 질 내에서 쉼 없이 초당 0.1mm의 속도로
전진 운동하여 자궁의 입구에서부터 난관팽대부까지 약 18cm, 즉 자
신의 신장 3000배나 되는 거리를 자신의 최고 속력으로 달려야 난자를
만날 수 있다. 이는 스포츠운동에 비유하면 신장 180cm의 건장한 남성
이 광활한 바다에서 초당 3m의 속도로 5km의 거리를 쉬지 않고 헤엄

쳐 나가야 다다를 수 있는 거리다. 올림픽의 금메달리스트도 따라 잡을
수 없는 속도이다. 최소한 2억분의 1이라는 생존 확률을 가지고 끝까지
달려간 하나의 정자만이 난자를 만나 생명으로 태어난다. 이 정자와 난
자의 생명운동이 생물학적으로 스포츠철학의 원초적인 기초가 된다.
생명은 의식과 존재, 정신과 육체, 주관과 객관, 이성과 감성 등의 대립
이전에 인간존재 전체의 기초임이 분명하고, 생명 자체는 필연적으로
자신의 최선을 다하는 운동으로서 스포츠 활동의 원형이다. 이런 고찰
의 길을 처음으로 열어 준 첫 주자가 셸러였고, 플레스너였으며, 또한
겔렌 등이었다. 이들 가운데 플레스너는 생물학적 입장에서 인간을 스
포츠와 스포츠 인간론에 직결될 수 있는 육체성과 신체성으로 설정하
고 있다.

그는 인간을 물체로서의 육체와 생명으로서의 신체로 나누고, 다시
이 둘을 긴밀한 하나의 관계로 보았다. 인간은 물체로서의 육체를 가지
면서도 동시에 생명을 체험할 수 있는 신체도 가진다. 이것은 인간이
이중적임을 말한다. 하나는 생물학적 자연성이고, 다른 하나는 정신적
인위성이다. 이 양자의 영역이 서로 독립되어 존재하는 영역이 아니고,
인간과 세계의 두 가지 자릿점임을 말한다. 이것은 인간의 내적세계와
외적세계가 하나임을 의미하지 않고 양자의 두 세계를 동일한 관점에
서 볼 수 있는 시선을 제공하는 것이다. 이 두 시선은 체험 가능한 신체
와 물체로 존재하는 육체를 구별할 수 있도록 한다. 구체적으로 '육체'
(Körper)란 때로 '신체'(Leib)와 같은 의미로 쓰이지만, 엄밀한 생물
학적 의미에서는 동물의 중추기관 전체를 포함하는 경우를 말하고, 신
체는 그런 중추기관 속에 있는 육체 영역 전체를 포함하는 경우를 말한
다. 이 양자는 서로 매개될 수 있는 것이 아니라, 위상적으로 서로 병존

할 뿐이다. 이 말은 육체와 신체의 이중적 사실이 중추기관을 포함하고 있는 육체 영역과 중추기관과 결부되어 있는 육체 영역으로 상호 양분되어 있는 '위상성'(Positionalität)이라는 의미이다. 이런 방식으로 살아가는 생명체는 먼저 자기 육체에 대한, 다음에는 자기 자신에 대한, 그리고 자기 자신의 존재에 대한 거리를 유지하게 된다. 여기에서 결과적으로 남는 것이 육체와 신체, 그리고 자기 전체로서의 존재라고 한다면, 이 전체 내용을 하나로 묶어 표현할 때 비로소 '인간'이라고 할 수 있다. 사실 인간을 공간적 존재의 면에서만 보면 '물체'이고, 생명의 주체로 보면 '육체'이며, 또한 자기의식적인 입장에서 보면 '신체'가 된다. 그렇다면 인간의 신체가 자주적 정신을 가진 의지로서 스포츠 활동의 철학적 기초가 될 수 있다.

우리가 사람의 몸이라고 할 때도 신체와 육체, 그리고 물체로 분리하지 않고, 이 모든 것을 바로 우리의 몸으로서 이해하고 인간으로서 이해한다. 이때 인간이란 정신과학적 생(生)과의 깊은 관계에서는 인격으로서도 표현될 수 있다. 그럼에도 여전히 여기서는 스포츠를 가능토록 하는 인간존재가 우선이 아니라 인간의 삶이 우선이고 인간학이 우선이다. 이런 인간학이 감성적이고 육체적인 인간 삶의 영역에 있음을 철학적으로 해석해 내고자 플레스너는 근원적인 의미에서 '자연'의 철학을 이해하려고 했다. 자연 역시 순수철학적인 의미에서 자연이 아니라, 생명의 자연인 것이다. 그러나 그와 동시에 정신과학적 요소도 함께 가지고 있는 것이 자연이기 때문에 그 양면성이 생명체의 현존방식으로서 위상성의 이론에서는 물론이고, 철학적 인간론의 근본범주인 탈중심성에서도 그대로 나타난다. 이의 중심 영역의 학문이 인간론이고, 그 핵심 대상이 인간이다. 이때의 인간이란 대상임과 동시에 주체임을 말한다. 따라서 인간은 육체만도 아니고 신체만도 아니며, 또한 정신만도 아니다. 오히려 육체적이고 정신적인 삶의 통일자로서 생존하는 자이다.

스포츠 인간론은 인간의 철학에 기초한다. 물론 인간의 철학에서도 철학보다는 인간이 우선하고, 인간이라고 할 때도 정신적 의미나 철학적 의미 이전에 생물학적 현사실의 의미가 우선한다. 그렇다고 생물학적 현사실에만 집착한다는 말은 아니다. 왜냐하면 생물학적 현사실을 바로 직시하기 위해서는 생물학적 차원을 넘어서야 하기 때문이다. 이에 논리적이고 인식론적이며, 때로는 형이상학적이기도 한 철학이 필수불가결하게 된다. 따라서 생물학적 인간을 바로 인식하기 위해 인간의 철학이 필요하다. 인간의 철학에 기초하는 학문을 적나라하게 현실적으로만 표현하면 '생물학적 인간학'이라고 할 수 있고, 학적 이론적으로만 표현하면 '철학적 인간론'이다. 이러한 관점에서 생물학적으로 인간의 철학을 가능케 한 철학적 인간론을 근거로 하여 스포츠 인간론의 이론적 형성원리를 철학적 방법론에서 전반적으로 고찰할 필요가 있다. 그 길이 어떤 길이든 인간의 철학으로서만 가능하다. 결과적으로 보면 그것이 스포츠 존재론으로서는 불가능하지만, 스포츠 인간론을 정립하는 데는 아주 성공적이다. 이때 '인간철학'의 인간이란 생물학적 생의 의미에서 인간이고, 철학이란 정신과학적 해석학을 철학적 인간론으로 재구성한다는 의미에서 철학이다. 따라서 인간의 철학은 해석학과 인간학을 전제로 하는 새로운 철학적 인간론으로서 성립할 수 있다. 다시 말하면 "인간의 철학 없이는 삶의 경험이론이 불가능하고, 자연의 철학 없이는 인간의 철학이 불가능하다"고 하는 하나의 통합이론이 가능하다는 말이다.

인간 역시 동물과 마찬가지로 자기생존의 중심에 자기 스스로를 설정하고는 있다. 그러나 인간 자신은 중심을 지각하고 되돌아봄으로써 자기중심을 초월하면서 존재한다. 바로 여기에서 스포츠 인간론의 철학적 근거가 마련된다. 왜냐하면 인간만이 절대적인 여기와 지금에서 자기위상의 중심에 역행하는 자신의 신체와 환경의 총체적 결속을 스포츠를 통해 체험할 수 있기 때문이다. 인간이 오히려 그런 결속에 매여 있지 않게 된다면, 역으로 인간은 자기행동의 직접적인 활동을 경험하고, 자신의 자극과 운동의 충동성을 체험하며, 또한 자유의지로 선택을 결단함으로써 자신이 자유한다는 사실을 자각하게 된다. 자신에게 자유가 있음에도 자신을 제약하는 생존에 또한 사로잡히지 않을 수 없고, 따라서 투쟁하지 않을 수 없게 된다. 요약하여 동물의 생존이 오직 자기중심적이라고 하면 인간의 삶도 자기중심적이나, 그럼에도 자기중심을 넘어서 초월함으로써 동물과는 달리 위상적 탈중심성을 갖게 된다. 이렇게 중심에서 '탈'(脫)한다는 것이 소박하게는 원초적인 생명운동이나, 적극적으로는 자신을 개방하는 자기운동이고 세계로 향해 가는 개방성의 운동이 된다.

이로써 우리는 동물에게는 불가능한 스포츠철학이, 더욱이 스포츠 인간론의 성립 근거가 인간의 철학에서는 어떻게 가능한가를 짚어 볼 수 있는 계기를 마련하게 된다. 인간이란 동물과는 달리 환경세계에만 매몰되어 있는 존재가 아니고 세계에 대한 개방성과 자기 자신에 대한 개방성을 구가하는 존재이다. 이런 세계개방성과 자기개방성의 이념이 스포츠 인간론에서는 본질적 범주가 된다. 먼저 스포츠 인간론을 위한 자기개방성의 근거는 인간 자신이 지금 여기에만 존재하는 것이 아니라, 자기이면에도 존재함으로써 무속에 존재하면서 무를 응시할 수 있으며, 인간 자신의 한계에도 불구하고 시간공간을 넘어 세계개방성에서 자기 자신을 체험할 수 있고 그 체험을 다시 추체험할 수 있다. 스포츠 인간론이 궁극적으로 시합보다는 수련 그 자체에 무게를 둔다거나 혹은 스포츠 경기보다 스포츠 자체에 무게를 둔다면, 그것은 또 다른 일종의 형이상학적 관념론에 빠지게 되거나 승자와 패자의 의미보다는 자기완성이나 인격수양에 그치고 만다. 물론 스포츠를 통해 자기수양이나 인격완성을 달성할 수 있다면 스포츠로서의 효과는 최고라고 할 수 있다. 그러나 우리에게는 스포츠의 주체로서 스포츠하는 인간의 생물학적 본래 모습이 어떠한가가 최대의 관심사이다. 따라서 이제 자연과 인간의 가장 현실적이고 직접적인 인간생존의 탈중심성으로서의 자연성과 인위성의 법칙을 최우선적인 스포츠 인간론의 논리적 근거로 삼으려고 한다.

참으로 철학적 인간론은 자연의 지평에서 인간의 신체적 감성과 반성적 사고를 생물학적 인간 자체에 설정하려는 탈중심적 고찰이다. 다시 말하면 생철학과 해석학을 일종의 현상적이고 실천적인 철학 내용인 현대의 생물학과 사회학의 연관성에서 짚어 나간 철학이론이라는 말이다. 이때 인간이란 두 차원의 관계 개념에서 성립된다. 그 하나가 인간은 자기 자신에 관계하는 개념, 즉 자기 신체에 관계하는 개념이고, 다른 하나는 인간 자신을 둘러싸고 있는 세계에 관계하는 개념이다. 이런 탈중심성의 개념은 사실상 존재론적 개념도 아니고, 형이상학적 개념도 아니다. 오히려 소박하게는 인간 자체에 대한 근본 태도이고 그런 태도에 대한 한 범주이다. 이때의 범주란 인간의 모든 개별적 태도양상을 일관되게 유지하면서 동시에 그러한 양상 속에서 스스로가 언제나 다시 새롭게 태어나는 태도를 말한다. 단적으로 말하면 탈중심

성이란 한 관계를 의미하고, 그런 관계는 인간에게 속해 있는 어떤 것
에 대한 인간의 관계를 말하는 것이다. 관계 속의 인간이면서도 관계
속에서 인간을 드러내 보이지 않는다. 이러한 관계는 그 자체로 같으면
서도 다른 것으로서 일치성인 동시에 차이성이다. 이런 "자기 관점 내
에서의 자기 밖의 관점"이라는 것이 인간학적 범주의 한 양태로서 등
장했으나, 우리의 관점에서는 스포츠 인간론의 철학적 범주의 내용으
로서 나타난다.

　　문제는 스포츠 인간론에서 탈중심적 위상이 어떻게 인간학적 범주로
서 이루어지는가 하는 것이다. 이것은 스포츠에서 탈중심성의 수행 문
제이다. 우리에게는 철학적 개념으로서 탈중심성의 수행 결과들이 모
두 중요하지만, 그 가운데서도 자연성과 인위성의 내용이 아주 중요하
다. 왜냐하면 자연적 인위성의 개념이 철학적 인간론 전체에서도 스포
츠 인간론의 핵심 내용을 가장 잘 드러내 주기 때문이다. 자연적 인위
성이란 자연과 인간의 합성어로서 서로 상반되는 개념이다. 인간이 육
체 혹은 신체로서 표현되건, 생명체로서 표현되건 한 유기체적 자연임
이 분명하다. 그렇다고 인간이 자연물로서만 존재하는 것은 결코 아니
다. 인간은 자연적 유기체로서 살아가고 그렇게 살아가기 위해 적절한
도구를 만들어야 하며, 또한 그런 도구를 가지고서 인위적인 목적을 달
성해야 한다. 마치 스포츠를 통해 목적을 달성하려는 시도와 같다. 자
연으로서 살아가는 인간은 자연에 역행하는 인위적 활동가로서, 즉 문
화생산자로서 살아가지 않을 수 없다. 이런 양자의 이중성 내용을 하나
로 묶어 '자연적 인위성'이라는 새로운 개념이 가능하게 된다면 스포
츠 인간론에서도 스포츠와 인간의 이중관계를 탈중심성의 수행방식에
서 볼 수 있게 된다.

여기에서 존재와 행동의 관계가 현실적으로 탈중심성의 인간에게 무엇을 할 수 있고, 무엇을 기여할 수 있는가? 인간이란 단순한 생물체의 한 종이라기보다는 위상적 형태의 탈중심적 존재로서 욕구 자체를, 즉 스포츠 활동에 대한 인간의 근본적 충동으로서의 욕구 자체를 제기하는 특수생명체이다. 그렇기 때문에 식물처럼 단순히 존재한다거나 동물처럼 본능대로 살아가는 존재가 아니라, 무엇을 타당토록 하고 무엇으로서 타당케 하는 존재이다. 이것은 인간이 본성적으로 도덕적이고 그런 도덕적 요구의 양상에 스스로를 묶어 순치하는 유기체라는 말이다. 그러나 우리는 이를 보다 적극적으로 스포츠와 스포츠윤리, 나아가서는 스포츠철학의 내용 구성으로서 간주하고자 한다. 왜냐하면 인간에게 윤리도덕(Ethos)이 없다면 스포츠하는 참 인간일 수 없을 것이고, 따라서 스포츠 인간론의 기본 범주인 탈중심적 세계 개방성이 불가능할 것이기 때문이다. 이 밖에 인간과 달리 동물이 인간의 스포츠철학을 수행할 수 없는 것도 그 자신이 무엇을 행하고 있는지를 알지 못할 뿐만 아니라, 기교적인 보조수단에 의한 행동만을 기억하며 재생산할 뿐, 자신의 행동 결과로 인해 발생하는 사태 관계를 인식하지 못하기 때문이다. 그러므로 동물은 자신의 주위환경에만 망아적으로 몰입함으로써 가시적인 것의 가시 불가능한 것에 대해서는 무관심하다.

그러나 인간은 주어진 환경에 저항하는 중심체의 반중심체를 인식 대상으로 수용하여 그 대상의 존재를 자체적으로 포착할 수 있는 능력을 가진다. 그런 능력이 인간으로 하여금 스포츠철학을 가능케 하고 스포츠철학의 한축을 스포츠 인간론으로 정당케 한다. 이에 대한 근거는 인간이 자연에 역행하는 자로서 도구를 생산하는 자가 되고 자연을 극복하여 자기 자신을 스포츠하는 자가 되는 데 있다. 그러나 생물학적 인간론이 인간존재의 총체성 내지 근원성까지를 밝혀 주지는 못한다면, 그런 한계는 철학적 존재론에서 극복되지 않을 것이다. 신기록에만 열광하는 스포츠에는 기록이 남고 승자가 남겠지만 그 기록은 물론 승자마저 다 사라지고 말 것이라면, 기록보다는 인간이 우선이고 인간보다는 인간존재 자체가 우선이다. 그렇다면 무엇보다 인간존재가 스포츠 인간론과 함께 궁극적으로 실현되어야 하는 참 근원이 될 수 있을 것이다. 이러한 문제는 스포츠철학의 철학적 존재론에서 고찰코자 한다.

3. 스포츠 존재론의 실존론적-존재론적 내용

스포츠하는 인간이라고 할 때 인간을 인간되게 하는 근거는 무엇이고, 스포츠를 스포츠되게 하는 근거는 무엇인가 하고 되물을 수 있다면 그것은 존재이고, 존재는 모든 존재자들의 근거이다. 존재란 가장 보편적인 개념이고 가장 추상적인 개념이며, 또한 가장 자명한 개념이다. '사람이 있다' 거나 '집이 있다' 와 같이 '있다' 의 주어가 전제될 때 '있다' 의 의미가 드러나게 되는 것이지, '있다' 나 '있음' 그 자체만으로는 내용이 없는 공허한 추상개념이 되고 만다. 그렇다고 그런 '있음', 즉 존재 자체가 없는 것은 아니다. '존재' 이기 때문에 '존재' 일 수밖에 없다. 이런 존재 자체는 어떤 대상으로서 사람이나 혹은 스포츠 등과 같은 모든 존재자의 존재로서 사람이라면 사람으로서, 스포츠라면 스포츠로서 있게 하는 근거로서의 존재라는 말이다. 그러나 존재 자체가 무엇인가 하는 물음은 현실적으로 주격이 없는 공허한 물음이기 때문에 아무런 소득이 없다. 따라서 아무런 소득도 없는 존재 자체에만 매달리지 않고 우회의 길을 택해 존재가 무엇인가를 묻는 그 장본인이 누구인가를 밝히기만 하면, 그를 통해 그 존재 자체가 무엇인지를 되물을 수가 있다. 따라서 존재를 묻고 있는 인간존재의 문제도 해결될 수 있다. 궁극적으로 이런 해결책의 방식이 스포츠 존재론의 철학적 근거를 마련해 줄 수 있는 이론적 기초가 된다.

　이런 존재를 지목하여 존재 자체도, 인간 자체도 아닌 모두를 통합한 인간존재를 '현존재'라는 개념으로 풀어 가고자 한 철학자가 하이데거이다. 엄밀하게는 인간존재로서의 현존재를 통해서 존재 자체를 밝히고자 한 것이다. 이에 따라 우리는 스포츠하는 인간 현존재를 통해 스포츠 존재론의 정당성을 확보하고자 한다. 그는 대상적 존재자와 존재자의 근거로서 존재를 지목하면서도, 그 의미를 묻는 인간 현존재에 초점을 맞춘다. 실천적 행동철학, 우리는 여기에서 마침내 스포츠철학의 가닥을 잡을 수 있다. 다시 말하면 존재자는 그 존재에 있어서만 규정될 수 있다는 말이고, 스포츠라는 존재자 역시 그 존재 자체에서만 밝혀질 수 있다는 말이다. 왜냐하면 존재자를 존재자로서 가능토록 하는 근거가 바로 그 '존재'이기 때문이다. 따라서 존재 자체는 어떤 형상으로서 드러날 수 있는 것이 아니고 오직 가능성의 근거로서만 있을 수 있다. 이에 존재 자체는 공허하나 그것이 인간의 존재일 때, 존재의 의미가 비로소 새롭게 마련된다. 이로써 존재가 존재자와는 구별되는 가운데 그 존재자가 사람이거나 사물이거나 혹은 스포츠이거나를 막론하고 어떤 대상으로서 존재하는 것을 말한다면, 존재란 사람을 사람으로서, 스포츠를 스포츠로서 있게 하는, 그것이 무엇이든 그것으로서 있게 하는 근거가 된다. 그러니까 존재자를 존재자로서 기투토록 하는 근거가 '존재'라는 말이고, 그렇다면 존재자 없는 존재란 없다는 말이 성립된다. 여기서는 존재자를 그 존재에서 해석하는 일이 중요하고, 그런 존재에 대한 해석은 존재를 이해하는 데에서 비로소 가능하다. 이는 다시 존재의 의미를 되묻는 것이고, 되묻는 물음의 답에는 귀납적인 것은 물론 어떤 연역적인 것이 중요한 것이 아니라 그 근거를 제시하는 것이 중요하다.

이는 스포츠가 그 존재를 기반으로 해서 그때마다 스포츠로서 존재케 하는 것을 제시하고, 그 존재는 스포츠를 스포츠로서 드러나게 하는 바로 그 자체를 말한다. 그러므로 존재는 언제나 어떤 존재자의 존재이지 존재자의 어떤 유적 개념으로서의 존재자는 아니다. 오히려 존재는 모든 존재자들을 초월하는 것이고, 심지어 초월 그 자체인 것이다. 이런 초월 자체를 우리는 스포츠 존재론의 원초적 운동개념으로 수용코자 한다. 이때 존재는 어디까지나 존재자를 존재자로서 존재토록 하는 근거인 동시에 운동의 계기가 된다. 즉 존재자가 존재를 향하는 그때마다 초월하는 바로 그것으로서의 존재라는 말이다. 그렇다면 존재야말로 스포츠나 인간과 전적으로 동일한 것도 아니고, 그와 동시에 전적으로 무관한 것도 아니다. 이런 존재를 바로 이해하기 위해서는 존재가 무엇인가하고 되물어야하며, 그런 존재에 대한 되물음에서 존재란 존재자의 존재를 의미한다면, "존재 이해란 결국 현(인간)존재 자신의 본질구성 틀에 속하는 것"이다.

이 말은 인간존재를 본질적으로 구성하는 틀에서 인간 자신이 어떤 방식으로든 이미 그 자신의 존재를 이해하고 있다는 말이다. 인간만이 한편으로는 현상 그대로의 존재자이면서, 그와 동시에 다른 한편으로는 존재자로서 자기 자신을 이해하는 자이기도 하다. 이런 존재 이해가 인간이 모든 사물, 즉 스포츠철학까지도 이해할 수 있는 궁극적인 근거가 된다. 이에 스포츠의 주체가 인간이라면 스포츠하는 인간이 아니라 스포츠하는 인간존재로서의 현존재는 스포츠철학에서 어떠한 양상으로 드러날 수 있을까? 혹은 스포츠하는 인간으로서 존재자가 철학적 인간론에서는 적어도 육체성와 신체성의 관계로서 가시화될 수 있었다면, 존재론적으로는 어떻게 정위되고 해석될 수 있을까? 스포츠 인간론에서는 인간존재를 생물학적으로 보고 그 근원을 생명운동에서 찾았다면, 이제 스포츠 존재론에서는 인간존재를 철학함으로 보고 그 근원을 초월, 즉 탈존운동으로서 보려는 것이다. 이를 우리는 스포츠철학의 존재론적이고 실존론적인 기초로 삼기위해 현존재의 근본행위인 실천적 행동에 대해 짚어 보려 한다. 현존재의 근본행동은 존재자를 존재케 하는 운동이고 존재자를 개방케 하는 운동이다.

그러나 우리가 여기서 존재자의 존재라고 할 때, 그 존재가 우리에게 어떤 형태로든 이미 이해되고는 있지만 구체적 개념으로는 파악되지 않는다. 왜냐하면 존재가 탈은폐되는 것이라 해도 현존재에서는 그때마다 은폐되어 있기 때문이다. 따라서 우리는 존재자를 존재하게끔 하는, 즉 존재를 이해토록 하는 근본행동을 그 존재 자체의 기투에서 파악하지 않을 수 없다. 한편으로 이런 기투에는 행동의 일반적 성격이 내포되어 있고, 동시에 다른 한편으로는 행동의 실존론적 내용이 내포되어 있다. 이처럼 존재자의 존재에서와 같이 존재케 하는 것은 존재자와 맺는 모든 행동관계에서 가능하다. 이렇게 인간의 현존재가 존재와 관계를 맺고 있는 것은 현존재가 현실적으로 실존하고 있기 때문이다. 다시 말하면 현존재가 존재자와 관계를 맺는다는 것은 현존재가 이미 자기 자신에게 주어진 존재를 이해하고 있기 때문이라는 말이다. 이는 존재의 기투가 현존재의 본질에 속하는 한, 존재는 이미 존재자를 넘어 서다는 말이고 또한 현존재의 근원에서 운동이 얼어난다는 말이다. 이 는 스포츠 존재론 자체가 실존론적이고 존재론적인 인간존재의 본질에 서 이루어지기 위해서는 스포츠하는 인간, 즉 스포츠 인간론과는 달리 인간 현존재의 근원에서 행해져야 한다는 말이기도 하다.

이러한 존재가 존재자를 넘어선다는 말이 곧 '초월'이라고 하면 스 포츠 존재론은 생물학적 인간론을 초월한다는 말이고, 이런 초월로 인 해 스포츠 존재론에서는 인간존재가 실존론적으로 자기 자신에 대해 근원적으로 탈존하게 된다는 말이다. 여기에서 우리가 주시해야 하는 것은 인간존재의 실존 속에서만 본질적으로 탈존이 이루어진다는 사실 이다. 이는 스포츠의 존재론적 진리가 그 자체에서 존재의 기투로서 인 간존재를 넘어서서 초월함에 근거할 때, 스포츠의 존재론적 진리가 초 월함 내에 존재하게 된다는 말이다. 초월함 내의 존제에서 우리에게는 초월함 자체에 속하는 모든 것이 이해된다는 사실과 그런 초월로 인해 소급되는 모든 것이 초월론적 운동이라는 사실이다. 존재자에서 존재 로 초월함으로써 인간 현존재란 근원적으로 초월론적 행동자인 것이 다. 현존재가 그 본질 근거에서 존재자를 넘어 초월할 때에만 존재론적 인식이 가능하고, 이에 따라 존재론적 진리 역시 현존재가 초월할 때에 만 존재한다. 그래서 존재론적 진리마저 초월론적이 된다. 초월하는 가 운데서 존재를 이해하는 것이 존재론적 철학함이고, 그렇게 철학한다 는 것은 인간 현존재가 초월하는 가운데서 존재의 근원으로 향하는 운 동이라는 말이다.

이렇게 현존재의 본질로서 철학함이란 단순한 철학적 사변이나 논리적 구성이 아니라 존재자를 그 자체에서 존재케 함을 말하고, 존재케 함이란 인간 현존재의 근본행위로서 엄격한 운동을 말한다. 여기서 우리가 스포츠철학의 생물학적 기초로서 생명운동을 지목했듯이 스포츠철학의 존재론적 기초로서 이 초월운동을 지목하게 된다. 소위 존재자가 존재로 탈존, 즉 존재로 초월하는 운동이고, 스포츠가 스포츠 그 자체로 탈스포츠하는 운동이다. 다시 말하면 스포츠를 스포츠 자체가 되게 하는 운동으로서 스포츠를 가능케 하는 발판이 되며, 따라서 그것이 스포츠 존재론의 근거가 된다. 이러한 것이 존재론적 기투이고 초월함에서 존재자를 존재케 함이지만, 스포츠철학에서는 존재론적 탈존이고 탈존함에서 스포츠를 스포츠가 되게 하는 것이다. 이런 근본적 행동으로서의 스포츠 자체란 어디에도 구애받지 않는 '자유존재'(Freisein)이고, 그 자체로 개방존재임으로 존재론적 기투로서, 즉 초월함으로서의 자유로운 행위인 운동을 가능케 한다. 자유로운 행위로서의 운동은 인간 현존재 자체의 자유공간을 열어 준다. 즉 초월하는 자유행위로서의 운동은 인간 현존재의 근거에서만 가능하고, 그런 현존재의 근거에서 비로소 인간은 본래적으로 실존하게 된다. 이런 인간 현존재가 본래적으로 실존한다는 것은 스포츠하는 인간존재에 있어서 철학함을 말하고, 그렇게 철학한다는 것은 스포츠 그 자체가 근원적으로 이해되어야 하는 것을 말한다. 근원적으로 이해되어야 한다는 것은 스포츠철학의 내적 가능성에서 존재 자체를 드러내 보여야 하는 것을 말한다.

여기에서 스포츠하는 인간이 자기존재에 대한 근본 태도로서 실존운동을 가능케 한다. 스포츠를 한다는 말은 긴장과 초조의 어떤 정서 내지 기분을 가지고 현장에 임함을 의미한다. 이때의 기분이란 느끼거나 인식되는 것이 아니라, 오직 존재 그 자체로서 드러나는 것이다. 이것은 인식론적 설명을 통해서가 아니라 존재론적 이해를 통해서 해명된다. 더욱 적극적으로는 이해란 존재론적으로 기분에 잡혀 있는 존재라는 말이고, 근원적으로 그 존재를 함께 기투한다는 말이다. 단언하면 이해란 존재의 한 다른 방식이다. 달리 표현하면 인간존재란 어떤 경우에 있어서도 현존재의 개시로서 이해의 영역을 벗어나지 않는다. 스포츠 경기에서 참 승리의 관건은 일차적으로 자기 자신을 가능성의 인간존재로서 이해하는 데 있고, 이때 이해는 보편의 철학 범주로서가 아니라 인간존재의 실존범주로서 열어 밝혀져 있음을 말한다. 이런 실존범주로서의 운동이 선수가 어떤 스포츠를 잘할 수 있다거나 혹은 스포츠 경기에서 승리할 수 있다는 것이 아니라, 그가 근원적으로 실존함으로써 비로소 그 자신의 존재함이 드러난다는 것이다. 그렇게 드러나는 것이 탈존으로서의 운동 모습이다.

4. 스포츠철학과 인간성 실현

여기에서 문제가 되는 것이 인간존재 자체의 존재 근거는 무엇이고, 그런 존재 근거는 스포츠와 어떤 존재론적 연관성을 가지는가 하는 물음이다. 존재 자체는 어떠한 매개도 용납하지 않기 때문에 그 자체로서는 공허하고 무력한 개념이다. 그렇지만 인간존재나 스포츠존재라고 하면 인간을 통해서 그 존재가 드러나게 되고, 스포츠를 통해서도 그 존재가 드러나게 된다. 인간과 스포츠는 각기 다른 대상들이지만 이들 대상을 있게 하는 공동 근거는 존재 자체이기 때문에 이런 인간존재에 대한 실존론적-존재론적 해석은 인간의 생물학적 유한성을 철학적 존재의 보편성으로 승화시키는 결과를 낳는다. 스포츠하는 인간에게서도 인간과 스포츠는 별개의 두 개념이지만, 인간 그 자체와 스포츠 그 자체라고 할 때 그 자체들은 존재자의 존재로서 동일하다. 물론 인간 그 자체에서는 인간이 우선하고, 스포츠 그 자체에서는 스포츠가 우선한다. 인간은 적어도 생물학적으로만 보면 대상적이고 가시적이지만 인간존재에 있어서의 그 자체는 어떤 대상이 아니기 때문에 가시적일 수가 없다. 스포츠 역시 그것이 놀이든 게임이든 혹은 어떤 종목의 운동 형식이든, 그것은 대상적이고 가시적이기는 하지만 스포츠 그 자체는 인간에게 있어서 그 자체처럼 대상적인 것이 아니다. 따라서 가시적일 수도 없다. 이에 그 자체가 그 자체로서는 해명될 수 없기 때문에 인간과 그 자체 내지 스포츠와 그 자체라는 철학적 존재론의 한 연관성을 통해서 비로소 그 의미의 통로를 찾게 된다. 이런 존재론적 의미의 통로는 인간이 자기 자신을 드러내 보이는 길에서 열리고, 그 길의 한 가운데서 자기 자신으로서의 그 자체가 드러나게 되며, 또한 스포츠 역시 그 자체를 드러내 보이는 길에서 열리고, 그 자체도 그와 마찬가지로 드러나게 된다. 한마디로 인간존재 자체에 대한 일종의 자기 기투적 운동이다.

여기서 인간존재라고 하면 그것은 유와 무를 전체로 하는 인간의 본질에 대한 규정, 즉 인간 자체에 대한 존재론적 해석을 말한다. 따라서 스포츠철학을 가능케 하는 한 축이 인간이라면, 그런 인간을 근거지우는 다른 한 축은 그 존재가 된다. 다시 말하면 철학적 인간론의 한계를 극복하기 위해서는 그 논리적 근거로서 철학적 존재론의 기초가 필수적이고, 철학적 존재론의 한계를 극복하기 위해서는 그 현실적 실천으로서 철학적 인간론의 현상이 필수적이라는 말이다. 전자는 인간존재를 통한 탈존운동으로서 스포츠를 가능케 하고, 후자는 인간신체를 통한 생명운동으로서 스포츠를 가능케 함으로써 이 양자의 통합론으로서

'인간존재' 의 스포츠철학이 성립하게 된다. 한편으로는 스포츠 인간론의 철학적 정초를 생물학적 생명운동에 두고 그 철학적 내용을 현상적 논리로 정당화하면서 '인간의 철학' 으로서 정립코자 한 것이고, 다른 한편으로는 스포츠 존재론의 철학적 정초를 실존론적 탈존운동에 두고 그 철학적 내용을 해석학적 논리로 정당화하면서 '존재의 철학' 으로서 정립코자한 것이다. 그러나 이 양자의 한계는 그것이 스포츠 인간론이든 혹은 스포츠 존재론이든 그 어느 일자만으로는 인간존재 전체를 위한 스포츠철학을 마련할 수가 없다는 데 있다. 전자의 스포츠 인간론에서는 그 철학적 존재 근거가 필요하고, 후자의 스포츠 존재론에서는 그 생물학적 사실 근거가 필요하다. 이렇게 스포츠 존재론을 통해 스포츠철학의 존재론적 근거는 마련할 수 있다고 해도, '인간존재' 전체의 스포츠철학이 완성될 수는 없다. 다만 그 '존재' 에 해당하는 철학적-부분적 정당성을 확보할 수 있을 뿐이다. 왜냐하면 그것이 인간존재 자체나 스포츠존재 자체에 대해서는 정당화할 수 있어도 스포츠 인간론의 생물학적 인간에 대해서는 속수무책이기 때문이다. 그 역도 마찬가지이다. 다시 말하면 스포츠 인간론을 통해 스포츠철학의 인간학적 근거는 마련할 수 있다고 해도, 그 존재근거에 대한 정당성은 확보할 수 없다는 말이다.

이러한 한계를 극복하기 위해서는 인간의 본질이 무엇이고 철학의 중심이 무엇이며, 철학적 인간론이 어떤 능력과 해결책을 가지고 있는가에 대해서는 주체적이고 자의적인 해답이 중요하지 않고, 인간이 어떻게 근원적으로, 아니 실존론적-존재론적으로 되물어질 수 있는가가 중요하며 그 이상의 철학적 판단이 중요하다. 이러한 물음의 근거는 존재 자체에 대한 물음을 인간에게서 근원적으로 제기하는 데 있고, 이어 존재 그 자체의 물음은 인간존재의 가장 내적인 본질에 해당한다. 이런 존재에 대한 물음에 앞서 인간존재에 대한 이해가 필요하다. 사실 존재 이해가 인간존재에서 불가능하다면 인간은 인간으로서 혹은 스포츠는 스포츠로서 존재할 수 없다. 이런 인간의 존재양식이 인간실존이고, 인간실존은 존재이해를 근거로 해서만 가능하다. 결론적으로 인간존재란 생물학적 인간이라기보다는 철학적 인간으로서 보다 더 근원적임이 드러난다. 즉 생물학적 인간보다는 철학적 존재가 더욱 우선한다는 말이다. 이런 의미에서 철학적 인간론도 생물학적 인간보다 더 근원적인 철학적 존재에 대한 물음을 존재론적으로는 물을 수가 없다. 역으로 보면 철학적 인간론은 인간을 이미 인간학으로 정립해 놓고서 인간을 되묻고 있는 격이 되고 말기 때문이다.

이처럼 인간존재에 있어서도 인간보다는 존재를 지고의 철학적 목적으로 삼고 있음으로 스포츠철학을 위한 존재론적 근거지움으로서는 바람직하지만, 스포츠철학의 생물학적 인간학의 성과를 전적으로 배제한다는 점에서는 또한 다른 한계라 하지 않을 수가 없다. 단적으로 인간 없이 스포츠가 존재할 수 있겠는가! 인간 없는 스포츠는 공허할 뿐이다. 이는 마치 인간 없는 인간성을 주장하고, 역사 없는 역사성을 주장함과 같았다. 그렇다면 새로운 스포츠철학을 위한 스포츠 존재론 역시 반만의 성공이라 할 수밖에 없다. 설령 존재 자체가 아니라 인간을 통해 존재의 의미를 되물으면서 스포츠 존재론의 정당성을 주장하고 나선다고 해도, 스포츠 존재론 그 자체만으로는 여전히 스포츠의 근거는 될 수 있을지언정 인간존재 전체를 위한 스포츠철학을 정당화할 수는 없다. 따라서 철학적 인간론자에게는 모든 살아 있는 생명체 가운데서도 생물학적 '인간'이 중요하고, 철학적 존재론자에게는 지고의 정점으로서 현존하는 실존론적 '존재'가 중요하다면, 우리에게는 이 양자의 통합론으로서 '인간존재' 전체가 중요하다. 왜냐하면 이들 양자인 인간론과 존재론에서 비로소 '인간존재'의 새로운 스포츠철학이 가능할 수 있기 때문이다. 사실 인간 없는 스포츠 인간론이란 사실상 불가능하고, 그런 인간을 근거지어 주는 존재가 없다면 스포츠 존재론 역시 공허하게 된다. 따라서 '인간존재' 전체가 현실적으로 스포츠철학의 근거가 되고, 스포츠철학의 궁극적 목적은 스포츠를 통한 인간존재의 인간성을 실현하는 데 있다.

사실 우리는 인간존재를 위한 스포츠철학의 계기를 스포츠 인간론과 스포츠 존재론의 통합론에서 찾아 그 궁극적 목적을 인간성 실현에 설정코자 했다. 이런 계기와 논리적 구성 틀을 동양철학에서는 태극의 이기론(理氣論)에서도 찾아볼 수 있음은 이기의 관계가 스포츠철학에 있어서 인간과 존재의 경첩관계를 이끌어 내게 함으로써 스포츠 활동의 정당성과 생동성을 제시해 줄 수 있기 때문이다. 그렇다면 이를 통한 인간존재의 인간성실현은 어떻게 가능할까? 인간성 내지 인성이란 모두 인문(人文)에서 나온 말이고, 인문은 자연에 새겨진 '인간의 무늬'로서 천문학(天文學)에 대비되는 말이다. 따라서 우리에게는 현실적으로 천문학보다는 인문학이 우선하지만 천문학을 먼저 짚어 보지 않을 수 없는 것은 천문학에 따라 인문학의 방향이 바뀌거나 그 내용이 조정될 수 있기 때문이다. '하늘의 무늬'로서 천문학이 일월성신과 같은 자연현상과 그 절대적 법칙성 전체를 말한다면, 지문학(地文學)은 '땅의 무늬'로서 인간 삶의 상대성을 말하고 그 사회적 규범성과 연대성을 말한다. 여기에 스포츠철학이 기초한다. 이에 반해 인문학은 천문학의 절대성과 지문학의 상대성과 연관성에 상응하는 본래성으로서 인간의 자유함에서 비롯한다. 천문학에는 천도(天道)로서 자연의 법칙성이 있고, 지문학에는 지도(地道)로서 사회의 규범성과 연대성이 있다면, 인문학에는 인도(人道)로서 사람의 도리가 있다. 사람의 도리는 인간의 본래성으로서 인간의 인간성을 구현하고 실현하는 데서 이루어진다.

이런 인간의 인간성을 실현코자 한 최초의 발판이 스포츠 활동에서는 천진난만한 놀이였고 궁극적으로는 스포츠철학이었다. 그렇다면 스포츠철학을 통한 인간존재의 참된 인간다움의 실현은 어떻게 가능한가? 야스퍼스는 전 인류에게 통하는 인간 삶의 척도를 처음 제시한 사상가로서 석가모니와 예수, 소크라테스와 공자를 들었다. 특히 공자는 당시 혼탁한 사회상 때문에 선의 근원이 되고 행의 바탕이 되는 인(仁)을 으뜸으로 삼아 그것을 사람의 중심에 설정하고 예(禮)를 지목했다. 예의 두 기둥은 인(仁)과 의(義)이고, 이런 인의(仁義)가 인간의 인간다움을 가장 적나라하게 드러내 주는 인간성 실현이었다. 오늘날 우리에게도 일상생활을 위해서는 먼저 인(仁)하고 의(義)하여 예를 갖추어야 하지만, 무엇보다 스포츠하는 인간존재의 적극적인 인간다움을 구현하기 위해서는 먼저 의(義)하고 인(仁)을 해야 한다. 특히 인의(仁義)가 인간의 인간다움을 가장 이상적으로 드러내 주기는 하지만, 인간존재의 스포츠철학이 놀이에서 게임으로, 경기에서 스포츠로 이어진다고 하면 현실적으로 인(仁)으로서의 자애나 박애만을 내세울 수가 없다. 오히려 역으로 인(仁)보다는 의(義)가 으뜸이 되어야하는 것은 스포츠 경기에서 승패의 대결 상태에 선 상대선수와 맺게 되는 이중적 관계, 즉 적대적이면서도 동지적인 상호의 긴장관계 때문이다.

그렇다면 우리의 스포츠철학에서는 인의(仁義)가 아니라 의인(義仁)

이 되어야 하는 것은 스포츠철학 자체의 본질에 따라 의(義)를 먼저 행해야 옳고 바르게, 그리고 평등하게 비로소 스포츠 경기를 할 수 있기 때문이며, 이어 인(仁)을 펼쳐야 상대선수를 사랑으로 감싸 안을 수 있고 그 스스로는 관용과 포용, 그리고 겸손이라는 역지사지의 덕(德)으로서 스포츠 경기를 할 수 있기 때문이다. 의(義)에는 기(氣)에 앞서는 이(理)의 체(體)가 내재하고, 인(仁)에는 질(質)에 따르는 예(禮)의 용(用)이 내재한다. 이에 인(仁)이 스포츠맨으로서 갖추어야 하는 지고의 덕(德)을 전제로 하고 있다면, 의(義)는 스포츠 경기 중 자신의 모든 생각과 투지, 즉 승패에 대한 사념의 단(斷)을 전제로 해야 한다. 이렇게 전자가 정(靜)을 지향하고, 후자는 동(動)을 지향함으로써 전자인 인(仁)에는 극기복례하는 인륜적 덕으로서 예(禮)가 중요하고, 후자인 단(斷)에는 도리와 도의, 그리고 덕행의 궁극적 덕으로서 예(禮)가 중요하다. 이로써 정적인 인(仁)과 동적인 의(義)를 통한 참된 인간다움의 구현과 인간존재의 스포츠철학에서의 인간성 실현은 명실상부하게 된다. 그렇다고 스포츠철학을 통한 인간성 실현이 곧 전부가 이루어지는 것은 아니다. 왜냐하면 비록 의인(義仁)이 아니라 인의(仁義)가 스포츠철학에서 그 정당성을 확보한다고 해도, 그것이 인의(仁義)이든 의인(義仁)이든 선후가 어떻든 이 모두는 사람의 마음바탕(質)에서 비롯되는 것일 뿐이라면 현상적으로는 그것이 무위로서 끝나 버리고 말기 때문이다.

이에 인의(仁義)란 어떤 형태로든 가시적 문화현상으로서 자리매김을 해야 하는 당위성의 윤리이고, 그런 가시적 문화 형태의 당위성 윤리가 예(禮)라면, 사람됨의 방도로서는 시공을 넘어 인(仁)하고 의(義)해야 하는 인의(仁義)가 우선이지만, 인간존재를 위한 스포츠함의 도리에서는 그 역의 논리로서 먼저 의(義)하고 인(仁)해야 하는 의인(義仁)임이 맞다. 이를 이승한은 본래의 의미대로 "내면의 바탕과 외면의 수식이 적절하게 조화를 이룬 상태"라는 '문질빈빈'(文質彬彬)으로 밝히고 있다. 우리에게는 인간의 스포츠철학이 단적으로 인의(仁義)의 철학이라고 해도, 특히 넓은 의미에서 인(仁)으로 대변되는 극기복례의 인류지덕으로서 예(禮)의 철학이라고 해도 인간존재 전체를 실현해야 하는 스포츠철학만은 생물학적으로나 실존론적으로 먼저 인간성 실현을 궁극적 목적으로 해야 하되 그러한 궁극적 목적으로서의 인간성 실현은 의(義)를 통한 인(仁)으로서 예(禮)의 문화형태로 나타나야한다. 이는 인간존재의 스포츠철학에서 인간성 실현이야말로 인(仁)만으로서라기보다는 인의(仁義)로서, 인의로서만이라기보다는 의인(義仁)으로서, 의인으로서만이라기보다는 이 모두를 포괄하는 인류성 자체로서의 예(禮)가 우선해야 함을 말한다. 이로써 인간존재의 스포츠철학에서 인간성 실현은 인간존재의 예(禮)철학에서 이루어져야하고, 예(禮)철학으로서 인간존재에서 이루어져야한다.

부록 2
人的存在與禮的體育哲學

一. 引言

今天的發表主題雖然是人的存在與禮的體育哲學, 但就其內容上看是實現禮的人之存在的體育哲學。在此, 主題詞是體育哲學, 實現禮的人之存在是基於體育哲學的副題詞, 但在副題詞中的人的存在, 是先行於禮之實現的小主題詞, 致使禮的實現成了小副題詞。在這種禮的實現中, "禮"作為目的成為主語, "實現"成為基於禮的謂語。因此"禮"在內涵上是優先的。從整體上看, 在實現禮的人之存在的體育哲學中, 雖然在語法上體育哲學是最大的主題詞, 但在內容上人的存在優先。因為沒有體育哲學的人的存在雖然可能, 但沒有人的存在的體育哲學是不可能的。因此, 要想澄清體育哲學的整體內容, 雖然要先探討何為人的存在, 更嚴密地說, 要先弄清什麼是人之後再反問什麼是人的存在, 才能回答人的存在應如何實現禮的問題。按照這種邏輯, 其內容在整體的關聯中得到考察才能獲得體育哲學的本真面目。因這種闡述過程複雜多樣, 所以不妨用主題詞加以形式化, 那麼就是:首先是人與存在, 然後是禮的內容, 作為這種結果體育哲學得以呈現。因此, 我們擬以此次第進行闡述。

體育始於人的玩耍。玩耍中蘊含著尚未分化的人的純粹欲望和自律以及玩耍的快樂和滿足等。這種玩耍不是一個人而是大家一起進行時, 它作為一夥集團的分幫別派而成為社會組織, 由此必然產生遊戲和競爭。在這種遊戲和競爭中, 比玩耍本身, 為玩耍的規則更為首要, 而那種規則就成為決定勝敗的標準。如果說, 來自於玩耍的快感是通過人的五官之感性的自然快樂, 那麼組織化的遊戲和競爭性的比賽的快樂, 則是來自於人性之高度的人為快樂。在玩耍中首先是"思無邪"的無計畫, 而在遊戲或比賽中完備的計畫是首要的。當然, 玩耍或遊戲或比賽, 勝敗是首要的課題, 但重要的是不論勝敗都不能失去人的本來品性(Ethos)。為此的競賽正是向體育的昇華, 但在這種體育中仍然存在著玩耍和遊戲以及競賽的殘影。因為, 即使是至高的體育, 如果連人之原初的快樂要素都無法提供, 那就不但會摧毀體育的基礎, 甚至會導致否定人的存在之原初的生命運動。

因此, 體育要想不毀損體育本身而使其保持本真, 就應該讓體育的人首先在遵守體育規則中, 從具有競爭意識的體育現象中超越出來而擁有創造力和愛人的價值, 進而享受與其是來自於體育活動的結果而更是來自於體育本身的出奇的興奮和本來意義。由此, 將體育定義為"在與日常生活不同的意義關聯的特殊情況中(遊戲性), 在人為的規則下(組織性), 包括與他人的競爭或自然的對峙(競爭性)在內的身體的活動"[1]是正確的。但是, 如果說這是對在日常生活中進行的體育的一般定義, 那麼還需

---

1   樋口 聰:《體育美學》, 金昌龍, 李光子共譯, 首爾:21世紀教育社, 1991年, 14頁。

要運作比這種更合理、更系統的體育, 甚至是可以左右其勝敗的技術的體育科學, 而且更需要建構高於體育科學的、作為體育之本來面目的人之存在的體育哲學。在此我們應該注意的是體育不是要從玩耍到遊戲, 從遊戲到競賽乃至體育的一連串的上升發展, 而是要面向人的存在之根源性的事實。因為, 體育理念或體育道德, 也都是在人的存在之本來性上才是可能的。如果說古希臘的奧林匹克精神在2016年的裡約奧運會上也未曾改變, 那麼就是要回到當時的奧林匹克精神中去, 回到人的本來面目中去。當然, 體育的樣式或方式隨著時代的變遷發生了變化, 而這種變化也是應該的。

但是, 奧林匹克精神或理念在現代也仍然是一個不變的恒數。在這次的2016年裡約奧運會5000米女子田徑賽中, 兩位女選手的形象, 毫無保留地展現了超越時空和人種的人間關愛的真正價值。在400米跑道12圈半的5000米長距離競賽中, 離終點還有4圈的新西蘭選手漢布林不慎摔倒, 又帶倒了身後的美國選手阿戈斯蒂諾。此時, 美國選手阿戈斯蒂諾不顧比賽進程, 起身扶起不曾相識的漢布林說:"起來呀, 跑向終點吧, 這不是奧運會嗎?"不過, 阿戈斯蒂諾似乎扭傷了膝蓋, 摔倒在地。這時漢布林又停下來, 攙扶起阿戈斯蒂諾說:"不要緊嗎?能跑嗎?"站起來的兩位選手雖然已經都落人後了, 但一起跑起來。阿戈斯蒂諾向回頭看自己的漢布林高喊"繼續跑吧!"最終, 漢布林以16分43秒61, 阿戈斯蒂諾以17分19秒02到達了終點。先到達終點的漢布林擁抱後到達的阿戈斯蒂諾並落下了眼淚。她們雖然落選, 但觀眾都站起來向她們投去了熱烈的掌聲。比賽結束後, 漢布林說:"感謝向未曾見過面的我伸出援手的阿戈斯蒂諾","雖然大家都想得到獎牌, 但有比獎牌更珍貴的東西。我將終生難忘今天的一幕。"阿戈斯蒂諾無法走動, 坐上輪椅走出了賽場。看到此情此景的裁判, 經過商議決定讓她們全都進入決賽。國際奧運會最終決定授予她們顧拜旦獎章。

在此,我們應該注意的是不僅是這兩位選手,而且關注這兩位選手一舉一動的數萬名觀眾和全世界的人,還有奧會競賽裁判採取的得力措施。一位裁判和兩位選手,還有觀眾全體(全世界的人)的共鳴:這難道不是為人類全體的真正的體育道德的普遍精神嗎?如果說是的話,那麼這次巴西裡約奧運會(2016)最高和最後的高潮,與其是某個國家、某個選手獲得的數十個獎牌,更是在5000米女子田徑中落選的兩位選手,通過體育展現給世界的活生生的真正的人類之愛。可以說這是用現實態的事例,通過體育,展示了如奧運會五輪旗所揭示的將全世界團結在一起的可能性。這是具有物質有限性的獎牌,通過精神的無限性得到了揚棄,精神的無限性又在靈魂的永恆性中得到了揚棄。如果是這樣,靈魂的永恆性不能只是以無限性存在,而是要以人的時間性獲得再生。如果說永恆性超越時間而存在,那麼,對有限的人而言那是不可把握的"無",然而現實地存在於我們意識中的也是一種永恆性。瞬間作為刹那也是人無法把握的"無",但在現實中儼然存在。永恆雖存在,但因不可把握,所以是"無",瞬間雖然也存在,也因不可把握,所以是"無"。如此,有和無正因為不同所以沒有不同。因此,黑格爾"純粹的無和純粹的有一樣"的邏輯命題仍然有效。永恆與瞬間雖然是絕對的兩級,但反過來說這兩者作為一而存在。這是哲學的,又是最現實的。

由於體育的主體是人,所以對體育的哲學考察,應該從探討何謂人開始,再深入到何謂人的存在的考察上。也就是說應該首先考察人和人之所以為人的存在,即人的生物性根據和人的存在之根據。因此,對體育哲學而言,澄清這兩個方面是最首要的課題。由此,作為新的統合理論,將體育哲學的內容進一步擴大為人性的實現。只有體育之主體的人和作為其根據的存在統合為一時,體育哲學才能同時實現人和存在,即"人的存在",為此,我們擬將實現人的存在之整體的體育哲學奠定在人論的根據和存在論的根據之上,並將其哲學內容設定在實現人性的禮之上。

二. 體育人論的生物學、哲學的內容

首先,體育哲學的人論根據始於人的生命。生命的屬性是在活著,活著作為一種前進的運動就成為原初的體育之根源。人的生命始於男性的"精子"。健康的男性在一次射精的3−5微克中,也就是說在1毫升中有7000萬個精子時,有2−3億個精子。但是,哥本哈根大學的尼爾斯·斯卡克柏克教授的研究報告顯示:2010年丹麥的18−25歲年輕男性5名中就有1名的精子因數量太少而難以孕育孩子。研究報告還說1940年代的男性精液1毫升的精子數是1億3000萬條,而1990年代銳減為6600萬條。

在眾多的精子中,射精後30分鐘內只有一個精子能與女性的卵子結合,剩下的精子都死在途中。在卵巢管膨大部活著進行前進運動的精子數是全體的150萬分之1,而且在實際上只有其中的100至200個精子不停地運動才能到達受精部位。從生物學上看,這種最初的運動對我們極其重要是因為它是原初的體育原型(Archtypus)。這個運動雖然很難說是運動,但它是經過了激烈競爭的運動,是不詛咒和妨礙對方而遵照自然的力的秩序實現的運動。那麼多的精子獻出自己的生命達四次,而只有一個精子才與卵子結合誕生為新的生命,這實在是令人震驚。只有60美光(micron)大小的一個精子,在女性的陰道內,以每秒0.1毫米的速度進行前進運動,從子宮的入口到卵巢管膨大部約10釐米的距離,這是精子自己身長3000倍的距離,就是說以自己最高的速度和最大的力量奔跑才能見到卵子。把此比喻為體育運動就是:身高170釐米的健康男性,在波

濤洶湧的廣闊大海中, 以每秒3米的速度, 不間斷地遊過5公里才能抵達的距離。這是奧運會金牌得主也無法趕超的速度和距離。這是比最好的游泳選手還要棒的精子才可以完成的。靠只有二億分之一的生存率不斷奔跑的一個精子, 才可以遇見卵子而成為一個生命。這個精子和卵子的生命運動, 在生物學上構成體育哲學的原初基礎。生命是意識和存在、精神和肉體、主觀和客觀、理性和感性等的對立之前, 是人的存在之整體的基礎, 生命本身作為肯定在竭盡自己全力的運動, 是體育活動的原型。第一次打開這種考察之門的第一批人是舍勒、普列斯納、蓋倫等。其中, 普列斯納站在生物學的立場上, 將人置於體育與體育人論相聯繫的肉體性和身體性上。他把人區分為作為物體的肉體和作為生命的身體, 並認為此二者有著緊密的關係。人不僅有作為物體的肉體, 同時還有能夠體驗生命的身體。這是人的二重性。一個是生物學的自然性, 另一個是精神性的人為性。但這兩者並非是相互獨立存在的領域, 而是人與世界的兩個位點。這不意味著人的內在世界與外在世界是一個, 它只是提供了可以將兩者的世界在同一個觀點上看待的視角。這兩個視角可以區分體驗可能的身體和作為物體存在的肉體。具體而言, "肉體"(Körper)雖然有時和"身體"(Leib)在同一個含義上使用, 但在嚴格的生物學意義上, 肉體是指動物的中樞機關之整體, 而身體則指那個中樞機關中的肉體領域之整體。這兩者並非互為媒介, 而只是在關聯式結構上相互並存。這就是說, 所謂肉體與身體的二重性, 作為包括中樞機關的肉體領域和結合在中樞機關的肉體領域, 是兩分的"關聯式結構(Positionalität)"。以這種方式生活著的生命體, 首先是對自己的肉體、然後是對自己自身, 爾後是對自己自身的存在保持著距離。如果說這在結果上留下的是肉體與身體以及作為自己之整體的存在, 那麼將此整體內容集中到一起加以表達時才可以說是"人"。其實, 將人只從空間存在的方面上看就是"物體", 作為生命主體來看就是"肉體", 在自我意識的立場上看就是"身體"。那麼, 人的身體作為擁有自主性精神的意志, 就成為體育活動的哲學基礎。

當我們說到人之身的時候, 並不是把它分開來理解為身體與肉體以及物體, 而是將此所有的一切理解為身、人。此時的人與精神科學的"生"有很深的關聯上還可以表達為人格。儘管這樣, 在此, 並不是使體育之可能的人的存在第一, 而是人的生活第一、人學第一。為了從哲學上解釋這種人學存在於感性的、肉體的人的生活領域的問題, 普列斯納試圖從根源性的意義上理解"自然"的哲學。自然也不是純粹哲學意義上的自然, 而是生命的自然。但是, 與此同時, 自然也一樣具有精神科學的要素, 所以它的二重性, 作為生命體的現存方式, 不僅在關聯式結構理論中, 而且在哲學人論的根本範疇去中心化中也同樣表現出來。這個中心領域的學問是人論, 其核心物件也是人。這個人既是物件, 同時又是主體。因此, 人既不單純是肉體, 也非單純是身體, 亦不單純是精神, 倒是作為肉體的、精神的、生活的統一體的生存者。

體育人論基於人的哲學。當然, 在人的哲學中, 首先是人而不是哲學, 指稱人時, 與其是精神的或哲學意義上的人, 更首先是生物學的、現存事實意義上的人。但這不是說要執著于生物學的現存事實上。因為, 要正視生物學的現存事實, 就必須超越生物學層次。也因此邏輯的、認識論的、時而又是形而上學的哲學是必不可少的。因此, 要想正確地認識生物學的人就需要人的哲學。如果將奠定在人的哲學之上的學問, 僅以現實性直接表達, 就可稱之為"生物學的人學";僅以學問理論來表達, 就是"哲學的人論"。在這個觀點上, 有必要根據在生物學上使人的哲學成為可能的哲學人論, 對體育人論理論的形成原理, 從哲學的方法論上進行全面的考察。不管其探路如何, 只有人的哲學才有可能進行。單從結果上看, 它雖然作為體育存在論是不可能的, 但將其建構為體育人論則是相當成功的。此時的"人的哲學"的人, 是在生物學的生的意義上的人, 而哲學是在將精神科學的解釋學重新建構為哲學的人論意義上的哲學。因此, 人的哲學可以確立為以解釋學與人學為前提的新的哲學人論。換句話說, 就是"沒有人的哲學, 生的經驗理論不可能;沒有自然的哲學, 人的哲學不可能"[2]的一種統合理論是可能的。

人也與動物一樣, 將自我置於自己的生存中心。但是人自身意識到中心並以反思超越自我中心而存在。正是這一點奠定了體育人論哲學的根據。因為, 只有人才能在絕對的此與現在中, 通過體育體驗到向自我中心的關聯式結構逆行的自己的身體和環境的整體聯繫。因此, 如果人不被綁定在那種聯繫中, 人反倒會經驗自己行動的直接活動, 體驗自身的刺激和運動的衝動, 並通過自由意志, 以選擇決斷來知覺自己自由的事實。儘管自己有自由, 但又不能不被制約自己的生存所束縛, 也因此不能不進行鬥爭。要言之, 如果說動物的生存只是以自己為中心, 那麼, 人的生存雖然也以自我為中心, 但那是超越自我中心而與動物不同地去中心化的。這種從中心超越出去的運動, 樸素的地講是原初的生命運動, 積極地講是開放自我的自己運動, 是走向體育世界的開放性運動。

由此我們奠定了在動物中是不可能的體育哲學、尤其是體育人論的成立根據在人的哲學中是如何可能的契機。人不是像動物那樣只埋沒在環境世界中的存在, 而是謳歌對世界的開放和向自我的開放的存在。這種對世界開放和向自我開放的理念就成為體育人論的本質範疇。體育人論的自我開放性根據在於:人自身不只是現存在於此的存在, 而是以既是自己又在存在著的方式, 在無中存在並凝視著無, 不顧人自身的局限性,

2　H. Plessner: *Die Stufen des Organischen und der Mensch. Einleitung in die philosophische Anthropologie.* Berlin 1965. S.26

超越時空, 在世界的開放性中體驗自己自身, 而且再重新體驗那個體驗。如果體育人論在終極的意義上, 要比競賽更看重修煉本身, 或比體育競賽更看重體育本身, 那將會陷入另一種形而上學觀念論或停留在與其對勝敗的意義更看重自我實現或人格修養的俗套上。如果通過體育完成自我修養或達到人格實現, 那對體育來說當然是最高的境界了。但是, 我們所要關注的是作為體育之主體的體育之人的生物學的本真狀態如何的問題。因此, 作為自然與人的最現實的、直接的人之生存的去中心化, 我們將自然性與人為性法則, 最優先地作為體育人論的邏輯根據。

哲學的人論是在自然的地平線上, 將人的身體的感性和反思性的思考置於生物學的人自身的去中心化的考察。也就是說, 它是將生命哲學和解釋學放在一種現象學的、實用的哲學內容——現代生物學和社會學的聯繫中加以考察的哲學理論。此時的人在兩個層次的關係概念中成立。一是, 人首先是與自己自身相關的概念, 即與自己身體有關的概念;二是關係於圍繞著人的自己世界的概念。這種去中心化的概念, 其實既不是存在論概念, 也不是形而上學的概念。反倒是人對自己的根本態度以及對那種態度的一種範疇。此時的範疇, 是指在一貫地維持人的所有的個別態度的同時, 在那種態度中, 其自身總是獲得新生的態度。最直接地說, 所謂去中心化, 就是指一種關係, 指存在于人中的對某種的人的關係。雖然是關係中的人, 但並不在關係中顯現人。這種關係, 作為其本身, 既一樣又不同, 是一致性的同時又是差異性。這種"自己觀點內的自己外的觀點"[3] 雖然作為人學範疇的一種樣式出現, 但在我們的觀點上則作為體育人論的哲學範疇內容得到表現。

3　H. Plessner:「Macht und menschliche Natur. Ein Versuch zur Anthropologie der geschichtlichen Weltansicht」. In: ders.: *Zwischen Philosophie und Gesellschaft*. Bern 1953. S.308.

　　問題是去中心化的關聯式結構如何作為人學的範疇在體育人論中確立？這是在體育中去中心化的實踐問題。對我們來講，作為哲學概念，去中心化的諸多實踐結果都很重要，但其中自然性與人為性內容尤其重要。這是因為，自然的人為性概念在哲學的人論整體中，也最好地體現了體育人論的核心內容。所謂的自然的人為性，作為自然和人的複合詞，是互為相反的內容概念。人不管是表現為肉體或身體或生命體，都分明是一有機體的自然。但絕不是說人只是作為自然物而存在。人作為自然的有機體生存，為了生存需要製作合適的工具，並利用工具達到人為的目的。就好像通過體育達到目的的企圖一樣。作為自然生存的人，不能不以逆行于自然的人為活動家——文化生存者而活下去。如果說可以將此兩者的二重性內容撮合到一起而構成"自然的人為性"概念的話，那麼，在體育人論中也可以將體育與人的二重關係，在去中心化的實踐方式上看待。

　　在此，存在與行動的關係，在現實上能為去中心化的人做什麼、貢獻什麼呢？人與其說是單純的生物體的一種，更是作為關聯式結構形態的去中心化的存在，是提出欲求本身——對體育活動的人的根本性衝動的欲求本身——的特殊生命體。因此，不是像植物那樣單純地存在或像動物那樣本能地活著的存在，而是使其什麼合適、以其什麼使其合適的存在。這是說人本性上是道德的，而且是將自己捆綁到那種道德欲求之形式上加以馴化的有機體。然而，我們還想更積極地將此看作是體育與體育倫理以及體育哲學的內容結構。因為，如果人沒有倫理道德的精神，體育之人就不可能是真正的人，體育人論的基本範疇——去中心化的世界開放性也是不可能的。此外，與人完全不同的動物不可能踐行人的體育哲學，也是因為它不僅不知道自己在做什麼，而且只記得和再生靠技巧性的輔助手段做出的行動，根本不認識自己的行動結果引發的事態關係。因此，動物只是忘我地埋頭于自己的周圍環境中, 而對可觀的不可觀並不關心。

　但人則具有對抗給予的環境的能力, 而將中心體的反中心體作為認識物件加以接受, 並自己把握那個物件的存在。正是那種能力使人將體育哲學成為可能, 並使體育哲學的一軸合理地成為體育人論。之所以如此的根據在於: 人作為逆行于自然的人, 成為製造工具的自己, 並克服自然以使自己自身成為體育的人。但是, 生物學的人學, 如果不能闡明人的存在之整體性乃至根源性, 那麼, 那種局限性只能在哲學的存在論中得到克服。在狂熱地追求新紀錄的體育中, 雖然能留下新的紀錄和勝者, 但是, 那個紀錄乃至於那個勝者也終將都要消失。如果是那樣, 那麼, 人要比紀錄更優先, 人的存在本身要比人更優先。因此, 人的存在終究與體育人論一起得到實現, 才會成為真正的根源。對這個問題將在體育哲學的哲學存在論中加以考察。

三. 體育存在論的實存論、存在論內容

當說體育的人時, 如果能夠反問什麼是使人成為人的根據, 什麼是使體育成為體育的根據的話, 那麼, 那就是存在。存在是所有存在者的根據。存在是最一般的概念, 最抽象的概念, 又是最自明的概念。當像"有人"、"有家"那樣, "有"的主語成為前提時, "有"的意義才得以顯現, 但光靠"有"或"有著"本身, 只能成為沒有內容的空虛、抽象的概念。但不是說那種"有", 即存在本身不存在。正因為是"存在", 才只能是"存在"。就是說這種存在本身, 作為某種對象, 作為像人或體育等那樣的所有存在者的存在一樣, 成為如果是人的話就使其是人, 如果是體育的話就使其是體育的根據的存在。但是, 存在本身是什麼的問題, 因為其在現實上是沒有主格的

空虛之問, 所以不可能有任何收穫。因此, 不局限在不可能有任何收穫的存在本身, 選擇一條迂回之路, 弄清何者是提問存在的系令者, 就可以通過它來回問存在本身是什麼。由此也能解決提問存在的人的存在問題, 最終使這種解決方式成為奠定體育存在論哲學根據的理論基礎。

關注這種存在, 並試圖對既非只是存在本身, 亦非單是人本身, 而是統合了其所有的人的存在, 用"此在"概念加以詮釋的哲學家正是海德格爾。嚴密地講他是要通過人的存在的此在闡釋存在本身。基於此, 我們要通過進行體育的人的存在, 確保體育存在論的正當性。海德格爾雖然關注物件性的存在者和存在者之根據的存在, 但他將其焦點置於試問其意義的人的存在上, 正因此, 我們可以從中獲得實踐性的行動哲學, 即體育哲學的一條路子。換句話說, 存在者只有在其存在中才能被規定, 體育的存在者也只有在其存在本身中才能得到闡明。因為, 使存在者作為存在者之可能的根據正是因其"存在"。因此, 存在本身並不能以某種形象顯現, 它只是以可能性的根據而存在。由此, 雖然存在本身空虛, 但當它是人的存在時, 存在的意義才重新被奠定。這樣, 存在在與存在者相區別中, 不論其存在者是人或事物或體育, 總之作為某種物件存在的話, 存在就使其人為人、體育為體育, 不管它是什麼, 都使它成為它的根據。就是說將存在者籌畫為存在者的根據就是"存在", 也因此沒有無存在者的存在才得以成立。在此, 重要的是在存在中解釋存在者, 對那種存在的解釋只有在理解存在時才有可能。這是對存在意義的重新反問, 而對此反問的回答, 重要的不是歸納或者某種演繹, 而是揭示其根據更重要。

揭示體育以其存在為基礎, 每次都使其作為體育而存在, 而其存在就是將體育作為體育顯現的那個本身。因此, 存在任何時候都是某種存在者的存在, 而不是作為存在者的某種痕跡概念的存在者。存在反倒是對所有存在者的超越, 甚至是那個超越本身。我們將這種超越本身接納為

體育存在論原初的運動概念。此時的存在, 始終是使存在者作為存在者
而存在的根據的同時, 成為運動的契機。也就是說存在者每每向著存在
超越的正是作為那個的存在。也因此, 存在才既不與體育或人完全同一,
又同時也不完全無關。正是為了理解這樣的存在, 就要追問何謂存在？
如果說在對存在的這種反問中, 存在意味著存在者的存在, 那麼, "對存在
的理解, 最終是屬於此(人)在自身的本質結構中"[4] 的。

　　這句話是說:在本質地構成人的存在的框架中, 人自身不管是以何種
方式已經在理解其自身的存在。只有人才真正一方面就是現象本來的存
在者的同時, 另一方面又作為存在者理解自身的自己。對存在的這種理
解, 就成為人理解所有事物, 乃至體育哲學的終極根據。如果說體育的主
體是人, 那麼, 不是作為體育的人, 而是作為體育之人的存在的此在, 在
體育哲學中是以怎樣的方式顯現的呢？或者說, 如果作為體育的人的存
在者, 在哲學的人論中, 至少作為肉體上和身體上的關係可以見到的話,
那麼, 在存在論上可以如何定位和解釋呢？如果說在體育人論中, 將人
的存在看作是生物學的, 並在生命的運動中尋找其根源, 那麼, 在體育存
在論上就要將人的存在看成是哲學的, 並將其根源看作是超越, 即去生
存運動。為了將此作為體育哲學存在論的、實存論的基礎, 將探討此在的
根本行為——實踐性行為。此在的根本行動是使存在者存在的運動, 是使
存在者開放的運動。

　　但是, 當我們把存在者當作存在時, 那個存在雖然在我們這裡已經以
某種形式被理解, 但並不以是具體的概念得到把握的。因為, 存在即使是
去遮蔽的, 但在此在中每每都是被遮蔽的。因此, 對使存在成為其存在,
即對使存在得以理解的根本行動, 我們只能在存在自身的籌畫中加以把

4　海德格爾:《存在與時間》,李基相譯, 首爾:喜鵲書房,1999年22頁。

握。一方面, 在這種籌畫中包涵了行動的一般性的同時, 另一方面又內涵了行動的實存性內容。如此, 像在存在者的存在一樣, 在與存在者結成的所有行動關係中才可能使之存在。人的此在與存在結成關係, 是因為此在現實地存在。也就是說, 此在與存在者結成關係, 是因為此在已經理解著給予自己自身的存在。這是說存在的籌畫既然屬於此在的本質, 存在就已經在超越存在者, 而且在此在的根源中已經在產生運動。這也就是說, 為了使體育存在論本身, 在實存論的、存在論的人的存在的本質中形成, 體育的人應該與體育人論不同, 在人的此在的根源中進行。

說此在的本質是哲學性的, 是指使存在者在其自身中存在, 而不是單純的哲學思辨或邏輯建構;所謂使之存在, 是指作為人的此在之根本行動的嚴格運動。在此, 正像我們關注作為體育哲學的生物學基礎的生命運動一樣, 會注作為體育哲學的存在論基礎的這一超越運動。所謂存在者向存在去存在, 就是向存在超越的運動, 就是體育向體育自身去體育的運動。也就是說, 作為使體育成為體育自身的運動, 是使體育之可能的跳板, 也因此它成為體育存在論的根據。這雖然是存在論的籌畫, 是在超越中使存在者存在, 但在體育哲學中是存在論的去存在, 是在去存在中使體育之為體育。作為這種根本性行動的體育本身, 是不受任何束縛的"自由存在"(Freisein)[5], 其本身就是開放存在的存在論籌畫, 即以超越使自由行動的運動成為可能。作為自由行為的運動, 為人的此在打開自身的自由空間, 即作為超越的自由行動的運動, 只是在人的此在的根據上才是可能的。在這樣的此在的根據中, 人才以其本來實存。說這樣的人的此在本來地實存, 是說體育之人的存在是哲學性的。所謂的哲學性是說體育自身要從根源上得到理解。從根源上得到理解, 是指在體育哲學內

5　Yu-Taek Lee: *Vom Seinkönnen zum Seinlassen*. Würzburg 2000. S.187ff.

的可能性中呈現存在本身。

在此,進行體育的人,以自己存在的根本態度使實存運動成為可能。說進行體育,意味著帶著緊張和焦慮的某種情緒乃至心情面對現場。此時的心情是作為存在本身呈現,而不是被感覺或認識。這是說它不是通過認識論的說明,而是通過存在論的理解得到說明的。更積極地說,所謂理解是指為存在論的心情所捕捉的存在,是指從根源上一起籌畫那個存在。斷言之,所謂理解就是存在的另一種方式。換言之,所謂人的存在,不論在何種情況下,作為此在的開始都離不開理解的領域。在體育競賽中,真正勝利的關鍵,首先在於將自己自身理解為可能性的人的存在,而此時的理解,不是指作為一般的哲學範疇,而是指作為實存範疇得到揭開和澄明。這種作為實存範疇的運動,不是說選手能做好某種體育,或在體育競賽中獲勝,而是說他正是通過根源上的實存而呈現其自身的存在,而那樣呈現出來的就是去存在的運動。

四. 人的存在的體育哲學與人性實現

在此,人的存在本身的存在根據是什麼?那種存在根據與體育有怎樣的存在論關聯?對此的追問就是個問題。由於存在本身不允許任何媒介,所以就其本身來講是空虛和不可靠的概念。但是,只要說是人的存在或體育存在,那就能通過人或體育呈現其本身。人和體育雖然是不同的物件,但由於使這些物件存在的共同根據都是存在本身,所以對這種人的存在的實存論、存在論的解釋,會帶來將人的生物學有限性昇華為哲學存在之普遍性的結果。對體育的人來說,人與體育雖然是兩個不同的概念,但當說是人本身和體育本身的時候,那個本身作為存在者的存在是

同一的。當然, 在人自身中人是第一, 在體育自身中體育是第一。人至少
單從生物學上看是物件性的、可視的, 但因為在人的存在中, 其自身由於
不是某種對象, 所以是不可視的。體育也是如此, 不管它是玩耍還是遊戲
或是某種類型的運動形式, 它雖然是物件性的、可視的, 但體育自身, 正
像在人那裡的自身一樣, 並不是物件性的。所以也是不可視的。因此, 其
自身因為不能靠其自身得到說明, 所以只有通過與人和其自身、體育和
其自身的哲學存在論的聯繫, 尋求其意義的通道。這種存在論的意義通
道, 在人呈現給自身的途中打開, 在其途中作為自身的自己得到呈現。體
育也是如此, 在體育呈現給自身的途中打開, 其自身也同自身一樣得到
呈現。一句話, 就是對人的存在自身的一種自我籌畫運動。

　此時的人的存在, 是指以有與無為前提的人的本質規定, 即指對人自
身的存在論解釋。由此, 使體育哲學之可能的、對人而言給人以根據的就
是那個存在。換言之, 就是說要想克服哲學人論的局限性, 作為其邏輯根
據, 哲學存在論基礎是必需的;克服哲學存在論之局限性, 作為現實的實
踐, 哲學人論的現象學是必需的。前者作為通過人的存在的去存在運動,
使體育成為可能;後者作為通過人的身體的生命運動, 使體育成為可能,
而這兩者的統合論就使"人的存在"的體育哲學得以確立。一方面, 是將體
育人論的哲學基礎奠定在生物學的生命運動中, 並用現象學的邏輯對其
哲學內容加以合理化, 以建構"人的哲學";另一方面, 是將體育存在論的
哲學基礎奠定在實存論的去存在運動中, 並用解釋學的邏輯對其哲學內
容加以合理化, 以確立"存在的哲學"。但是, 這兩者的局限性在於:不管是
體育人論還是體育存在論, 單靠其一個方面是不可能奠定面向人的存在
之整體的體育哲學的。在前者的體育人論中需要哲學的存在根據, 在後
者的體育存在論中需要生物學的事實根據。因此, 即使是通過體育存在
論奠定體育哲學存在論的根據, 也不能完成"人的存在"之整體的體育哲

學, 而只能確保相當於其"存在"的哲學的、部分的正當性。因為, 它對人的
存在本身或體育存在本身或許是正當的, 但對體育人論的生物學的人卻
是一籌莫展的。其反面也是一樣。也就是說, 即使通過體育人論奠定體育
哲學的人學根據, 但無法保證其存在根據的正當性。

　為了克服這種局限性, 重要的並不是對何謂人的本質？何謂哲學的中
心？哲學的人論有怎樣的能力和解決對策進行主體的、自意的回答, 而
是對人怎樣可以從根源上, 不, 從實存論、存在論上加以追問和高於此的
哲學判斷。這種追問的根據在於：從根源上向人提出對存在本身的追問,
而對存在本身的追問, 相當於人的存在的最內在的本質。因此, 對這種存
在的追問首先是對人的存在的理解。事實上, 如果說對存在的理解在人
的存在中是不可能的, 那麼, 人作為人或體育作為體育是不可能存在的。
這種人的存在方式是人的實存, 人的實存是以對存在的理解為根據才是
可能的。結論性地說就是, 所謂人的存在, 與其說是生物學的人, 倒不如
說作為哲學的人才更是根源性的。即哲學的存在先於生物學的人。在這
個意義上, 對要比生物學的人更為根源性的哲學的存在的追問, 哲學的
人論也無法在存在論上加以追問。反過來看, 這是因為哲學的人論, 已經
將人確立為人學後又反問了人。

　如此, 在人的存在中, 把存在作為比人的存在還要高的哲學目標來看
待, 這為體育哲學奠定存在論根據上有其可行性, 但在完全排除了體育
哲學的生物學的人學成果的方面上, 不能不是另一種局限性。設問, 如果
沒有人, 體育何以可能存在！沒有人的體育是空虛的。這如同主張沒有
人的人性、沒有歷史的歷史性一樣。那麼, 我們只能說為了新的體育哲學
而建構的體育存在論也只是成就了一半的成功。即使是通過人而不是存
在本身去追問存在的意義, 主張體育存在論的正當性, 而且單靠體育存
在論本身也能成為體育的根據, 但是體育哲學無法對人的存在整體加以

正當化。因此, 如果說對哲學的人論者來說, 在所有活著的生命體中, 重要的是生物學的"人"; 對哲學的存在論者來講, 重要的是作為至高頂點現存的實存論的"存在", 那麼, 對我們來講, 重要的是作為這兩者的統合論——"人的存在"之整體。因為, 只有在此兩者的人論和存在論中, "人的存在"的新的體育哲學才有可能。其實, 沒有人的體育人論是不可想像的, 沒有給那樣的人以根據的存在, 體育存在論也是空虛的。因此, "人的存在"之整體在現實上成為體育哲學的根據, 體育哲學的終極目的是要通過體育去實現人的存在的人性。

其實, 我們是要從體育人論和體育存在論的統合論中, 尋找為人的存在服務的體育哲學的契機, 以達到實現人性的終極目的。這樣的契機和邏輯結構在東方的太極理氣論中也可以找到。因為理氣關係, 在體育哲學中, 可以匯出人與存在的鉸鏈關係, 以揭示體育活動的正當性與生動性。那麼, 通過這種人的存在的人性實現如何可能呢？所謂人性是人文語境中的話語, 人文作為鑲嵌于自然的"人紋"是相對于天文而言的。我們在現實上雖然比天文更是將人文放在第一位, 但不能不先探討天文。這是因為人文內容會隨著天文的變化而被調整的緣故。如果說作為"天紋"的天文學, 是指像日月星辰那樣的自然現象和絕對性法則之整體, 那麼, 與此相反, 人文學則作為相應於天文學絕對性的本來性, 是從人的自由開始的。在天文學中, 作為天道有自然法則; 在人文學中, 作為人道有人的道理。人的道理, 作為人的本來性, 是在體現和實現人的人性中形成的。

實現這種人的人性的最初起點, 在體育活動中是思無邪的玩耍, 而最終是體育哲學。那麼, 通過體育哲學的人的存在的值得的人生實現如何可能呢？雅斯貝斯認為釋迦牟尼、耶穌、蘇格拉底、孔子是第一個提出普遍適用于全人類的人生尺度的思想家。尤其是孔子, 鑒於當時混亂的社會現實, 視仁為善的根源、行的基礎, 並將其置於人的中心而提出了禮。
禮的兩大支柱是仁與義, 而這個仁義正是最鮮明地表現了人的最值得的
人性實現。今天, 我們在日常生活中, 雖然應該先仁再義而有禮, 但是為
了體現體育之人的存在的值得的一面, 應該先義再仁。雖然仁義最理想
地呈現了人的最值得的一面, 但是如果說人的存在的體育哲學是從玩耍
到遊戲、從競技到體育發展而來, 那麼從現實上不能只強調作為仁的自
愛或博愛。反倒是義要先於仁, 因為只有如此, 才能在體育競技中與處於
勝敗對決狀態中的對手結成二重關係——既是敵對、又是同志的相互緊
張關係。

　　在我們的體育哲學中, 應該是"義仁"而不是"仁義", 是因為根據體育哲
學本身的本性, 只有先行義才能公正、平等地進行體育競技, 之後再行
仁, 才能以愛擁抱對方選手, 而自己則以寬容和包容的換位思考之"德"進
行體育。在義中內涵了先於氣的理之體; 在仁中內涵了用之禮。因此, 如
果說"仁"應以體育之人必備的至高之德為前提, 那麼, "義"則應以體育競
技中對自己所有的想法和鬥志, 即對勝敗的斷念為前提。前者志向于靜,
後者志向於動。在前者的"仁"中, 重要的是作為克己復禮的人倫之德的
禮, 而在後者的"斷"中, 重要的是作為道理和道義的終極之德的禮。由此,
能夠名副其實地實現通過靜的"仁"與動的"義"體現的人的存在的體育哲
學的人性。但不是說這就能實現通過體育哲學的人性。因為, 即使不是"義
仁"而是"仁義"實現體育哲學的正當性, 但不論它是"仁義"還是"義仁", 且
不論其先後, 如果這些都只是始於人的心質之上的, 那麼, 從現象上講,
這些都會以無為而結束。

　　因此, 所謂仁義, 不管它是什麼形態, 都是一個作為可觀的文化現象加
以定位的當為性倫理, 而如果說可觀的文化形態的當為性倫理是禮的
話, 那麼, 作為人的道理, 超越時空的先仁後義的仁義應該是第一位的。

但是在服務於人的存在的體育哲學中, 則以相反的邏輯, 應行先義後仁的仁義。對此, 李承煥闡釋為"內在的質和外在的修飾適宜調和之狀態"的"文質彬彬"。[6] 但是, 對我們來講, 即使說人的存在的體育哲學直接就是作為人性實現的禮的哲學, 它在廣義上也是以仁為代表的克己復禮的"倫"及人倫性。由此, 人的存在的體育哲學, 不論是在生物學上, 還是在存在論上, 都以人性實現為終極目標, 而且作為這種終極目標的人性實現, 應該通過仁與義的禮的文化形態得到表現。這就是說, 在人之存在的體育哲學中的人性實現, 應該是以由義達仁的禮的文化形態出現。因為在人的存在的體育哲學中的人性實現, 與其說是只以仁反倒更是以仁義、與其說是以仁義反倒更是以義仁、與其說是以義仁反倒更是以包容了所有這些的禮為優先。因此, 在人之存在的體育哲學中的人性實現, 應該是在人之存在的禮哲學中獲得、禮哲學在人之存在中建構。(延邊大學 潘暢和 教授譯)

6　李承煥: 東洋的學問與人文精神,韓國學術協會編:《知識的地平線》,2007年33頁。

부록 3

인간존재와 禮의
스포츠철학*

예(禮)를 실현하는 스포츠철학에 대한 고찰은 스포츠의 주체가 인간이기 때문에 먼저 인간이란 무엇인가를 묻고, 그다음은 그러한 인간의 존재근거가 무엇인가를 묻는 데서 출발한다. 그리고 그런 인간존재가 어떻게 스포츠를 통해서 예(禮)를 실현할 수 있는가로 이어진다. 다시 말하면 인간과 그 존재, 즉 인간의 생물학적 근거와 인간의 존재론적 근거, 그리고 예(禮)를 실현하는 인간존재로서의 스포츠철학에 대한 고찰을 한다는 말이다.

먼저 우리에게 인간은 생물학적으로 대상적임과 동시에 주체적이다. 그렇다고 인간은 육체적인 것만도 아니고 신체적인 것만도 아니며 또한 정신적인 것만도 아니다. 오히려 육체적이고 정신적인 삶의 통일자

---

* 부록 1의 요약문으로서 孔孟학회 발표문.

로서 생존하는 자이다. 이러한 통일자로서의 인간을 스포츠하는 인간이라고 할 때 인간을 인간되게 하는 철학으로서의 스포츠 인간론은 인간의 철학에 기초한다. 인간의 철학에서도 철학보다는 인간이 우선하고, 인간이라고 할 때도 정신적 의미나 철학적 의미 이전에 생물학적 현사실의 의미가 우선한다. 그렇다고 생물학적 현사실에만 집착한다는 말은 아니다. 오히려 생물학적 현사실을 바로 인식하기 위해서는 생물학적 차원을 넘어서야 한다. 따라서 인간을 철학적으로 직시하기 위해서는 인간의 철학이 필수적이다. 인간의 철학에 기초하는 학문이 철학적 인간론이고, 그러한 철학적 인간론을 근거로 해서 스포츠 인간론이 성립한다. 이때 인간이란 생물학적 생의 의미에서 인간이고, 철학이란 정신과학적 해석학을 철학적 인간론으로 재구성한다는 의미에서 철학이다.

이러한 인간은 생물학적으로만 보면 대상적이고 가시적이지만, 존재 그 자체란 어떤 대상적이 아니기 때문에 가시적일 수가 없다. 스포츠 역시 그것이 놀이이든 게임이든 혹은 어떤 종목의 운동형식이든, 그것은 대상적이고 가시적이지만 스포츠 그 자체란 대상적인 것이 아니다. 따라서 가시적일 수도 없다. 이에 그 자체가 그 자체로서는 해명될 수 없기 때문에 인간과 그 자체 혹은 스포츠와 그 자체라는 철학적 존재론의 한 연관성을 통해서 비로소 그 의미의 통로를 찾게 된다. 이런 존재론적 의미의 통로는 현존재가 자기 자신을 드러내 보이는 존재론의 길에서 열리고, 그 길의 한 가운데서 자기 자신으로서의 그 자체가 드러난다. 스포츠 역시 그 자체를 드러내 보이는 길에서 열리고, 그 자체도 그와 마찬가지로 드러나게 된다. 한마디로 앞의 스포츠 인간론에서는 인간을 생물학적으로 보고 그 근원을 생명운동에서 찾았다면, 스포츠

존재론에서는 현존재를 실존론적으로 보고 그 근원을 초월, 즉 존재에
로 탈존하는 운동에서 찾는다. 이런 현존재의 탈존운동은 존재자를 존
재케 하는 운동이고 존재자를 개방케 하는 운동이다. 현존재 자체에 대
한 일종의 자기 기투적 운동이다.

　따라서 스포츠철학을 가능케 한 한 축이 생물학적 '인간' 이라면, 그
런 인간을 근거지우는 다른 한 축은 그 자체로서의 '존재' 가 된다. 전
자의 인간론에서는 그 철학적 존재 근거가 필요하고, 후자의 존재론에
서는 그 생물학적 사실 근거가 필요하다. 다시 말하면 생물학적 인간론
의 한계를 극복하기 위해서는 그 논리적 근거로서 철학적 존재론의 기
초가 필수적이고, 철학적 존재론의 한계를 극복하기 위해서는 그 현실
적 실천으로서 생물학적 인간론의 현사실이 필수적이라는 말이다. 이
는 한편으로는 스포츠 인간론의 철학적 정초를 생물학적 생명운동에
두고 그 철학적 내용을 현상학적 논리로 정당화하면서 '인간의 철학'
으로서 정립코자한 것이고, 다른 한편으로는 스포츠 존재론의 철학적
정초를 실존론적 탈존운동에 두고 그 철학적 내용을 해석학적 논리로
정당화하면서 '존재의 철학' 으로서 정립코자한 것이다. 그러나 이 양
자의 한계란 그 어느 일자만으로는 스포츠철학을 위한 '인간존재' 전
체를 마련할 수가 없다는 데에 있다. 이에 스포츠철학의 두 실체인 인
간과 존재가 하나로 통합될 때 비로소 스포츠철학은 그렇게 통합된 인
간존재를 인간성 실현으로서 이루어 낼 수 있다. 이로써 인간존재를 위
한 스포츠철학의 내용을 인간성실현으로서 심화 확대하는 일이 우리에
게는 궁극적인 목적이 된다.

　이를 위해 우리는 인간존재 전체를 실현하는 스포츠철학을 인간의

생물학적 근거와 존재의 실존론적 근거에서 마련했기 때문에 그 철학
적 내용을 인간성 실현으로서 설정코자 했다. 이에 무엇보다 먼저 인간
의 생물학적 근거를 스포츠 인간론의 철학적 내용으로서 정당화하지
않을 수 없었고, 이어 존재의 철학적 근거를 스포츠 존재론의 실존론적
내용으로서 정당화하지 않을 수 없었다. 이는 인간존재의 스포츠철학
이 궁극적으로 스포츠 경기를 통해 인간성을 실현코자 하는 것이기 때
문이다. 그렇다면 스포츠 경기를 통한 인간존재의 참된 인간다움의 실
현은 어떻게 가능한가? 공자는 선(善)의 근원이 되고, 행(行)의 바탕이
되는 인(仁)을 사람의 중심에 설정하고 예(禮)를 지목했다. 예의 두 요
소는 인(仁)과 의(義)이고, 이런 인의(仁義)가 그에게는 인간의 인간다
움을 가장 적나라하게 드러내 주는 인간성 실현이었다. 오늘날 우리도
도덕군자가 되기 위해서는 먼저 인(仁)하고 의(義)하여 예(禮)를 갖추
어야 하지만, 스포츠하는 인간존재의 인간다움을 구현하기 위해서는
먼저 의(義)하고 인(仁)을 해야 한다. 인(仁)보다는 의(義)가 으뜸이 되
어야 하는 것은 스포츠 경기에서 승패의 대결상태에 선 상대선수와 맺
게 되는 이중적 관계, 즉 적대적이면서도 동지적인 상호의 긴장 관계
때문이다. 긴장의 관계는 합(合)의 관계가 아니다. 합의 관계라기보다
는 단(斷)의 관계이다.

　이로써 스포츠철학에서의 의인(義仁)이란 의(義)를 먼저 행해야 옳
고 바르게, 그리고 평등하게 비로소 스포츠 경기를 할 수 있다. 그리고
이어 인(仁)을 펼쳐야 상대 선수를 사랑으로 감싸 안을 수 있으며 그
스스로는 관용과 포용, 그리고 겸허라는 역지사지의 덕(德)으로서 스
포츠 경기를 할 수 있다. 의(義)에는 기(氣)에 앞서는 이(理)의 체(體)
가 내재하고, 인(仁)에는 질(質)에 따르는 용(用)으로서의 예(禮)가 내

재한다. 이에 인(仁)을 스포츠맨으로서 갖추어야 하는 지고의 덕(德)으로 삼아야 한다면, 의(義)는 스포츠 경기 중 자신의 모든 생각과 투지, 즉 승패에 대한 사념의 단(斷)을 전제로 해야 한다. 전자가 정(靜)을 지향하고, 후자는 동(動)을 지향함으로써 전자인 인(仁)에는 극기복례의 인륜지덕으로서 예(禮)가 중요하고, 후자인 단(斷)에는 도리와 도의, 그리고 덕행의 궁극지덕으로서 예(禮)가 중요하다. 그렇다고 스포츠철학을 통한 인간성 실현이 곧 이루어지는 것은 아니다. 왜냐하면 비록 의인(義仁)이 아니라 인의(仁義)가 스포츠철학에서 그 정당성을 확보한다고 해도, 이 모두는 사람의 마음바탕(質)에서 비롯되는 것일 뿐이라면 현상적으로는 그것이 무위로서 끝나 버리고 말기 때문이다.

이에 인의(仁義)가 가시적 문화현상으로서 자리매김을 해야 하는 당위성의 윤리이고, 그런 가시적 문화형태의 당위성윤리가 예(禮)였다면, '사람됨'의 방도로서는 예나 지금이나 인의(仁義)가 우선이지만 '스포츠함'의 도리에서는 의인(義仁)임이 맞다. 이로써 인간존재의 스포츠철학은 인간론적으로나 존재론적으로 인간의 인간성 실현을 궁극적 목적으로 하고, 그런 궁극적 목적으로서의 인간성 실현은 의(義)를 통한 인(仁)이라는 예(禮)의 문화 형태로 나타나야 한다. 이는 인간존재의 스포츠철학에서 인간성 실현이야말로 인(仁)만으로서라기보다는 인의(仁義)로서, 인의로서만이라기보다는 의인(義仁)으로서, 의인으로서만이라기보다는 이 모두를 포괄하는 인륜성 자체로서의 예(禮)가 우선해야함을 말한다.

백승균

| 찾아보기 |